本书获得以下资助:

广州市人文社科重点研究基地(2021-2023年):超大城市现代产业体系与广州实践研究基地

本书系以下课题的阶段性研究成果:

2021年度广州市青年文化英才项目

国家青年自科项目"基于中资企业分支网络全球扩展的世界城市网络的空间演化与机制
——以高级生产性服务业为例"(项目编号:41801167)

国家社科基金项目"基于大数据的人口调查方法与应用研究"(项目编号:20BTJ055)

广州市软科学专项课题"广州科技创新对新动能增长贡献研究"(项目编号:201901040002)

区域视角下

广州经济增长
与产业结构变动研究

陈　刚◎著

中国财经出版传媒集团

经济科学出版社
Economic Science Press

图书在版编目（CIP）数据

区域视角下广州经济增长与产业结构变动研究/陈
刚著．—北京：经济科学出版社，2021.7
ISBN 978 - 7 - 5218 - 2686 - 9

Ⅰ．①区…　Ⅱ．①陈…　Ⅲ．①区域产业结构－关系－
经济增长－研究－广州　Ⅳ．①F127.651

中国版本图书馆 CIP 数据核字（2021）第 132696 号

策划编辑：李　雪
责任编辑：袁　澂
责任校对：齐　杰
责任印制：王世伟

区域视角下广州经济增长与产业结构变动研究
陈　刚　著
经济科学出版社出版、发行　新华书店经销
社址：北京市海淀区阜成路甲 28 号　邮编：100142
总编部电话：010 - 88191217　发行部电话：010 - 88191522
网址：www. esp. com. cn
电子邮箱：esp@ esp. com. cn
天猫网店：经济科学出版社旗舰店
网址：http：//jjkxcbs. tmall. com
北京季蜂印刷有限公司印装
710×1000　16 开　17.75 印张　210000 字
2021 年 7 月第 1 版　2021 年 7 月第 1 次印刷
ISBN 978 - 7 - 5218 - 2686 - 9　定价：69.00 元
（图书出现印装问题，本社负责调换。电话：010 - 88191510）
（版权所有　侵权必究　打击盗版　举报热线：010 - 88191661
QQ：2242791300　营销中心电话：010 - 88191537
电子邮箱：dbts@ esp. com. cn）

前　　言

党的十九大报告指出"我国经济已由高速增长阶段转向高质量发展阶段，正处在转变发展方式、优化经济结构、转换增长动力的攻关期"。随着我国经济发展进入"新常态"，经济上升动力和下行压力交织，新旧动能转换、产业结构转型升级日益紧迫。遵循经济增长一般规律，正确认识当前阶段广州经济增长动力结构、就业与产业结构发展现状，是加速新旧动能转化和产业结构调整，推动广州经济增长跃上新台阶的必要前提。

本书以广州为研究样本，在区域经济视角下从六个方面逐层深入地对广州经济增长过程中动力结构转换以及人口结构和产业结构之间的关系进行深入分析：

第一，对广州经济增长动力结构转换进行了量化分析。建立了经济增长"四力"模型评估体系，从拉动力、推动力、内生动力和阻力四个方面，运用熵值法对2000年以来广州经济增长动力结构变化进行了量化和分析。研究发现，随着经济的发展，广州经济增长动力结构具有明显阶段性特征，2014年以来，拉动力、推动力和内生动力共同作用于经济增长，阻力对经济增长的影响作用逐步显现。在未来一段时间内，广州经济增长动力的变化特点如下：（1）从拉动力上看，维持高投资增长率难度较大，对外贸易对经济增长的拉动作用有限，经济增长应依靠新型消费；（2）从推动力上看，资本对经济增长的贡献度不断减弱，劳动对经济增长的贡献度稳中有升，技术进步将成为未来广州经济增长的主动力；（3）从内生动力看，人口受教育水平不断提升，产业结构不断优化，传统优势产业健康发展，现代服务业和战略性新兴产业将成为经济增长的重要动力；（4）从阻力上看，人口老龄化加速、城镇结构性失业率提升以及传统工业制造业占比居高不下对广州经济增长的影响不断增强。

第二，对广州就业结构与产业结构之间的关联性进行分析，建立就业结构与产业结构关系测度模型，从产业相关性、就业弹性、结构偏离度等方面分析广州就业结构与产业结构之间的关系。并从全国、主要大城市、珠三角城市群等不同维度对广州的就业结构与产业结构偏离程度进行对比分析，归纳广州就业结构与产业结构之间存在的问题。研究发现：（1）当前阶段，广州就业结构和产业结构具有一定失衡性，主要表现为第一、第二产业就业相对过剩，第三产业就业短缺。（2）广州就业结构变动与产业结构调整之间有一定的规律性，当结构偏离度为负数时，产业就业占比与产值占比呈反方向变化；当结构偏离度为正数时，产业就业占比与产值占比呈同方向变动，且就业结构变动滞后于产业结构调整。（3）全球金融危机之后，新兴制造业和现代服务业受生产规模偏小、劳动者素质要求较高等因素影响，对就业的吸收能力不强，是造成广州就业与产业结构失衡的一大原因。（4）就业结构与产业结构失衡是我国各大城市普遍存在的现象。

第三，对广州经济发展情况进行分析，将广州放在珠三角城市群视角下，运用经济一体化模型、引力模型、协整性分析、因果分析等方法分析城市群视角下广州经济发展与周边城市之间的经济互动性。研究发现：珠三角城市群经济一体化程度在 2013 年之前呈逐渐加强趋势，随后有所减弱；经济发展不均衡对珠三角城市群经济一体化程度影响较大；广州经济发展具有一定虹吸效应，深圳市的经济发展独立性较强，两大中心城市对城市群内部其他经济体经济发展的拉动作用有待加强。

第四，将研究样本拓展至整个珠三角地区，从区域角度对比分析广州就业结构与产业结构之间的联系。研究发现：（1）近年来，珠三角地区就业结构变化遵循产业结构发展的一般规律，表现为第一产业劳动就业不断减少，而第二、第三产业劳动需求逐渐增加，且第三产业对就业资源吸纳能力不断增强。（2）目前，珠三角城市群第一、第二产业就业资源相对过剩，但结构偏离度系数仍然相对较高，农业和工业制造业的就业资源仍存在转移到服务行业的压力。（3）近年来，珠三角地区就业结构与产业结构都存在失衡性。就制造行业而言，传统制造业行业退出过快，高端制造产业发展不足，导致部分城市制造行业就业人数出现净流出，其中第一产业和传统制造业劳动力人口素质偏低与现代服务产业发展需求不匹配是阻碍劳动力转移的根本原因。

第五，分析了在珠三角城市群视角下，广州就业结构、产业结构与其他地区之间的联动性，分析了珠三角城市群的产业、人口、空间系统间耦合协调关系，为提升广州在珠三角城市群人口与产业资源配置能力提供了可行性政策建议及科学的数据支撑。研究发现，珠三角城市群产业、人口、空间整体水平和耦合协调发展程度在时间和空间上具有显著的阶段性特征：时间上看，大致经历了产业和人口发展主导、空间开拓为主导、三大系统协调度不断提升等几个阶段；空间上看，深莞经济圈的综合发展程度要优于广佛经济圈，珠江两岸城市发展不平衡现象明显，整体空间格局由广深为双核心的空间格局逐步演进成为以广深莞为轴心、惠州和佛山为两翼的高水平协调发展区域形态。

第六，分析了粤港澳大湾区视角下，广州与粤港澳大湾区其他城市产业竞争力状况。测算了粤港澳大湾区整体以及 11 个城市 2015～2019 年工业制造业和主要服务行业市场占有率、地区专业化指数和全要素增长率。研究发现，广州工业制造业国内市场占有率在"十三五"期间呈稳重略降趋势，工业制造业地区专业化指数高于全国平均水平，虽然服务业国内市场整体占有率有略微下滑，但以金融为主的现代服务业市场占有率和地区专业水平逐年提升。受国内外经济发展环境影响，广州全要素增长率表现出明显的波动性变化特征。随着营商环境的不断优化，广州与大湾区其他城市的优势产业分工合作明确，城市之间经济联系程度不断增强。

综上所述，可以得出以下几点研究结论：（1）优化广州经济增长动力结构，不能仅从对广州经济增长有正相关性的拉动力、推动力和内生动力角度入手，还应考虑如何降低经济增长阻力因素，以便更好地发挥其他三种动力的作用。（2）从长期看，广州就业结构与产业结构之间存在着一定的失衡，但就业结构与产业结构之间的失衡程度随经济的不断发展而逐渐弱化。（3）广州就业结构与产业结构出现失衡结果是诸多因素的共同结果，其中，产业结构主动升级和被动升级，人口老龄化带来的就业结构调整等因素对结构偏离度的影响较大。产业结构主动调整，是指在经济发展过程中因产业结构优化升级而出现的就业结构性失业的增加；产业结构被动升级，是指因政府产业政策而引起的产业结构调整过快造成摩擦性失业的加剧。此外，人口老龄化的不断加速，加速了就业结构调整过程，也是造成就业结构与产业结构失衡的一大原因。（4）解决广州就业结构与产业结构发展失衡问题，不仅要从广州层面解决问题，还要进一步放宽视角，依托广州在珠三角、粤港澳大湾区乃至全国的城市地位，在更大的范围内配置资源。不仅要从人口与产业角度寻找解决方法，还要综合考虑城市发展空间及人口、产业和空间之间的联系性。

陈　刚

2021 年 6 月

目　　录

第 1 章

绪　　论

1.1　研究背景与研究意义

1.1.1　研究背景

党的十九大报告指出"我国经济已由高速增长阶段转向高质量发展阶段，正处在转变发展方式、优化经济结构、转换增长动力的攻关期"。随着中国经济发展进入"新常态"，经济上升动力和下行压力交织，新旧动能转换、产业结构转型升级日益紧迫。面对动能迭代更替的经济规律，正确认识现阶段广州经济增长动力结构发展现状，是加速新动能和传统动能更替，推动经济持续增长、跃上新台阶的必要前提。作为中国改革开放先行地，广州在改革开放和现代化建设中一直走在全国前列，对中国经济发展和社会主义现代化建设具有积极推动作用。据广州市统计局统计，2020 年广州实现地方生产总值 2.5 万亿元。在历经多年高速增长之后，广州经济发展正逐步转入中高速增长阶段，面临着供需失衡、新旧动能更替、产业转型升级、区域发展失衡等严峻挑战。在这一背景下，如何破解广州经济发展中的结构性矛盾、动力转换瓶颈、产业依赖以及发展不平衡等难题，是中央高度关注的重大问题。

在城市经济发展过程中，人口因素对地方经济发展的影响亦是不言而喻的，人口资源是产业发展的重要要素禀赋，人口结构能够通过劳动力构成、素质和需求结构等途径影响产业结构转型升级。产业结构调整也会对人口性别结构、年龄结构、空间结构、受教育层次等产生影响。三次产业中就业结构反映了人口就业资源在产业中的分布情况，在国民经济发展过程中，就业结构与产业产值结构之间具有高度互动性：一方面，产业结构演变决定了就业结构的变化趋势；另一方面，就业结构又是影响产业结构进一步调整的重要因素，就业结构合理与否对产业结构的健康发展起着重要制约作用。就业结构与产业结构之间协调发展是实现地方经济结构均衡和缓解就业压力的重要前提。研究产业结构演变规律的主要理论，如配第—克拉克定理、库兹涅茨理论、钱纳里工业化阶段理论等都揭示了就业结构与产业结构之间的内在联系与相关性。配第—克拉克使用劳动力的分布作为分析产业结构演进的量化指标，产业结构调整本身就包含着就业结构演变的内涵，说明两种结构演变规律具有较强的一致性[①]；库兹涅茨和钱纳里等通过多国统计实证研究指出，随着工业化进程的发展，人均国民生产总值达到一定程度后，各部门产值比重与就业比重逐步趋于接近[②]。

---

① 于刃刚. 配第—克拉克定理评述 [J]. 经济学动态，1996 (8)：63 – 65.
② 刘艳婷. 人口就业结构与产业结构的关联性与结构失衡分析——基于四川省的实证研究与横向比较 [J]. 经济体制改革，2012 (4)：103 – 107.

　　面对产业结构调整的一般规律，正确认识当前阶段就业与产业结构发展现状，是加速产业结构调整步伐，推动经济持续增长的重要前提。目前，我国经济发展进入新常态，经济发展重点从依靠需求侧发展转向扩大市场供给侧。供给侧结构性改革主要是通过提高供给水平和质量，实现推动需求量的长远增加，这要求产业结构必须进行相应的优化升级。产业结构优化升级需要相适应的人口结构，两者协调发展才能提升供给侧结构性改革的整体效率水平。改革开放以来，随着城市经济的不断发展，广州就业结构亦历经了不断调整的过程，发生了巨大变化。三次产业就业比重由 1978 年的 43.7∶32.1∶24.3 转变为 2019 年的 1.15∶26.34∶72.51[①]，第二和第三产业对经济增长的贡献率分别为 38.7% 和 57.5%。主要表现为第一产业就业比重持续下降，第二产业吸纳就业比重稳中略升，第三产业就业比重不断提升。总体上表现出劳动力直接由第一产业转向第三产业的发展特征，缺乏在三次产业间的顺次转移。历经多年高速增长后，当前广州经济增长正逐步转入中高速增长阶段，面临着供需失衡、新旧动能更替、产业转型升级、区域发展失衡等严峻挑战。在这一背景下，如何破解广州经济发展的结构性矛盾、就业与产业结构失衡、产业依赖以及发展不平衡等难题，不仅是当前广州经济发展面临的主要困境，还是中央和广东省政府高度关注的重要问题。习近平总书记在 2017 年 4 月[②]和 2018 年 3 月[③]曾两次就

---

　　① 根据《2020 年广州市统计年鉴》整理。
　　② 人民网.习近平总书记对广东工作作出重要批示，提出四个坚持、三个支撑、两个前列 [N/OL] (2017-04-12). http://www.cnr.cn/gd/gdkx/20170412/t20170412_523703092.shtml.
　　③ 光明日报.当好新时代改革开放排头兵——习近平总书记在参加广东代表团审议时的重要讲话引起热烈反响 [N/OL]. (2018-03-08). http://cpc.people.com.cn/n1/2018/0308/c64387-29855586.html.

广东地区的发展问题作出重要批示，充分肯定了广东省发展对我国经济社会发展的重要性，并就广东省的发展问题提出"四个支撑、三个坚持、两个走在前列"和"四个走在前列"重要批示，强调创新发展理念，加快产业结构调整步伐，适应经济发展新常态，为全国提供新经验、新模式。广州作为广东省省会，习近平总书记对广东省的重要批示精神，同样指导着广州未来的发展方向。本书是基于经济发展新常态，贯彻落实习总书记关于加速广东发展重要批示精神的大背景下，研究围绕广州经济增长以及产业结构调整问题进行的理论、实证和对策研究。

1.1.2 研究意义

本研究是在我国经济进入"新常态"的宏观背景下，以五大发展理念为指引，以习近平总书记系列重要批示为指针展开的。首先，深入分析当前广州经济增长过程中各种动力变化情况；其次，针对广州经济发展过程中出现就业结构与产业结构之间的失衡困境，分析经济增长过程中就业结构与产业结构之间的演变关系；最后，将分析视角拓展至整个珠三角地区，站在区域角度对比分析广州就业与产业结构之间的关系，以实现对广州经济发展进行全方位系统性评估为主攻方向，在创新发展中寻求突破，为加快广州产业结构转型、提升经济增长速度和质量、加速经济增长动能转换提供理论支撑和对策建议，具有重要的理论和实践意义。

（1）在理论上，有助于丰富和完善经济增长理论研究。本书首先构建了基于一般规律和趋势的经济增长动力结构理论，从拉动力、推动力、内生动力和阻力四个方面系统性地建立区域经济增长动力结构的综合评估模型，探索广州经济增长过程中不同阶段动力结构的变化情况和运行机理，阐释广州经济增长动力结构演变的理论内容和一般规律，总结和概括出广州动力结构的调整方向，具有重要的理论价值。其次，从就业结构变化角度研究产业结构调整，对改革开放以来广州就业结构与产业结构之间的联系进行详细分析。本书构建了基于一般规律的就业结构与产业结构变化分析体系，运用时间序列和面板数据从产业、人口和空间视角探索了广州经济发展过程中就业结构和产业结构之间变化的一般规律和运行机理，阐释了广州就业结构与产业结构演变的理论内容和演进规律，并对未来一段时期广州就业结构与产业结构的调整方向进行了分析和预判。

（2）在实践中，有助于广州推进产业发展的战略性调整。产业结构转型升级是经济结构调整的一项重要内容。党的十九大报告关于我国发展阶段和产业结构转换的论断，充分表明产业结构是影响经济运行质量的重要因素。探讨广州就业结构和产业结构发展现状和一般演进规律，提出广州就业结构与产业结构调整的一般思路，满足当前广州实现经济增长的目标要求，对新时期广州贯彻落实"四个支撑、三个坚持、两个走在前列"和"四个走在前列"重要批示精神，完成"转方式、调结构"的经济战略任务以及对我国大中型城市和省会城市未来发展具有重要的现实指导意义。

此外，广州是我国四大一线城市中唯一既非直辖市又非单列市的副省级城市。在四大一线城市中，广州经济发展更多的是依靠市场活力,坚持市场化发展,重视市场在地方经济发展过程中的导向作用,可见,广州的发展经验更具一般性和可复制性。因此,研究广州经济增长以及就业结构与产业结构之间的关系,不仅对加速当前阶段广州产业转型升级步伐有重要的实用价值,为更好地推进新旧动能转换,实施人口就业与产业政策,促进广州经济协调发展具有重大指导意义,还有利于广州经验向其他城市进行推广应用,为其他城市更好地处理人口与产业之间关系提供有价值的借鉴和参考。

1.2 研究思路与研究内容

1.2.1 研究思路

本书的研究主要通过理论与实践相结合的方式展开,首先以我国超大型城市——广州为研究案例,对广州经济增长动力结构演变规律、发展环境以及未来发展趋势进行详细的分析和论述;其次重点分析就业结构与产业结构之间的联系,探索如何通过协调就业结构与产业结构之间关系,实现经济高效高质发展,更好地适应经济发展新常态。在理论方面,本书拟从以下几个方面进行研究:首先,对国内外已有关于城市发展阶段、经济增长动力、人口结构与产业结构方面的相关研究成果进行系统性综述和评论;其次,重点对产业、人口、空间结构之间的关系的相关研究进行综述和评论。

在实证方面，从五个方面对广州人口结构与产业结构之间的关系进行实证分析：第一，基于已有经济增长理论，从拉动力、推动力、内生动力和阻力四个方面系统性地建立区域经济增长动力结构的综合评估模型，探索广州经济增长过程中动力结构的变化情况和运行机理，阐释广州经济增长动力结构演变的理论内容和一般规律，总结和概括出广州动力结构的调整方向。第二，对广州就业结构与产业结构之间的关联性进行分析，建立人口与产业结构关系测度模型，从相关性、就业弹性、偏离度等方面较为全面地分析广州人口与产业结构之间的联系；从全国、主要大城市、珠三角城市群等不同维度对广州的人口与产业结构偏离度进行对比分析，归纳广州就业与产业结构之间存在的问题；从不同视角提出优化广州就业与产业能够协调发展的措施。第三，对广州经济发展情况进行分析，将广州放在珠三角城市群视角下，运用经济一体化模型、引力模型、协整性分析、因果分析等方法分析城市群视角下广州经济发展与周边城市经济发展的互动性，为从更大空间实现广州就业与产业结构协调发展提供科学的分析支撑。第四，结合珠三角实际发展状况以及研究的可行性，本书以珠三角城市群产业以及制造行业为例，对比分析 2010 年以来广州与珠三角其他城市发展过程中就业结构与产业结构以及制造行业产业结构变动的一般演进规律，为广州从珠三角以及粤港澳大湾区层面尽快实现就业结构与产业结构协调发展提供相关政策建议。第五，分析珠三角城市群视角下，广州就业结构、产业结构与其他地区之间的联动性，分析珠三角城市群的产业、人口、空间系统间耦合协调关系，为提升广州在珠三角人口与产业资源配置能力方面提供可行性政策建议及科学的数据支撑。

1.2.2　研究内容

本书涉及的主要内容可归纳为九大章节：

第1章：绪论。在本章节中，首先对研究背景进行简单介绍，并对研究意义进行详细阐述；其次，介绍本书的研究思路和方法、研究内容和研究框架、可能的创新点以及研究的不足之处等方面。

第2章：相关研究理论及文献综述。在本章节中，本书主要从五个方面对人口结构与产业结构之间的相关研究进行归纳和总结：第一，对城市发展理论进行归纳；第二，从年龄结构、城镇化水平和受教育水平等角度分析了人口结构变化对产业结构变化的影响；第三，从人口城镇化、流动性和教育结构等角度分析产业结构调整对人口结构变化的影响；第四，对已有关于就业结构与产业结构变化之间关系的研究方法和案例研究进行归纳和总结；第五，对关系到产业、人口与空间多要素之间协同发展问题的研究文献进行归纳和总结。

第3章：广州经济增长动力结构演变规律分析。在本章节中，首先，根据经济增长经典理论对现阶段广州城市发展现状进行了分析；其次，构建了广州经济增长动力模型，并运用相关数据进行了实证分析；再次，对当前阶段广州经济发展环境进行了分析；最后，对广州未来经济增长动力进行了预判。

第4章：广州就业结构与产业结构协调性分析。在本章节中，首先，对就业结构变化与产业结构调整之间的传导机制进行分析；其次，分析改革开放以来广州三次产业产值结构和就业结构变化的一般规律，并对就业结构与产业结构之间的变化关系进行相关性分析、弹性分析和偏离度分析；再次，重点分析近年来广州就业结构与产业结构存在失衡现象的原因；最后，从全国主要大城市和珠三角城市群视角比较分析广州就业结构与产业结构偏离度变化情况。

第 5 章：广州与珠三角其他城市经济一体化测度与关联分析。在本章节中，将广州放在珠三角城市群视角下，重点分析广州经济发展在整个珠三角城市群中的经济地位和影响作用。运用经济一体化模型、引力模型等量化方法对比分析近年来广州和深圳两大城市在珠三角城市群发展过程中的经济作用，并运用协整性分析、因果性分析等计量分析方法探索广州和深圳在发展过程中与珠三角其他城市之间的关联性，为从更大视野上解决广州就业结构与产业结构失衡问题提供研究支持。

第 6 章：广州与珠三角其他城市就业结构与产业结构协调发展分析。在本章节中，本书首先对近年来珠三角城市群就业结构与产业结构发展趋势进行分析；其次，运用面板数据回归模型分析珠三角城市群三大产业就业结构与产业结构之间的关系；再次，分析珠三角城市群三大产业偏离度，并对分析结果进行了比较；最后，以制造行业为例，分析珠三角地区制造行业产业结构变动情况。

第 7 章：广州与珠三角其他城市产业、人口、空间耦合协调发展分析。在本章节中，以珠三角城市群为研究对象，对比分析广州与其他珠三角城市 2000 年以来的产业、人口与空间系统发展情况。建立产业、人口与空间系统发展综合评价指标，运用熵值法对指标体系进行熵权赋值，测算近年来广州与其他珠三角城市产业、人口与空间系统耦合发展的水平。从时间和空间角度重点分析广州与其他珠三角城市产业、人口与空间系统的发展状况，并对分析结果进行分析和解读，为从更宽视角解决广州人口就业与产业发展失衡问题提供研究支持。

第8章：广州与粤港澳大湾区其他城市产业竞争力比较分析。在本章节中，以粤港澳大湾区城市群为分析样本，首先，对比分析"十三五"期间广州与粤港澳大湾区其他城市的经济规模和增长速度；其次，从国内市场占有率、地区专业化指数和全要素增长率维度对比分析了"十三五"期间广州与粤港澳大湾区城市工业制造业和服务业发展情况；最后，对比分析广州与其他城市的营商环境建设情况，并对"十四五"期间区域特色产业布局和发展进行了探讨。

第9章：结论、进一步研究展望及政策建议。在本章节，首先，对本研究的研究成果进行归纳总结；其次，对研究过程中存在问题进行说明，并对未来进一步研究进行展望；最后，根据本书研究成果，就推进新旧动能转换，协调发展广州人口与产业发展提供相关政策建议。

1.3 研究方法和研究框架

1.3.1 研究方法

在实际研究过程中，本书主要采用的研究方法如下：

（1）文献分析方法。在研究广州新旧动能转换以及就业结构与产业结构之间的演变关系时，文献资料的收集和运用是研究的主要手段，借助于其他学科的非文献研究方法，如历史学、地理学、社会学的方法也是重要手段。

（2）计量经济学方法。在研究广州就业结构与产业结构之间的关系时，主要运用了实证分析的方法，利用统计分析工具，对不同人口特征的流动人口数量、结构以及产业结构变动情况进行了统计比较和描述模型分析，并运用回归模型、耦合模型等方法对广州就业与产业结构之间的协调关系进行了系统性分析。

（3）实地调研方法。在本书的具体研究中，所需要的样本数据量相对较大，针对不能直接获取到的数据，需要进行实地走访进行获取。此外通过实地调研也能够更好地了解广州就业与产业结构的真实情况。

1.3.2 探究框架

结合研究思路、研究内容和研究方法，形成如图 1.1 所示研究框架。

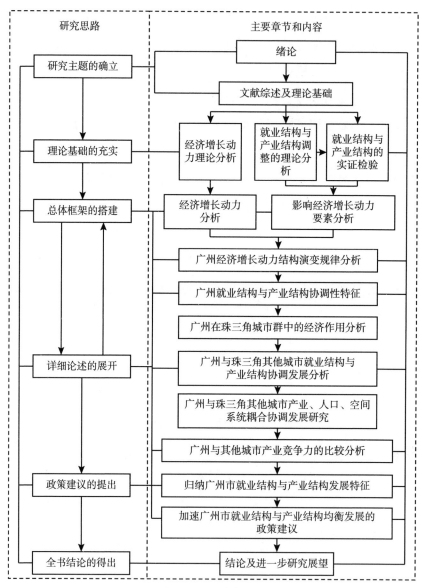

图 1.1 研究框架

1.4 研究的创新点及不足

本书的创新点包含以下几个方面：

（1）首次尝试构建经济增长动力结构四力模型，从拉动力、推动力、内生动力和阻力四大维度综合分析了近年来广州经济增长动力结构变化规律，实现了不同系统动力结构之间的对比分析。

（2）在人口学和经济学间寻找结合点，将就业结构与产业结构结合起来研究，并深入分析就业结构与产业结构之间的协调关系。

（3）从历史视角分析就业结构变动与产业结构变动之间的一般变化规律，分析就业结构与产业结构之间协调性对广州经济发展进程中所起的作用。

（4）从广州所在城市群、全国主要大城市等不同角度，采用不同分析方法，全面系统地分析了广州就业结构与产业结构之间的联系，并通过横向对比，发现广州的问题所在，得出的结论更具科学性，与现实更为贴切。

（5）建立评价区域与单个城市就业结构与产业结构联动分析模型，针对不同研究对象，制定不同的分析框架，实现对样本的综合性分析。

本书的不足之处是缺乏利用就业结构与产业结构更细分化的时间序列数据来建立模型对就业结构与产业结构之间的关系进行准确的刻画，对一些政策的临界点和制度改革的时机难以准确量化。

第 2 章

相关研究理论及文献综述

在城市经济增长过程中，就业结构与产业结构协调发展是保障国家或地区实现经济快速平稳发展的重要前提。产业结构的优化升级往往伴随着就业结构的变动，而就业结构与产业结构之间的协调程度也会对产业的优化升级产生重要影响。从本质上看，产业优化升级和就业结构变动是资源优化配置的表现形式之一。在经济增长过程中，人们不断产生新的市场需求，推动着市场需求结构的不断变化，为满足新的市场需求，市场供给结构必然随其而发生变化。随着科技水平的不断提升，新的生产技术和生产工艺不断涌现，对就业结构产生较大的冲击，推动着产业结构不断优化升级。当一个国家或地区的就业市场不充分，就业结构不能满足产业升级要求时，就会造成就业结构与产业结构失衡，呈现失业人数增加现象，不仅削弱了劳动力资源对经济发展的动力作用，失业人口的增加也会对社会的稳定性产生一定影响，进而制约了地方经济健康发展。因此，研究产业结构和就业结构之间的联系，厘清产业结构与就业结构发展规律，对维持及加速地方经济发展具有重要的理论意义和现实意义。

2.1 城市发展相关理论综述

2.1.1 城市发展阶段理论溯源

有关城市发展阶段的论述至少可追溯到 20 世纪初。英国生物学家盖迪斯（Geddes）在 20 世纪初把进化论和生态学原理应用于城市研究中，在其 1915 年出版的《城市革命》（*Cities in Evolution*）一书中明确提出了城市的生命周期思想和城市进化的概念。1924 年美国社会生态学家麦肯齐（McKenzie）尝试把生态学中的生命周期思想运用于人类群落的研究，分析城市作为"生态进程"发展的诸种阶段以及各个阶段的表现[①]。佩里（C. Perry）将邻里看作一个细胞，认为每一个邻里都是一个生命有机体，因此它也具有自己的生命周期和发展阶段。1938 年芒福德（Mumford）在《城市的文化》（*The Culture of Cities*）一书中也有鲜明的周期性和阶段性思想。他指出，城市诞生、演变和消亡的历史循环反映了人类文明演进过程[②]。

但总体来看，20 世纪 50 年代以前，有关城市发展阶段的研究成果并不多，这些研究成果的意义主要是提出了城市具有生命周期和发展阶段这一思想、概念与命题，但针对城市经济发展的专业性研究尚未出现。

---

① 丁鸿富. 社会生态学 [M]. 杭州：浙江教育出版社，1987.
② 郑国. 城市发展阶段理论研究进展与展望 [J]. 城市发展研究，2010（2）：83－87.

2.1.2　城市发展阶段理论研究进展

20 世纪 50 年代以后，有关城市发展阶段的研究在西方发达国家逐渐增多，西方学者从不同层次、不同角度对城市发展阶段进行了探讨，主要可分为城市邻里、单一职能城市、综合性城市三大类别。

（1）邻里发展阶段研究。邻里是西方城市研究的热点，西方学者从种族构成、家庭结构、建筑状况、人口增减等角度将邻里划分为不同的发展阶段，具有代表性并得到广泛应用的研究成果主要有美国房主贷款公司（Home Owners and Loan Corp）[1]、胡佛和雷蒙德（Hoover and Raymond）[2]、美国房地产研究公司（Real Estate Research Corporation）[3] 的划分方案，具体如表 2.1 所示。

表 2.1　　　　　具有代表性的邻里发展阶段划分方案

阶段	美国房主贷款公司（2000）	胡佛和雷蒙德（1959）	美国房地产研究公司（1975）
第一阶段	新建成阶段	以独户住宅为主的阶段	健康发展阶段：以均质性的住房和中高收入群体为主，有保障和稳定的资金投入

---

① John T. M. Planned Abandonment: The Neighborhood Life-Cycle Theory and National Urban Policy [J]. Housing Policy Debate, 2000, 11（1）: 1479 - 1496.

② Hoover E. M. and Raymond V. Anatomy of a Metropolis: The Changing Distribution of People and Jobs within the New York Metropolitan Region, Cambridge [M]. MA: Harvard University Press, 1959.

③ Real Estate Research Corporation. The Dynamics of Neighborhood Change [R]. Washington, DC: U. S. Department of Housing and Urban Development, Office of Policy Development and Research, 1975.

阶段	美国房主贷款公司（2000）	胡佛和雷蒙德（1959）	美国房地产研究公司（1975）
第二阶段	正常使用阶段	以高密度公寓为主的阶段	开始下降阶段：住房老化，收入和教育水平下降，中等收入的少数民族广泛进入
第三阶段	老化阶段	少数民族大量进入阶段	明显下降阶段：更高的密度，显著的恶化，自种人进入减少，学校中少数民族比重增加，以租房为主体，保障和资金面临着问题
第四阶段	恶化阶段	人口总数下降阶段	加速下降阶段：空置率增加，低收入和少数民族的租房者为主体，高失业率，缺少稳定的资金投入，公共服务下降，无主财产较多
第五阶段	贫民窟阶段	邻里更新阶段	废弃阶段：严重荒废，穷人和无所事事者为主体，高犯罪率和高失火率，房屋净收益为负

资料来源：根据相关研究成果整理。

在经历 20 世纪 60 年代严重的城市种族暴力冲突问题后，美国的城市研究者和相关政府部门更加重视邻里发展阶段理论在城市更新、房屋信贷、公共财政支出等方面的作用。邻里发展阶段论已经成为相关政策制定和城市研究中的一个基础理论。在中国，由于特殊的国情以及发展历程的差异，关于邻里或社区的研究还处于起步阶段，目前鲜有文献针对我国城市邻里发展阶段的研究。

（2）单一职能城市发展阶段研究。单一职能城市是指城市的基本职能往往只有一项，在地方经济社会发展中仅仅承担某一方面的专业化分工。常见的单一职能城市主要有单一产业的加工业城市、资源型城市、纯粹的政治中心等。城市依靠某一类职能的兴起而发展，也必将因这一职能的衰落而没落。单一的基本职能是这类城市发展的根本原因和直接动力，决定了城市的生命周期和发展阶段。

在单一职能城市中，资源型城市发展阶段是目前被最多提及的，相关研究成果较为一致且被广泛应用于资源型城市规划建设实践中。资源型城市主要包括煤炭城市、石油城市、林业城市、冶金城市等，这类城市发展阶段主要取决于资源开发量，而资源开发量又取决于资源储量和市场需求。依据资源储量和市场需求一般将资源型城市的生命周期划分为形成期、扩张期、繁荣期和衰退期四个阶段[①]。当资源型城市处于繁荣期时即应重点发展接续产业或替代产业，实现先导转型。若进入衰退期，资源型城市则不得不进行危机转型，否则城市不可避免地会走向衰亡。

（3）综合性城市发展阶段研究。单一职能城市只是特例，综合性才是城市的一般特征，但对于综合性城市发展阶段的认定非常困难。目前比较成熟的城市发展阶段理论是霍尔于1971年提出的四阶段模型，即从都市区内人口与产业迁移角度将城市发展分为集中城市化、郊区化、逆城市化和再城市化四个阶段[②]。这一理论已经被许多学者广泛接受，在城市研究中也经常被引用。

除此之外，国内外学者从不同角度尝试对综合性城市发展阶段进行了研究。如诺顿（Norton）从产业生命周期对城市发展阶段影响入手，根据人口变化、就业结构、市区和郊区社会经济差异等指

---

① 刘力钢，罗元文. 资源型城市可持续发展战略 ［M］. 北京：经济管理出版社，2006.

② Hall P. and Hay D. Growth Centresin the European Urban System ［M］. Berkeley, CA: University of California Press, 1980.

标将美国最大的 30 个城市分为成熟阶段、多变阶段和青年阶段①。他还和瑞斯（Rees）合作尝试从产品生命周期以及宏观经济波动角度对城市发展阶段进行研究②。伯利兹和克鲁格曼（Brezis and Krugman）1997 年从技术变迁角度分析了城市生命周期的嬗变，他们认为当发生重要的技术变革时，传统的发达城市由于存在路径依赖而对新技术反应迟钝，而那些新的城市会依靠廉价的土地和劳动力积极发展新技术，当新技术发展成熟时，这些新城市也就会取代原先的发达城市③。系统动力学创始人福莱斯特（Forrester，1969）提出"都市动力学模式"，试图运用复杂性科学的研究方法来刻画城市的发展阶段。我国学者叶齐茂（1993）也应用这一思想提出了城市的系统进化与周期律④。郑国和秦波（2009）提出借用波特（Porter，1990）的国家发展阶段理论来刻画城市发展阶段，根据不同时期推动经济发展的关键因素将城市划分为要素推动、投资推动、创新推动、财富推动四个阶段，并据此对深圳的发展做了实证分析⑤。

2.1.3　区域经济增长理论

判断一个国家或地区经济发展所处的阶段，是研究国家或地区

---

① Norton R. D. City life – Cycles and American urban policy［M］. New York：Academic Press，1979.

② Norton R. D. and Rees J. The product cycle and spatial decentralization of American manufacturing［J］. Regional Studies，1979（13）：141 – 152.

③ Elise S. Brezis and Paul R. Krugman. Technology and the Life Cycle of Cities［J］. Journal of Economic Growth，1997（2）：369 – 383.

④ 叶齐茂. 城市的系统进化与周期律［J］. 城市问题，1993（3）：12 – 15.

⑤ 郑国，秦波. 论城市转型与城市规划转型——以深圳为例［J］. 城市发展研究，2009（3）：31 – 35.

经济社会发展的重要内容，也是制定科学合理的经济发展战略的重要前提之一。在国际上，经济学界已有众多创新的理论，本书综合了美国著名经济学家钱纳里和罗斯托的划分标准，尝试对广州经济发展阶段进行划分。

（1）钱纳里的工业化阶段理论。钱纳里在其著作《工业化和经济增长的比较研究》中，通过动态多国模型，从结构转变过程的角度以各国的人均收入水平为标准将经济的发展分成三个阶段，其中工业化阶段又可分为六个时期。

第一阶段：初级产品生产。在此阶段，资本积累低速至中速增长，劳动力增加迅速，全要素生产率非常缓慢增长。

第二阶段：工业化阶段。工业化按照人均收入水平可分为六个时期。由于国际美元币值的变动，人均国内生产总值（GDP）在不同年份的变动反映工业化不同阶段，如表 2.2 所示。

表 2.2　　　　　　　　人均 GDP 变动反映的工业化阶段　　　　单位：美元

年份	第一时期	第二时期	第三时期	第四时期	第五时期	第六时期
1970	140～280	280～560	560～1120	1120～2100	2100～3360	3360～5040
1987	410～820	820～1639	1639～3278	3278～6147	6147～9834	9834～14752
1997	579～1158	1158～2315	2315～4630	4630～8682	8682～13891	13891～20836
2004	681～1362	1362～2724	2724～5449	5449～10217	10217～16346	16346～24520
2009	774～1547	1547～3094	3094～6189	6189～11604	11604～18567	18567～27850
2014	854～1707	1707～3415	3415～6829	6829～12805	12805～20488	20488～30732
2019	922～1844	1844～3687	3687～7375	7375～13828	13828～22125	22125～33187

注：数据以 1970 年美元实际购买水平为基期，根据美国消费物价指数（CPI）数据折算，历年美国 CPI 数据来自美国劳工局网站。

第三阶段：发达阶段。在此阶段，从供给角度看看，与前两个阶段相比，生产要素投入的综合贡献有所减少。

（2）罗斯托的经济成长阶段理论。罗斯托在《经济成长的阶段》一书中从生产力角度，将经济发展分为六个阶段：第一，传统社会阶段。这一阶段包括英国科学家牛顿以前的各种类型的社会，把原始社会、奴隶社会、封建社会统称为传统社会。传统社会的主要特点是生产率低下，经济变化非常微小、缓慢，生产方式十分落后，人均实际收入仅够维持生存。第二，为起飞创造条件阶段。这是一个从传统社会阶段向起飞阶段转变的过渡阶段，是一个为人均国民收入持续增长奠定基础的阶段。近代科学知识开始在工业生产和农业革命中发挥作用。罗斯托认为，过渡时期的本质特征是把投资提高到经常地、大量地和明显地超过人口增长的水平。第三，起飞阶段。罗斯托认为，该阶段是人类社会第一次突变，是国家经济增长发展过程中最为关键的阶段，经济在达到起飞阶段以后，将实现"自我持续性"增长。第四，走向成熟阶段。当社会达到成熟后，注意力将从供给转向需求，从生产问题转向消费问题和广义的福利问题。第五，大众高额消费阶段。这一阶段工业高度发达，社会目标是提供耐用消费品和群众性的服务业，进而使耐用消费品和服务等有关部门成为经济的主导部门。第六，追求生活质量阶段。这一阶段是人类社会发展的第二次突变，主导部门不再是生产有形产品的工业部门，而是提供劳务和改善生活质量的服务业。人们的追求不再是小汽车之类的耐用消费品，取而代之的是追求环境的优美、生活的舒适与较高的精神享受。以劳动形式反映的社会生活质量程度作为衡量成就的标志。在高额群众消费阶段提高了人们生活水平的同时，也带来了环境污染、人口拥挤、交通堵塞、城市衰退等问题，而追求生活质量阶段正是要以改良和渐进的方式来解决这些问题①。

本书对经济阶段的划分，将罗斯托的经济发展阶段划分理论和钱纳里的经济发展阶段划分理论相结合，如表 2.3 所示。

表 2.3　　　　　　经济增长阶段的划分（按人均 GDP 标准）　　　　单位：美元

年份	第一阶段 传统社会阶段	第二阶段 为起飞创造条件阶段	第三阶段 起飞阶段	第四阶段 走向成熟阶段	第五阶段 大众高额消费阶段	第六阶段 追求生活质量阶段
1987	820 以下	820~1639	1639~3278	3278~6147	6147~9834	9834 以上
1997	1158 以下	1158~2315	2315~4630	4630~8682	8682~13891	13891 以上
2004	1362 以下	1362~2724	2724~5449	5449~10217	10217~16346	16346 以上
2009	1547 以下	1547~3094	3094~6189	6189~11604	11604~18567	18567 以上
2014	1707 以下	1707~3415	3415~6829	6829~12805	12805~20488	20488 以上
2019	1844 以下	1844~3687	3687~7375	7375~13828	13828~22125	22125 以上

总体来看，对于综合性城市而言，城市发展阶段思想已经被各国学者广泛接受。但由于城市本身的综合性、开放性和复杂性，目前关于综合性城市发展阶段的理论研究非常薄弱，而邻里发展阶段理论、单一职能城市发展阶段理论和综合性城市发展阶段三个关于城市发展阶段判断的理论方法仅仅是从概念上对城市发展阶段进行理论性探索，仅有区域经济增长理论能够通过量化的途径来对城市发展阶段进行大概的判断。

① 蒲晓晔，赵守国. 经济增长动力变迁的国际比较及对中国的启示 [J]. 经济问题，2011（11）：46-50.

2.2　人口结构对产业结构的影响途径

关于就业结构与产业结构之间关系的研究，最早可追溯到英国经济学家威廉·配第（William Petty）时代。他在 1672 年出版的《政治算术》一书中首次描述了劳动力因不同产业间的收入差异在"农业—制造业—商业"之间不断转移现象。初步探讨了劳动力在产业间转移和产业结构演变规律，他认为劳动报酬差异在就业结构变化和产业结构调整过程中发挥着重要的作用。但他只是对劳动人口在不同产业间转移的事实进行描述，并未对就业结构变动与产业结构变化的深层次关系进行分析①。随后，柯林·克拉克（Colin Clark）在 1940 年出版的经济学著作《经济进步的条件》中首次运用三次产业分类法探索经济发展和产业结构调整与就业结构变动之间的规律。配第和克拉克的研究成果被人们命名为配第—克拉克定理②。威廉·阿瑟·刘易斯（W. Arthur Lewis，1954）对劳动力就业和产业之间的问题也进行过深入研究，在其发表的《劳动无限供给条件下的经济发展》一文中提出了著名的"二元经济"发展模式，阐述了劳动力在农业领域和工业领域之间转换的一般规律，该理论被人们称为刘易斯拐点理论③。费景汉和古斯塔夫·拉尼斯（John C. H. Fei and Gustav Ranis，1961）对刘易斯模型进行了改进，在其

① 威廉·配第. 政治算术 [M]. 北京：中国社会科学出版社，2010.
② Clark C. The Conditions of Economic Progress（Edition：3rd）[M]. London：Macmillan，New York st Martion's Press，1957.
③ Lewis A. Economic Development with Unlimited Supplied of Labor [J]. The Manchester Sclool，1954.

基础上对产业结构调整过程中就业结构的演变规律进行了深入分析，用刘易斯模式以发展中国家经济部门的划分为基础，把双元经济结构的演变分为三个阶段，认为因农业生产率提高造成农业劳动人口过剩是农业劳动力流入工业部门的先决条件，他们的研究成果被人们命名为费景汉—拉尼斯模型[①]。库兹涅茨（Kuznets，1971）研究发现就业弹性因产业而异，一般来说，第一二产业劳动就业弹性相对较弱，第三产业对劳动力有着较强的就业弹性，可以吸纳劳动力[②]。钱纳里和赛尔奎因（Chenery and Syrquin，1975）采用一般均衡的结构变化模型，根据 101 个国家的数据，通过分析 130 个变量的 2000 个观察数据，归纳出经济增长过程中产业结构变化的"标准结构"。他们认为在经济发展的不同阶段，有与之相适应的不同的产业结构和就业结构[③]。在他们的另一部著作中，通过对发达和发展中国家经济发展特征进行比较分析，得出发达国家产业结构转换与就业结构转换基本是同步进行，而发展中国家产业结构转换则普遍快于就业结构转换的研究结论[④]。

通过对已有相关研究成果的梳理，可得到以下基本结论：就业结构与产业结构之间具有高度相关性，产业结构的调整必然会带动就业结构的相应变化，而就业结构的变化也会对产业结构的转型升级产生重要影响。从具体研究内容来看，我们发现，国内外学者研究就业结

---

① 费景汉，古斯塔夫·拉尼斯．劳力剩余经济的发展［M］．北京：华夏出版社，1989.

② Simon Kuznets. Economic Growth of Nations: Total Output and Production Structure ［M］. Harvard University Press，1971.

③ 钱纳里，赛尔奎因．发展的形式：1950 - 1970 ［M］．李新华，等译．北京：经济科学出版社，1988.

④ 钱纳里，等．工业化和经济增长的比较研究［M］．吴奇，等译．上海：上海三联书店，1989.

构变动对产业结构调整的影响时，往往从年龄结构、城镇化水平和受教育水平三个方面分析就业结构变动对产业结构变化产生的影响。

2.2.1 年龄结构变化对产业结构调整的影响

关于劳动力年龄结构对产业结构调整影响的研究成果相对较少，已有研究成果往往以人口老龄化为切入点，分析人口老龄化对产业结构升级的影响。从现有文献来看，关于人口老龄化对产业结构的影响主要分为两种观点：一种观点认为，人口老龄化对产业结构升级有一定的阻碍作用。产业结构升级需要有与之相适应的就业结构，高素质、高技能劳动力是产业结构升级的重要动力源泉，而人口老龄化的加剧则导致了劳动年龄人口数量减少，造成"人口红利"逐步消失，如果一个国家或地区的人口老龄化大大超越了其经济发展阶段，在劳动者的人力资本水平与技能水平无法迅速提高的情况下，产业结构转型升级自然难以实现。蔡昉和王美艳（2012）认为当前阶段，我国面临着劳动年龄人口老龄化日益加速以及现有劳动力的人力资本水平与技能水平又普遍偏低的双重困境，难以适应产业结构升级的需求[①]。刘传江和黄伊星（2015）发现年龄因素对我国工业经济有明显影响，以增长率贡献衡量的工业经济劳动生产率随年龄呈现两端下降的非常规倒"U"形特征。在由人口老龄化引致的劳动力供给从过剩向短缺转变的关键时期，对生产率产生的影响将是我国关注的重点问题[②]。另一种观点认为，人口老龄化

---

① 蔡昉，王美艳. 中国人力资本现状管窥——人口红利消失后如何开发增长新源泉 [J]. 人民论坛，2012（4）：56 - 65.

② 刘传江，黄伊星. 从业人口年龄对中国工业经济增长的贡献度研究 [J]. 中国人口科学，2015（2）：43 - 52.

会加速产业结构演进①，即劳动者年龄与产业结构调整之间存在着显著的正相关性②，其中人口老龄化对产业发展的影响最为突出。随着低劳动力成本优势的不断减弱，人口老龄化会促使企业通过更多的研发投入来提升竞争力③。人口老龄化通过劳动力供求和需求结构这两个方面对相关产业部门产生影响④。另外，人口老龄化会加速相关老年产业的发展⑤。人口老龄化带来的资金供给面紧张有利于未来有限的储蓄进入到优势产业中，进而实现淘汰落后产能的目的⑥。人口老龄化会催生与老龄人需求相适应的第三产业发展，有利于产业结构升级⑦。此外，人口老龄化能够通过倒逼机制促进出口结构优化，促使出口结构实现优化升级，由劳动密集型商品出口为主向资本密集型商品转移⑧⑨⑩⑪。

关于人口老龄化对产业结构的影响，汪伟等（2015）通过构建

① 刘玉飞，彭冬冬. 人口老龄化会阻碍产业结构升级吗——基于中国省级面板数据的空间计量研究 [J]. 山西财经大学学报，2016（3）：12-21.
② 任栋，李新运. 劳动力年龄结构与产业转型升级——基于省际面板数据的检验 [J]. 人口与经济，2014（5）：95-103.
③ 陈彦斌. 人口老龄化对中国宏观经济的影响 [M]. 北京：科学出版社，2014.
④ Volz, U. B. Aging, Labor Supply and Consumption Sectoral Effects of Demographic Change in Germany [R]. Conference Paper Presentedat the 11th Annual Conference on Global Economic Analysis, Helsinki, Finland, 2008.
⑤ Annabi, N., M. Fougere, S. Harvey. Inter Temporal and Inter Industry Effects of Population Ageing: A General Equilibrium Assessment for Canada [J]. Labour, 2009, 23（4）.
⑥ 汪伟，艾春荣. 人口老龄化与中国储蓄率的动态演化 [J]. 管理世界，2015（6）：47-62.
⑦ 杨中新. 中国人口老龄化与区域产业结构调整研究 [M]. 北京：社会科学文献出版社，2005.
⑧ Sayan, S. Heckscher - Ohlin Revisited: Implications of Differential Population Dynamics for Trade within an Over Lapping Generations Framework [J]. Journal of Economic Dynamics and Control, 2005（29）：1471-1493.
⑨ Naito T, Zhao L. Aging, Transitional Dynamics and Gains from Trade [J]. Journal of Economic Dynamics and Control, 2009（33）：1531-1542.
⑩ Akira Yakita. Different Demographic Changes and Patterns of Trade in a Heckscher - Ohlin setting [J]. Journal of Population Economics, 2012（25）：853-870.
⑪ 王有鑫，赵雅婧. 中国人口结构变动与制造业出口结构优化 [J]. 南方人口，2013（5）：61-70.

多维产业升级指标并运用我国省份面板数据进行实证研究，从五个方面较为全面地总结了人口老龄化引起产业结构转变的理论机制。他们研究发现，人口老龄化不仅促进了我国一二三产业结构的不断优化，还推动了制造业与服务业内部技术结构的优化。人口老龄化主要通过增加消费需求、加快人力资本积累和"倒逼"企业用资本和技术替代劳动来应对劳动力成本上升，进而促进产业结构升级。但人口老龄化也降低了平均劳动生产率，对产业结构升级造成一定的负面影响。但就直观影响来看，人口老龄化对我国产业结构升级应是负向净效应。

2.2.2　城镇化水平对产业结构变动的影响

已有文献分析城镇化与产业结构调整之间的关系时，大部分学者均承认人口城镇化水平的提高有利于促进要素空间的集聚[1]，推动技术创新和产业结构升级[2][3][4][5]。而低水平城市化影响和制约着产业结构转型升级进程[6]，城市化水平的提高有利于第三产业的协

---

① 吴福象，沈浩平. 新型城镇化、创新要素空间集聚与城市群产业发展 [J]. 中南财经政法大学学报，2013（4）：36 - 42，159.
② 杨文举. 中国城镇化与产业结构关系的实证分析 [J]. 经济经纬，2007（1）：78 - 81.
③ Michaels G.，Rauch F.，Redding S. J. Urbanization and Structural Transformation [J]. Quarterly Journal of Economics，2012，127（2）：535 - 586.
④ 蓝庆新，陈超凡. 新型城镇化推动产业结构升级了吗？——基于中国省级面板数据的空间计量研究 [J]. 财经研究，2013（12）：57 - 71.
⑤ 徐传谌，王鹏，崔悦，等. 城镇化水平、产业结构与经济增长——基于中国2000～2015 年数据的实证研究 [J]. 经济问题，2017（6）：26 - 29.
⑥ 蒋满元. 经济结构演变与城市化互动机制的逻辑模型及其问题探讨 [J]. 求实，2007（3）：32 - 35.

同集聚，增加第三产业就业规模，推动第三产业的发展①②③。但李敬和王朋朋（2016）认为人口城镇化显著地促进了工业结构升级，但其存在门槛效应和地区差异。人口城镇化对工业结构升级的作用服从边际递减规律，即随着人口城镇化水平的上升，人口城镇化的正向促进效应逐渐减弱④。此外，城市化发展带动了劳动力空间移动，为产业结构变迁输送了劳动力⑤⑥；另外，城市化也创造了更多的市场需求，改变了就业市场的格局，这些都有利于产业结构优化升级⑦。

2.2.3 受教育水平对产业结构变动的影响

人口受教育的层次结构决定了一个国家或地区新增劳动力的最低层次和劳动力结构。在一个中等教育比重较少，甚至小学教育都未普及的国家或地区，其产业结构势必处于很低的发展水平。这种劳动力素质状况决定了该地区只能从事低附加值的工作，进行简单的低端加工作业，发展重点集中于劳动密集型产业，是一种低效率经济。可见，低素质和低层次劳动力结构是阻碍地方发展的根本性因素。若要发展高附加值产业，进行深加工作业，则必须提高劳动

---

① Miura H. , Araki Y. , Haraguchi K. , et al. Socioeconomic Factors and Dental Caries in Developing Countries：a Cross-national Study [J]. Social Science & Medicine（1982），1997，44（2）：269 – 272.

② Michaels G. , Rauch F. , Redding S. J. Urbanization and Structural Transformation [R]. CEPR Discussion Paper No. DP7016, 2008.

③ 马鹏，李文秀，方文超. 城市化、集聚效应与第三产业发展 [J]. 财经科学，2010（8）：101 – 108.

④ 李敬，王朋朋. 人口城镇化与工业结构升级 [J]. 产业经济研究，2016（4）：29 – 38.

⑤ Singelnann J. The Spectral Transformation of the Labor Force in Seventy Industriliaed Countries, 1920 – 1970 [J]. American Journal of Sociology, 1978（5）：1224 – 1234.

⑥ Messina J. Institutions and Service Employment Panel Study for OECD Countries [R]. European Central Bank Working Paper Series, 2004（3）：320.

⑦ 孙久文，彭薇. 我国城市化进程的特点及其与工业化的关系研究 [J]. 江淮论坛，2009（6）：29 – 35.

力素质，优化劳动力结构。若一个国家或地区的劳动力结构与素质不适应产业结构对劳动力资源的要求，那么就业结构势必会阻碍产业结构的演进速度。一般说来，国家或地区就业人口素质的整体水平越高，与产业结构越平衡，其劳动力要素收入也就越高、越均衡，该区域的消费水平也就越高，消费结构也就会更加合理。显然，国家或地区的消费水平和消费结构对该区域产业结构的影响也就越大①。此外，随着就业人口受教育程度的不断提升，人力资本水平也在不断地提高，这会加速技术吸收和引进速度②③并且会诱使技术创新④，最终会促进产业结构的优化和升级。可见，劳动力受教育水平与人力资本呈正相关性，劳动力受教育程度不仅是产业结构优化升级的前提，也决定了产业结构转型升级的方向、程度和效果⑤⑥。

2.3　产业结构变动对人口结构的影响

2.3.1　产业结构变动对城镇化的影响

关于产业结构升级如何影响人口结构变化这一论题的探讨，国内

---

① 袁岳驷，胡建忠. 论区域产业结构与教育结构的关系 [J]. 湖南师范大学教育科学学报，2003.

② Acemoglu，Damn. Patterns of Skill Premier [J]. Review of Economic Studies，2003 (1)：199 – 230.

③ Ciccone，Antonio，Elias Papaioannou. Human Capital，the Structure of Production and Growth [R]. European Central Bank，Working Paper Series 623，2006.

④ Romer，Paul M. Endogenous Technical Change [J]. Journal of Political Economy，1990 (10)：71 – 102.

⑤ 靳卫东. 人力资本与产业结构转化的动态匹配效应就业增长和收入分配问题的评述 [J]. 经济评论，2010 (6)：137 – 142.

⑥ 孟庆运. 对我国的产业结构和人口受教育程度的初步分析——基于"六普"数据 [J]. 中央民族大学学报（自然科学版），2013 (3)：34 – 37.

外研究相对较少。从仅有的几篇文献来看，人们对于产业结构升级对城镇化的影响进行的相关研究得出以下几点结论：一是产业的发展有利于劳动力向城市集聚，从而促进人口城镇化发展[1]，随着国家或地区经济发展水平的不断提高，其主导产业不断向高级化和合理化方向发展，这种产业结构的演变必将推动就业人口的空间流动，最终带动城市化的发展[2]，陈立泰和刘艺（2003）研究发现，产业结构高级化和合理化水平的提升是城市化率提高的保证[3]；二是产业结构优化推动了城镇的转型发展，提高了城镇化的质量[4][5]，且随着产业结构层次不断升级，产业结构变化对城镇化水平的影响作用越来越强[6][7][8][9]。

2.3.2 产业结构与流动人口之间的关系研究

关于产业结构升级与流动人口之间关系的分析，国内外学者进行了较为全面的分析，主要研究成果有：周昌林和魏健康（2004）通过分析宁波市三大产业及流动人口的相关数据，指出城市人口结

① Jane Jacobs. The Economy of Cities [M]. Vintage Press, 1970.
② Davis J. C., Henderson J. V. Evidence on the Political Economy of the Urbanization Process [J]. Journal of Urban Economics, 2003 (1): 98 – 125.
③ 陈立泰, 刘艺. 中国产业结构变迁对城市化发展的影响——基于省级面板数据的实证研究 [J]. 经济问题探索, 2013 (8): 61 – 66.
④ 沈正平. 优化产业结构与提升城镇化质量的互动机制及实现途径 [J]. 城市发展研究, 2013 (5): 70 – 75.
⑤ 肖功为, 贺翀. 中国产业结构优化升级引致的城镇化效应研究——一个省级面板分位数模型的实证检验 [J]. 财经理论与实践, 2013 (5): 90 – 94.
⑥ Moomaw R. L., Shatter A. M. Urbanization and Economic Development: a Bias Toward large cities? [J]. Journal of Urban Economics, 1996 (1): 13 – 37.
⑦ Black D., Henderson V. A Theory of Urban Growth [J]. Journal of Political Economy, 1999 (2): 252 – 284.
⑧ 俞国琴. 城市现代服务业的发展 [J]. 上海经济研究, 2004 (12): 58 – 63.
⑨ Hermelin B. The Urbanization and Suburbanization of the Service Economy: Producer Services and Specialization in Stockholm [J]. Geografiska Annaler, 2007, 89 (Supplement s1): 59 – 74.

构与产业结构具有相互反映与相互影响的特点，并且呈现出正相关的关系①。王新华和戴维周（2006）通过选取我国 31 个省级行政单位的相关数据，分析了产业结构与人口流动的关联度，认为第三产业已经成为拉动人口流动的主要动力②。马仲良和潘银苗（2007）认为北京市低端化的产业结构引致了大量的外来人口，同时第三产业内部高端与低端行业参差不齐，吸引了大量的低素质人口③。丁金宏（2011）通过研究发现，许多大城市和特大城市仍然以传统制造业为支柱产业，而这些产业与外来人口之间形成了一种相互捆绑的共生关系，因此，要缓解大城市病必须进行人口规模调控，通过产业结构升级实现"有发展的增长"④。

2.3.3　产业结构变动对人口教育结构的影响

通过对相关文献进行系统性梳理，笔者发现产业结构变动对人口受教育层次的影响主要通过产业结构升级对高素质劳动力需求的提升，倒逼人口受教育水平提升途径实现。随着国家或地区经济的不断增长，人力资本需求结构会随着产业结构的优化升级而发生改变⑤，主要体现在人力资本的广度、深度、效率和效益等方面的提升⑥。

---

① 周昌林，魏健康. 流动人口对城市产业结构升级影响的实证研究——以宁波市为例 [J]. 社会，2007（4）：94 - 106.
② 王新华，戴维周. 人口流动与产业结构升级的相关性分析 [J]. 南京人口管理干部学院学报，2006（10）：57 - 61.
③ 马仲良，潘银苗. 调控北京人口规模的有效途径 [J]. 决策研究，2007（2）：40 - 42.
④ 丁金宏. 论城市爆炸与人口调控 [J]. 前进论坛，2011（2）：33 - 36.
⑤ 李晓嘉，刘鹏. 我国产业结构调整对就业增长的影响 [J]. 山西财经大学学报，2006（1）：59 - 63.
⑥ 张其春，郗永勤. 区域人力资本与产业结构调整的互动关系 [J]. 现代经济探讨，2006（8）：16 - 18.

产业结构的不断升级，对劳动者素质的需求程度越来越大。产业发展的阶段越高，对劳动力的素质和知识水平要求越高，高端产业不仅需要高素质和知识水平的劳动力，高端产业的发展所具有的高效益也同样为劳动者提供了较高的工资，这也吸引着高素质和高受教育水平劳动力的集聚，从而激励着越来越多的劳动者通过增加受教育年限或培训的方法提升自己的劳动素质，产业结构的演变推动了人口素质的提高[①]。

通过对已有的相关研究归纳和总结，可以发现，当前阶段，国内外学者就人口结构与产业结构变动已经进行了较多的研究，研究方法和研究视角也各有不同，我们将已有研究成果归纳起来可得出如图 2.1 所示关于人口与产业结构变动的研究内容划分。

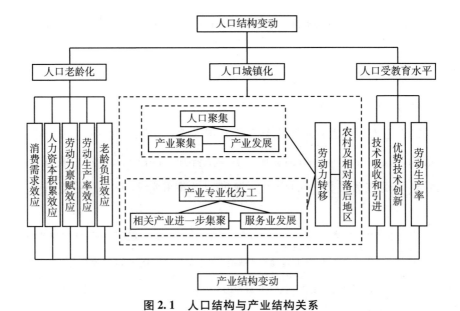

图 2.1　人口结构与产业结构关系

① K. G. Manton. Population and Lahor Force Aging, Effect Economic Development in Brazil, Russia, India and China [J]. International Encyclopedia of Public Health, 2008.

就业结构对产业发展路径的选择有较大的影响，劳动力的质量、规模结构及流动方式决定了产业就业的分布和演化途径，并影响着产业结构的调整方式和方向。与此同时，产业结构的调整也对就业结构的变化方向有很大影响，产业结构的发展水平决定了劳动者层次和就业规模。产业结构调整过程中在吸纳劳动力的同时，也容易造成结构性失业，产业结构的优化升级对劳动者提出更高的要求，推动着就业结构的变化。因此，就业结构变动与产业结构调整相辅相成，两者之间的协调发展是保障地方经济发展健康快速的重要前提。

2.4　人口结构与产业结构研究的方法和案例

在分析人口结构与产业结构之间关系时，也有部分学者将分析重点放在两者之间的直接联系上，而没有从影响机制的角度分析两者的关系。这类研究的共性是通过对人口结构和产业结构进行量化，用特定的量化分析方法对两者之间关系进行更加直观的量化分析。国内学者分析人口结构与产业结构之间的关系时，通常使用耦合度分析、关联性分析等方法进行相关分析。

2.4.1　耦合度分析方法

范洪敏和穆怀中（2015）通过构建人口结构与产业结构评价指标，运用灰色关联模型和耦合度模型，对我国人口结构与产业结构耦合度进行测算，研究发现劳动年龄人口比重与第二产业关联度较大，而城镇人口比重、老年人口比重、大专及以上文化人口比重与第三产业有较高关联①。郇红艳和牛雷（2016）采用嫡权法构建耦合评价指标体系，分析安徽省人口流动、产业承接和经济发展协调性的时序变化特征。研究发现，皖江示范区设立前后，安徽省人口流动、产业承接和经济增长耦合关系发生逆向变化，以人口外出务工为特征的劳务经济对经济发展影响逐渐落后于产业承接的经济贡献，耦合协调关系空间上呈现出四级梯度圈层结构②。方大春和张凡（2016）借助于耦合协调度模型，测算了我国 30 个地区间的人口结构与产业结构耦合协调度，认为结构调整是经济步入新常态的必然选择，人口结构与产业结构之间应该协调发展。我国人口结构与产业结构的耦合协调度存在地区差异，东部地区高于中、西地区。东部地区需要在产业结构升级中优化人口结构，中部地区要加快产业结构升级，西部地区要精准定位、协调发展③。逯进等（2018）运用三系统耦合模型，使用我国 31 个省区市 1993～2015年面板数据，测算了人口结构、产业发展、供求协同三大系统的综合水平及耦合特征，并结合空间重心距离分析，讨论了三系统耦合的时序变化、空间分布及匹配状况，以全新的视角审视当前我国存在的"结构性失衡"问题④。方方（2018）应用要素评价模型与耦

---

① 范洪敏，穆怀中．中国人口结构与产业结构耦合分析［J］．经济地理，2015（12）：11－17.

② 郇红艳，牛雷．人口流动、产业承接与经济发展耦合协调的实证分析［J］．统计与决策，2016（11）：90－94.

③ 方大春，张凡．人口结构与产业结构耦合协调关系研究［J］．当代经济管理，2016（9）：54－60.

④ 逯进，刘璐，周惠民．人口结构、产业发展与供求协同：系统耦合与匹配视角［J］．现代财经（天津财经大学学报），2018（4）：61－74.

合协调度模型，以京津冀 147 个县域为样本，分析了 2000 年、2008
年和 2015 年人口、土地、产业要素发展格局及其耦合协调格局，揭
示了京津冀县域人口、土地、产业要素耦合的空间分异规律。她认
为人口、土地、产业是区域发展的核心要素，三要素的变化趋势及
其耦合匹配程度，直接影响区域可持续发展能力①。

2.4.2 关联性分析方法

李国平和范红忠（2003）认为，我国地区差距成因主要是生产
向东部地区不断集中，而人口并没有相应集中，造成区域间生产与
人口分布高度失衡②。范红忠和李国平（2003）从要素流动性角度
探讨了这种人口与生产分布失衡产生的原因，认为人口流动成本是
造成区域差距的关键因素，假如不存在人口流动制度和其他障碍，
我国的产业与人口分布就会有更高的一致性，地区差异因此会比现
实情况更低③。范剑勇和王立军（2004）在新经济地理的框架下，
研究了劳动力与产业集聚之间的关系，认为非农产业特别是制造业
向东部沿海地区集聚和农村劳动力向东部地区流动相互强化的过程
导致地区差距扩大④。米红和徐益能（2006）通过关联分析发现人

① 方方. 京津冀县域人口、土地、产业要素耦合测度及空间分异 [J]. 世界地理研究，2018（2）：51 - 59.
② 李国平，范红忠. 生产集中、人口分布与地区经济差异 [J]. 经济研究，2003（11）：79 - 93.
③ 范红忠，李国平. 资本与人口流动及其外部性与地区经济差异 [J]. 世界经济，2003（10）：50 - 61.
④ 范剑勇，王立军，沈林洁. 产业集聚与农村劳动力的跨区域流动 [J]. 管理世界，2004（4）：22 - 29.

口结构与产业结构存在极高的关联度①。魏乐霞等（2007）进一步证实人口结构与产业结构相协调才能促进产业结构调整与优化。蔡翼飞和张车伟（2012）通过构造测度不匹配程度的指数，描绘了我国人口与产业不匹配程度的现状与变化趋势②。韩燕和胡强（2012）采用灰色关联分析的方法，从就业结构、产业结构及城市化水平的演进趋势入手，分析了就业结构与城市化水平、就业结构与产业结构之间的关系③。林子荣等（2017）以我国台湾地区为例，采用灰色关联度分析法，测算岛内产业重心、人口重心及财政分配重心与岛内经济重心的关联程度并加以比较，来探究台湾本岛经济重心空间演变的动因④。

2.4.3 相关研究案例

新经济地理学以报酬递增、运输成本不为零为假设前提，分析区域经济一体化所引起的地区专业化、生产和人口集中与扩散形成的机理。该理论认为，在区域经济一体化条件下，由于运输成本降低将使产业和人口空间结构发生调整⑤。克鲁格曼和韦伯（Krugman and Weber，1996）假设一体化区域内存在几种不同的工业部

① 米红，徐益能．深圳人口结构与产业结构的关联模式研究［J］．特区经济，2006（10）：58－59．
② 蔡翼飞，张车伟．地区差距的新视角：人口与产业分布不匹配研究［J］．中国工业经济，2012（5）：31－43．
③ 韩燕，胡强．基于灰色关联的我国人口就业结构、产业结构与城市化水平研究［J］．西北人口，2012（3）：121－124．
④ 林子荣，李文献，林颖．2001～2015年台湾本岛经济、产业、人口重心时空演变及其动因探析［J］．台湾研究，2017（5）：53－64．
⑤ Krugman Paul. Increasing Returns and Economic Geography［J］. Journal of Political Economy，1991（99）：483－499．

门，且最终产品和中间产品均具有规模报酬递增特征，实施经济一体化的几个区域间具有相似的资源和技术条件。他们的理论逻辑如下：设想在没有实施经济一体化情况下，区域之间存在很高的运输成本，每个区域是自给自足经济，拥有自己的产业体系，即同时生产最终消费品和中间投入品。经济一体化实施后，运输成本降低，不断增长的劳动力和资本流动性会加速产业和人口的集聚进程。此时，在某些产业拥有初始优势的区域会出现累积发展的过程[①]。

目前国内已有大量文献以某一地区为案例，对我国区域经济发展形势展开研究，如从产业结构失衡、人口红利衰减、空间土地资源利用失衡等方面进行分析，也有的学者将产业、人口与空间两两结合，分析不同系统之间联系紧密程度对经济发展的影响。刘乃全和孙海鸣（2003）对上海产业结构、人口、就业的互动关系进行了深入的研究[②]。李铁立和徐建华（2006）以泛珠三角经济区为例，研究发现随着一体化程度的加深，产业和人口将具有集中与扩散同时发生的特征，各地区形成特定产业和人口集中的专门化生产的地理格局[③]。周昌林和魏健康（2007）通过分析宁波市三大产业及流动人口的相关数据，指出城市人口结构与产业结构具有相互反映与相互影响的特点，并且呈现出正相关的关系[④]。马仲良和潘银苗

① Krugran P. , J. Venables. Integration Specialization and Adjustment ［J］. Europran Economic Review, 1996（40）: 959 –967.
② 刘乃全，孙海鸣. 上海产业结构、人口、就业的互动关系研究［J］. 财经研究，2003（1）: 55 –62.
③ 李铁立，徐建华. "泛珠三角"产业、人口分布空间变动的趋势分析［J］. 地理科学，2007（4）: 402 –408.
④ 周昌林，魏健康. 流动人口对城市产业结构升级影响的实证研究——以宁波市为例［J］. 社会，2007（4）: 94 –106.

（2007）认为，北京市低端化的产业结构引致了大量的外来人口，同时第三产业内部高端与低端行业参差不齐，吸引了大量的低素质人口①。张丹等（2012）对首都圈地区分行业就业人口分布与空间结构特征进行分析，探讨不同行业的区域空间结构②。孙平军等（2012）分析了北京市人口、经济、空间城市化之间的耦合协调度及其演变规律和作用机理③。此外，他们还以湖北省、东北地区为案例，就人口、经济与空间之间关系进行了案例分析④⑤⑥。李超等（2013）对北京市人口调控与产业结构优化的互动关系进行了研究，他们认为北京市人口调控要强化政府的政策导向作用，以产业结构升级为契机，通过优化产业发展布局带动人口结构优化⑦。王小章（2013）以浙江省德清县为例，分析了三者之间的关系，认为在相对"自然"的城镇（市）化进程中，产业、空间、人口三者的基本因果或动力关系是"产业发展→人口集聚→城市空间拓展"。在我国目前政府主导的城镇化进程中，这三者的关系逆转成为"空间→产业→人口"这样一种脉络顺序⑧。刘娜等（2014）以甘肃省为例，

① 马仲良，潘银苗. 调控北京人口规模的有效途径 [J]. 决策研究，2007（2）：40 - 42.
② 张丹，孙铁山，李国平. 中国首都圈区域空间结构特征——基于分行业就业人口分布的实证研究 [J]. 地理研究，2012（5）：899 - 908.
③ 孙平军，丁四保，修春亮. 北京市人口—经济—空间城市化耦合协调性分析 [J]. 城市规划，2012（5）：38 - 45.
④ 孙平军，丁四保，修春亮，等. 湖北"人口—经济—空间"城市化及其层级结构 [J]. 长江流域资源与环境，2011（10）：1172 - 1179.
⑤ 孙平军，丁四保. 人口—经济—空间视角的东北城市化空间分异研究 [J]. 经济地理，2011（7）：1094 - 1100.
⑥ 孙平军，丁四保，修春亮，等. 东北地区"人口—经济—空间"城市化协调性研究 [J]. 地理科学，2012（4）：450 - 457.
⑦ 李超，张红宇，卢健，等. 北京市人口调控与产业结构优化的互动关系 [J]. 城市问题，2013（8）：2 - 6.
⑧ 王小章. 从产业、空间、人口三维关系看当前城镇化问题——以浙江省德清县为例 [J]. 浙江社会科学，2013（11）：80 - 85.

对甘肃省人口、经济的空间分异和关联性进行了相关研究[①]。李豫新和王筎旭（2014）基于新疆各地州人口与产业空间分布匹配性的实际变动情况，在新经济地理学对要素空间集聚逻辑分析的基础上，提出人口空间分布与产业空间分布的演变机制模型，从人口与产业分布匹配度视角对区域经济发展差异做了动态描述[②]。朱江丽和李子联（2015）以长三角城市群为研究样本，通过构建城市产业、人口、空间发展指标体系，利用耦合协调度函数分析了长三角城市群产业、人口、空间整体水平以及耦合协调发展的时序特征和空间特征[③]。李涛（2015）等以重庆市为例，综合运用熵权法和系统耦合协调度模型，对重庆"土地、人口、产业"城镇化质量、耦合度、协调指数、耦合协调度及空间格局差异进行测算和分析[④]。曾鹏和张凡（2017）研究我国十大城市群产业、人口与空间的协调发展对推动区域经济增长，促进社会发展具有重要的理论价值和现实意义[⑤]。

　　综合国内外相关文献，对产业、人口和空间的研究在理论和实证方面已经取得了一些研究成果，但现有研究也存在着一定的不足之处：第一，研究对象侧重于对单个省份内部城市群的研究，范围较为狭小，对十大城市群的比较研究关注较少；第二，研究影响经

　　① 刘娜，石培基，李博. 甘肃省人口经济空间分异与关联研究［J］. 干旱区地理，2014（1）：179-186.
　　② 李豫新，王筎旭. 新经济地理学视角下人口与产业空间匹配性研究——以新疆地区为例［J］. 西北人口，2014（1）：56-61.
　　③ 朱江丽，李子联. 长三角城市群产业—人口—空间耦合协调发展研究［J］. 中国人口·资源与环境，2015（2）：75-82.
　　④ 李涛，廖和平，杨伟，等. 重庆市"土地、人口、产业"城镇化质量的时空分异及耦合协调性［J］. 经济地理，2015（5）：65-71.
　　⑤ 曾鹏，张凡. 十大城市群"产业—人口—空间"耦合协调度的比较［J］. 统计与决策，2017（10）：94-98.

济运行的多种因素中，侧重于对人口、资源、生态环境等问题的研究，关注产业、人口与空间的协调发展的研究较少；第三，利用耦合协调度模型多用于研究社会经济系统与生态环境系统的关系及其时序变化，很少将此模型运用于空间层面研究。

2.5 关于产业、人口、空间多要素协同分析研究

2.5.1 关于经济一体化的相关研究

加强区域经济空间联系是提高区域竞争力乃至国家竞争力的基本要求，城市群经济空间联系的强弱直接影响城市群竞争力的大小，进而影响地区的整体竞争力和国际地位①。目前，学术界对区域经济空间联系方面的相关研究非常重视，并采用了多种方法分别从区域空间经济联系的一般演化规律、现实发展状况、未来发展趋势以及影响因素等多种角度进行分析。爱德华（Edward，1999）运用马歇尔理论构建了城市密集区城市间相互作用的知识溢出模型，分析了知识人口的空间分布与流动特征。沈国强（Shen，2004）通过模型估计了大范围内的城市（节点）间的吸引力及其相互作用强

---

① 李红锦，李胜会. 基于扩展强度模型的城市群经济空间联系研究——珠三角城市群的实证研究 [J]. 企业经济，2011（11）：159 – 162.

度[①]。鲍德温等（Baldwin et al.，2006）证实区域经济发展过程中存在着明显的空间相关性，且区域经济增长和集聚之间的关系在很大程度上取决于区域空间内资本、劳动以及生产要素等之间的流动性[②]。国内学者对区域空间联系的研究起步于 20 世纪 90 年代之后，研究内容多以分析区际联系为主，且主要集中在某一城市与所在区域或者全国的联系上，而且偏重于对空间运输联系的研究，如周一星等（2001）利用铁路货运和港口资料，分别对区际联系的开放性、区际联系的方向性和货流联系的同构性进行深度分析[③]。此外，赵伟（2001）、王楠等（2008）、陈晓等（2010）、潘彦江等（2014）学者也进行过相关领域的研究[④][⑤][⑥][⑦]。国内学者对城市群经济空间联系的研究对象涉及不同城市群，多数研究集中于京津冀[⑧]、长三角[⑨]以及成渝城市群等[⑩]。在关于对珠三角城市群的相关研究中，有很大一部分涉及与其他城市群的比较研究，对珠三角问题

①　Guo Qiang Shen. Reverse2fitting the gravity model to inter-city airline passenger flows by an algebraic simplification [J]. Journal of Transport Geography，2004（12）：219 – 234.

②　Baldwin R E，Martin P. Agglomeration and regional growth [J]. Handbook of Regional & Urban Economics，2006（4）：2671 – 2711.

③　周一星，杨家文. 九十年代我国区际货流联系的变动趋势 [J]. 中国软科学，2001（6）：85 – 89.

④　赵伟. 区际开放：左右未来中国区域经济差距的主要因素 [J]. 经济学家，2001（9）.

⑤　王楠，陈才，刘继生. 区际综合运输通道空间结构研究——以内蒙古东部地区与东北三省为例 [J]. 人文地理，2008（3）：54 – 58.

⑥　陈晓，陈雯，张蕾，等. 基于区际联系的"泛长三角"范围判定 [J]. 地理科学进展，2010（3）：370 – 376.

⑦　潘彦江，方朝阳，缪理玲，等. 基于交通状态分析的南昌市区际联系通达性研究 [J]. 地理研究，2014（12）：2325 – 2334.

⑧　赵金丽，张璐璐，宋金平. 京津冀城市群城市体系空间结构及其演变特征 [J]. 地域研究与开发，2018（4）：9 – 13.

⑨　李平华，陆玉麒. 长江三角洲空间运输联系与经济结构的时空演化特征分析 [J]. 中国人口·资源与环境，2005（1）：16 – 20.

⑩　王振坡，朱丹，王丽艳. 成渝城市群城市规模分布及演进特征研究 [J]. 西北人口，2017（12）：8 – 14.

的针对性不强，如苏良军和王芸（2007）、娄文龙（2014）、皮建才等（2018）学者的研究①②③，针对珠三角城市群进行的研究相对较少。而且在研究方法上，已有研究主要采用了重力模型（引力模型）④⑤⑥、城市流强度模型⑦⑧⑨、DEA 模型⑩⑪⑫以及空间计量⑬⑭⑮等。

　　纵观已有研究，我们发现对珠三角城市群进行相关研究的成果可归纳为以下三个方面：一是珠三角城市一体化程度对区域经济发展有显著性促进作用。随着经济的发展，区域市场一体化水平的提

　　① 苏良军，王芸. 中国经济增长空间相关性研究——基于"长三角"与"珠三角"的实证 [J]. 数量经济技术经济研究，2007（12）：26 - 38.
　　② 娄文龙. 京津冀、长三角和珠三角区域经济一体化测量和比较 [J]. 统计与决策，2014（2）：90 - 92.
　　③ 皮建才，殷军，杨雱. 长三角与珠三角发展模式的比较制度分析 [J]. 中国经济问题，2018（1）：27 - 38.
　　④ 顾朝林，庞海峰. 基于重力模型的中国城市体系空间联系与层域划分 [J]. 地理研究，2008（1）：1 - 12.
　　⑤ 梅志雄，徐颂军，欧阳军，等. 近20年珠三角城市群城市空间相互作用时空演变 [J]. 地理科学，2012（6）：694 - 701.
　　⑥ 欧国立，谢辉. 高铁枢纽层级结构下的区域经济联系及其结构绩效分析 [J]. 产经评论，2017（4）：64 - 73.
　　⑦ 朱英明，于念文. 沪宁杭城市密集区城市流研究 [J]. 城市规划汇刊，2002（1）：31 - 33.
　　⑧ 徐慧超，韩增林，赵林，等. 中原经济区城市经济联系时空变化分析——基于城市流强度的视角 [J]. 经济地理，2013（6）：53 - 58.
　　⑨ 赵正，王佳昊，赵静. "一带一路"中国段节点城市经济联系的空间分析——基于城市流强度模型的研究 [J]. 干旱区资源与环境，2018（4）.
　　⑩ 胡晓珍，张卫东，杨龙. 制度环境、技术效率与区域经济增长差异 [J]. 公共管理学报，2010（2）：79 - 88.
　　⑪ 李红锦，李胜会. 基于 DEA 模型的城市群效率研究——珠三角城市群的实证研究 [J]. 软科学，2011（5）：91 - 95.
　　⑫ 张屹巍，易云洲，周开禹，等. 金融支持广东区域经济协调发展：绩效评估与对策 [J]. 南方金融，2016（6）：89 - 97.
　　⑬ 王家庭，贾晨蕊. 我国城市化与区域经济增长差异的空间计量研究 [J]. 经济科学，2009（6）：94 - 102.
　　⑭ 覃成林，刘迎霞，李超. 空间外溢与区域经济增长趋同——基于长江三角洲的案例分析 [J]. 中国社会科学，2013（3）：76 - 94.
　　⑮ 赵祥，城市经济互动与城市群产业结构分析——基于珠三角城市群的实证研究 [J]. 南方经济，2016（10）：109 - 120.

升有利于促进珠三角经济增长①②③④⑤；二是珠三角城市群经济发展并不平衡，经济空间结构呈现显著的极化趋势，形成以深圳和广州为双中心，各城市为空间节点的经济空间格局⑥。经济联系呈现出以中心城市向外依次减弱的规律，城市群内部各都市圈的发展水平差异明显⑦。而造成这种现象的成因有城市体制机制、基础设施建设以及所处发展阶段不同等多种因素，这些因素共同阻碍了珠三角城市群的一体化进程⑧。三是分析各种要素对区域一体化进程的影响，毛艳华和杨思维（2017）认为珠三角经济一体化过程中的生产要素流动、经济结构、对外开放和政府投入等方面对经济增长具有显著的促进作用⑨。

通过对已有研究的系统性学习，我们发现国内学者进行相关研究都侧重于某一个方面，没有进行综合性分析。而且在分析中往往从整体角度分析珠三角经济区发展情况，忽略了作为我国四大一线城市的广州和深圳两大城市在整个珠三角城市群发展过程中起到的作用。

---

① 杨林，陈喜强．协调发展视角下区域市场一体化的经济增长效应——基于珠三角地区的考察［J］．经济问题探索，2017（11）：59－66.
② 苏良军，王芸．中国经济增长空间相关性研究——基于"长三角"与"珠三角"的实证［J］．数量经济技术经济研究，2007（12）：26－38.
③ 葛梅．对大珠三角经济一体化发展策略的探讨［J］．改革与战略，2004（9）：4－6.
④ 邹卫星，周立群．区域经济一体化进程剖析：长三角、珠三角与环渤海［J］．改革，2010（10）：86－93.
⑤ 赵祥．城市经济互动与城市群产业结构分析——基于珠三角城市群的实证研究［J］．南方经济，2016（10）：109－120.
⑥ 朱惠斌，李贵才．基于功能网络的珠三角区域经济空间格局［J］．经济地理，2015（2）：1－6.
⑦ 张建营，毛艳华．珠三角城市群经济空间联系实证分析［J］．城市问题，2012（10）：2－8.
⑧ 林耿，许学强．大珠三角区域经济一体化研究［J］．经济地理，2005（5）：677－701.
⑨ 毛艳华，杨思维．珠三角一体化的经济增长效应研究［J］．经济问题探索，2017（2）.

2.5.2 产业、人口、空间系统协调性研究

关于产业、人口、空间系统发展方面的研究内容可归纳为三点：

（1）从产业、人口或空间领域单一角度分析某一要素对地方经济发展的影响。如产业结构失衡[①]、人口红利衰减[②③]、空间土地利用失衡[④]等问题对地方经济发展的影响。

（2）分析产业、人口、空间发展两两间关系变化对地方经济发展的影响。如从产业转型与人口老龄化[⑤⑥]、产业升级与人口红利转变[⑦⑧]、产业升级与人口受教育水平[⑨⑩⑪]、人口城镇化与空间城镇化[⑫⑬]、产

---

① 王柏杰，郭鑫. 地方政府行为、"资源诅咒"与产业结构失衡——来自43个资源型地级市调查数据的证据 [J]. 山西财经大学学报，2017（6）：64 - 75.

② 蔡昉. 未来的人口红利：中国经济增长源泉的开拓 [J]. 中国人口科学，2009（1）：2 - 10.

③ 戴翔，刘梦，任志成. 劳动力演化如何影响中国工业发展：转移还是转型 [J]. 中国工业经济，2016（9）：24 - 40.

④ 王思远，刘纪远，张增祥，等. 中国土地利用时空特征分析 [J]. 地理学报，2001（6）：631 - 639.

⑤ 林擎国，王伟. 人口老龄化对我国产业结构调整与优化的影响 [J]. 学术研究，2001（2）：48 - 52.

⑥ 汪伟，刘玉飞，彭冬冬. 人口老龄化的产业结构升级效应研究 [J]. 中国工业经济，2015（11）：47 - 61.

⑦ 郭岚，张祥建，李远勤. 人口红利效应，产业升级与长三角地区经济发展 [J]. 南京社会科学，2009（7）：7 - 14.

⑧ 焦张义. 人口红利与我国东部地区产业升级研究 [J]. 西北人口，2012（6）：1 - 12.

⑨ Acemoglu, Damn. Patterns of Skill Premier [J]. Review of Economic Studies, 2003, 70 (1): 199 - 230.

⑩ Ciccone, Antonio, Elias Papaioannou. Human Capital, The Structure of Production and Growth [Z]. European Central Bank, Working Paper Series 623, 2006.

⑪ 张车伟，高文书. 中国产业结构升级与人力资本提升 [J]. 中国经济学人（英文版），2016（4）：22 - 45.

⑫ 陶然，曹广忠. "空间城镇化""人口城镇化"的不匹配与政策组合应对 [J]. 改革，2008（10）：83 - 88.

⑬ 赵果庆，吴雪萍. 中国城镇化的空间动力机制与效应——基于第六次人口普查的2869个县域单元数据 [J]. 中国软科学，2017（2）：76 - 87.

业转移与空间资源错配①等维度分析系统变化对地方经济发展的
影响。

（3）综合分析产业、人口、空间系统综合发展变化对地方经
济发展的影响。一些学者意识到产业、人口、空间是经济系统中
最重要的子系统，任一系统的发展都必须以其他两个系统为基础，
任一系统的滞后都会导致系统失衡，并影响地方经济的发展②。覃
成林等（2011）利用我国区域数据，采用人口加权变异系数二重
分解法，从空间、产业以及二者耦合作用角度证明了我国区域发
展具有非平衡性特征③。更多学者以单个城市或城市群为研究案
例，分析经济、人口、空间系统协调发展对地方经济发展的影
响④⑤⑥⑦⑧⑨⑩。此外，也有学者将环境、资源、能源与生态问题等
其他因素纳入分析系统中，将这些要素看成保障地方经济协调发展

---

①　谢呈阳，周海波，胡汉辉. 产业转移中要素资源的空间错配与经济效率损失：基
于江苏传统企业调查数据的研究 [J]. 中国工业经济，2014（12）：130 - 142.
②　朱江丽，李子联. 长三角城市群产业—人口—空间耦合协调发展研究 [J]. 中国
人口·资源与环境，2015（2）：75 - 82.
③　覃成林，张华，张技辉. 中国区域发展不平衡的新趋势及成因——基于人口加权
变异系数的测度及其空间和产业二重分解 [J]. 中国工业经济，2011（10）：37 - 45.
④　杜瑜，樊杰. 基于产业——人口集聚分析的都市经济区空间功能分异：以我国三
大都市经济区为例 [J]. 北京大学学报：自然科学版，2008（3）：467 - 474.
⑤　陈凤桂，张虹鸥，吴旗韬等. 我国人口城镇化与土地城镇化协调发展研究 [J].
人文地理，2010（5）：53 - 58.
⑥　孙平军，丁四保. 人口　经济　空间视角的东北城市化空间分异研究 [J]. 经济
地理，2011（7）：1094 - 1100.
⑦　孙平军，丁四保，修春亮，等. 东北地区"人口—经济—空间"城市化协调性研
究 [J]. 地理科学，2012（4）：450 - 457.
⑧　肖周燕. 中国人口与经济分布一致性的空间效应研究 [J]. 人口研究，2013
（9）：42 - 52.
⑨　张磊，武友德，李君. 泛珠江三角洲经济圈人口与经济的空间分布关系研究 [J].
西北人口，2015（5）：43 - 48.
⑩　曾鹏，张凡. 十大城市群"产业—人口—空间"耦合协调度的比较 [J]. 统计与
决策，2017（1）：94 - 98.

的复杂系统①②③④⑤⑥⑦。虽然已有研究的视角、领域和对象不尽相同，但都肯定了产业、人口、空间协调发展对区域经济发展的重要作用。

综上所述，从经济、人口、空间等领域多方面分析城市发展问题具有较大进步，但如何科学量化、准确分析各系统发展对地方经济发展的传导机制则是该领域研究的重点和难点。有关产业、人口、空间领域的研究往往以国家⑧、长三角⑨以及环渤海⑩等为研究样本，鲜有研究针对珠三角城市群进行分析。当前环境下，珠三角城市群产业、人口、空间系统之间协调程度如何？影响珠三角城市群协调发展的因素有哪些？如何解决珠三角城市群发展不平衡问题等，这些都是国家区域宏观管理决策者们重点关注的问题，也是本研究的主要出发点。鉴于此，本书借用物理学系统中耦合协调性研究方法，构建指标评价体系，使用熵权赋值法，利用珠三角城市群

① 黄金川，方创琳. 城市化与生态环境交互耦合机制与规律性分析 [J]. 地理研究，2003 (2)：211－220.
② 刘耀彬，李仁东，宋学锋. 中国城市化与生态环境耦合度分析 [J]. 自然资源学报，2005 (1)：106－112.
③ 曾嵘，魏一鸣，范英，等. 北京市人口、资源、环境与经济协调发展分析与评价指标体系 [J]. 中国管理科学，2008 (11)：310－317.
④ 曹广忠，边雪，刘涛. 基于人口、产业和用地结构的城镇化水平评估与解释：以长三角地区为例 [J]. 地理研究，2011 (12)：2139－2149.
⑤ 王智新，梁翠. 人口规模、资源享赋与经济增长实证分析 [J]. 中国人口·资源与环境，2012 (10)：158－163.
⑥ 付云鹏，马树才. 中国区域人口、经济与资源环境耦合的时空特征分析 [J]. 管理现代化，2015 (3)：31－33.
⑦ 段永蕙，景建邦，张乃明. 山西省人口、资源环境与经济协调发展分析 [J]. 生态经济，2017 (4)：64－79.
⑧ 覃成林，张华，张技辉. 中国区域发展不平衡的新趋势及成因——基于人口加权变异系数的测度及其空间和产业二重分解 [J]. 中国工业经济，2011 (10)：37－45.
⑨ 朱江丽，李子联. 长三角城市群产业—人口—空间耦合协调发展研究 [J]. 中国人口·资源与环境，2015 (2)：75－82.
⑩ 杨忍，刘彦随，龙花楼. 中国环渤海地区人口、土地、产业非农化转型协同演化特征 [J]. 地理研究，2015 (3)：475－486.

2000～2016 年相关数据，深入分析珠三角城市群各城市发展模式以及产业、人口、空间之间的协调程度，为国家或地区实施区域协调发展战略提供参考。

2.6　本章小结

通过对已有相关研究成果的学习，我们可以大致归纳为以下几点结论：

首先，人口结构变动与产业结构变动之间相互影响，两者之间的发展和变化互为因果关系。人口结构变动能够通过年龄结构、城镇化水平和受教育水平等途径影响产业结构变动。而产业结构主要通过对城镇化率、流动人口以及人口受教育结构等途径影响人口结构变动。

其次，已有研究对人口结构与产业结构变动之间关系的研究结论较为统一，主要体现在以下几点：（1）人口老龄化除了能够产生新的消费产业，还能够通过倒逼机制促进产业结构升级。（2）城镇化水平与产业结构升级之间互为因果，且存在正相关性，城镇化水平的提升有利于加速劳动力空间转移，为产业结构变迁输送劳动力，有利于加快要素空间集聚效应，推动技术创新步伐，促进产业结构升级。而产业结构升级则能进一步加速人口空间集聚程度，加快推进城镇化进程，提升人口城镇化质量。（3）受教育水平与产业结构之间也具有互为因果特性。劳动力的受教育水平与人力资本水平之间具有严格正相关性，人口受教育程度的增加必然带动人力资本水平的提升，从而加速技术吸收和引进速度，并且会诱使技术创新，最终会推动产业结构升级。然而，随着地方经济的不断增长，产业结构逐步向高级化发展。产业发展阶段越高，对劳动力的素质和专业技术水平的要求也越高，人们为了能够满足工作需求，往往选择通过增加受教育年限或培训等途径来提升劳动技能，提升劳动力素质。由此可见，产业结构升级对人口受教育具有"倒逼"机制。

最后，对产业、人口和空间的研究在理论和实证方面已经取得了一些研究成果，但在研究对象选取上仍存在一定的不足。研究对象侧重于对单个省份内部城市群的研究，范围较为狭小，对十大城市群的比较研究关注较少；影响经济运行的多种因素中，侧重于对人口、资源、生态环境问题等的研究，关注产业、人口与空间的协调发展的研究较少；利用耦合协调度模型多用于研究社会经济系统与生态环境系统的关系及其时序变化，很少将此模型运用于空间层面研究。

第 3 章

广州经济增长动力结构
演变规律分析

3.1 对广州经济发展阶段的分析和判断

2017 年，广州常住人口人均 GDP 为 150678 元，按 2017 年平均汇率计算，折合 22317 美元①。按照前面关于经济增长阶段划分的标准，广州刚越过大众高额消费阶段而进入追求生活质量阶段。显然，单从数据来看，在改革开放以后，广州经济发展开始腾飞，尤其是市场经济制度基本确立之后，在较短时期内完成了经济阶段的转换。

按照前面所述标准，纵观改革开放以来广州人均 GDP 的增长轨迹，按照罗斯托的理论，可得出广州在不同阶段的划分如图 3.1 所示。

①　以美元表示的广州人均 GDP 数据是根据广州统计年鉴人均 GDP 数据结合历年人民币兑美元汇率换算而得，下同。

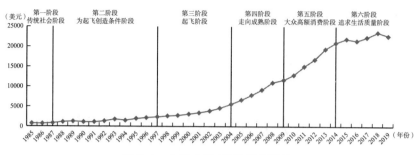

图 3.1　广州人均 GDP 增长轨迹

资料来源：根据历年《广州统计年鉴》和《广州国民经济和社会发展统计公报》。

第一阶段：1978～1986 年，为传统社会阶段。这一时期广州人均 GDP 处于传统社会阶段标准最高临界值之下。1986 年，广州人均 GDP 为 734 美元，低于同年为起飞创造条件阶段的标准最低临界值（791 美元），处于传统社会阶段。

第二阶段：1987～1996 年，处于为起飞创造条件阶段。1987 年广州人均 GDP 达到 831 美元，超过同年为起飞创造条件阶段标准最低临界值（820 美元），进入为起飞创造条件阶段；1996 年，广州人均 GDP 达到 2175 美元，但低于同年起飞阶段标准最低临界值（2263 美元）。

第三阶段：1997～2003 年，为起飞阶段。1997 年广州人均 GDP 达到 2382 美元，超过同年起飞阶段标准最低临界值（2315 美元），进入起飞阶段。到 2003 年，广州人均 GDP 达到 4639 美元，但低于同年走向成熟阶段标准最低临界值（5307 美元）。

第四阶段：2004～2008 年，为走向成熟阶段。2004 年，广州人均 GDP 达 5546 美元，超过同年成熟阶段标准最低临界值（5449 美元），进入走向成熟阶段；到 2008 年，广州人均 GDP 突破 1 万美

元,增长到 11006 美元,但低于同年成熟阶段标准最低临界值
(11646 美元)。

第五阶段:2009~2013 年,为大众高额消费阶段。2009 年,广
州人均 GDP 为 11618 美元,超过同年大众高额消费阶段标准最低临
界值(11604 美元),进入大众高额消费阶段。到 2013 年,广州人
均 GDP 达到 19360 美元,但低于同年追求生活质量阶段标准最低临
界值(20161 美元)。

第六阶段:2014 年至今,为追求生活质量阶段。2014 年,广州
人均 GDP 突破 2 万美元,达到 20915 美元,超过同年追求生活质量
阶段标准的最低临界值(20488 美元),进入追求生活质量阶段。截
至 2019 年,广州人均 GDP 达到 22676 美元,与同年追求生活质量
阶段标准的最低临界值间的距离不断扩大。

值得注意的是,随着广州经济高速发展,从第一阶段至第六阶
段,广州在每一阶段经历的时间呈现出逐阶段缩短,表明广州经济
发展的巨大成就和高发展速度。

3.2　广州经济发展的动力结构评价指标体系建设

3.2.1　有关经济增长动力结构的理论基础

关于经济增长动力结构变化的分析,古典经济增长理论、新古

典经济增长理论、内生经济增长理论、结构主义发展理论、新制度经济学、创新理论等从不同侧面进行了深入研究。认为资本积累、劳动投入、人口增长、技术进步、自然资源、财政支出、研发（R&D）投入、知识积累、经济结构、制度变革、对外开放等因素均可能成为影响经济增长的重要动因。人们在分析经济增长动力结构时往往将这些动力划分为拉动力和推动力两大类，且已有研究在分析经济增长动力变化的一般规律时，将拉动力和推动力进行独立分析，鲜有研究对它们进行比较分析。通过对相关文献学习，本研究认为从需求侧和供给侧分析经济增长动力结构变化情况，并不能全方位解释经济增长动力结构的演变问题，根据已有研究成果，可以发现拉动力和推动力并没有包含所有的动力因素。因此，结合已有研究成果，根据经济体经济增长过程中具体受力情况，除了可以分为上述两类动力外，还可以将经济增长动力分为内生动力以及阻碍经济发展的阻力，共四个部分。若将一个经济体的经济增长形象地比作一个爬坡行驶的汽车，则其动力结构如图 3.2 所示。

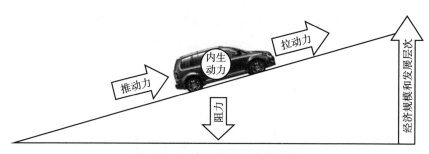

图 3.2　经济增长动力结构示意

（1）对经济增长具有拉动作用的需求要素。近年来，因现代经济发展过程使需求总量和结构发生巨大变动，需求因素成为一国经济长期增长的主要动力，从需求角度研究经济增长的影响因素更注重对宏观因素和宏观变量的考察，适合于宏观经济数据建模分析。凯恩斯经济学理论从宏观角度出发，将经济增长要素划分为投资、消费和净出口"三驾马车"，建立了凯恩斯需求理论，认为投资、消费和净出口领域的有效需求是决定经济增长的主要因素，并提出了著名的"GDP ＝ 消费 ＋ 投资 ＋ 净出口"宏观经济模型。国内外著名的经济学家以美国、欧盟、日本、中国等国家和地区为分析样本，运用实证分析方法对此进行了经验性分析，均证明了需求要素对经济增长的重要作用[1][2][3][4][5]。此外，也有一部分学者从消费[6][7][8][9]、投资[10][11][12]和贸

[1] Feldman, S. J., Mcclain, D. and Palmer, K. Sources of Structural Change in the United States 1963–1978: An Input–output Perspective [J]. Review of Economics and Statistics, 1987, 69 (3): 503–510.

[2] Osterhaven, J. and Linden, J. V. European Technology, Trade and Income Changes for 1975–1985: An Intercountry Input output Decomposition [J]. Economic Systems Research, 1997, 9 (4): 393–412.

[3] 李永来，刘超，高小敏. 我国经济增长动力的区域差异分析 [J]. 西安交通大学学报（社会科学版），2009 (1): 46–51.

[4] 纪明，刘志彪. 中国需求结构演进对经济增长及经济波动的影响 [J]. 经济科学，2014 (1): 10–22.

[5] 郭克莎，杨阔. 长期经济增长的需求因素制约——政治经济学视角的增长理论与实践分析 [J]. 经济研究，2017 (10): 4–20.

[6] Yoshikawa, H. The Role of Demand in Macroeconomics [J]. Japanese Economic Review, 2003, 54 (1): 1–27.

[7] Sabillon C. On the Causes of Economic Growth: the Lessons of History [M]. Algora Press, 2008.

[8] 孙执中. 荣衰论——战后日本经济史（1945 2004）[M]. 北京. 人民出版社，2006.

[9] 李福柱，田爽. 我国经济增长中供给侧与需求侧新旧动能转换效应研究 [J]. 长沙理工大学学报（社会科学版），2020 (11): 81–96.

[10] Delon G., Summer S. Equipment investment and Economic Growth [J]. Quarterly Journal of Economies, 1990 (106): 445–502.

[11] 刘金全，于惠春. 我国固定资产投资和经济增长之间影响关系的实证分析 [J]. 统计研究，2002 (1): 26–29.

[12] 邱冬阳，彭青青，赵盼. 创新驱动发展战略下固定资产投资结构与经济增长的关系研究 [J]. 改革，2020 (3): 85–97.

易①②③④⑤⑥等维度研究具体需求要素对经济增长的影响，已有研究均从不同维度证实了需求要素对经济增长的作用。

（2）对经济增长具有推动作用的供给要素。与凯恩斯学派不同，古典经济学派和新古典经济增长理论认为经济增长来自由劳动、资本、资源、技术等要素配置带来的结果。古典经济增长理论认为资本、劳动力、技术、自然资源以及分工等是影响经济增长的主要因素，但忽视了技术进步对经济增长的影响。新古典经济增长理论在生产函数中引入了技术进步因素，但仅把技术变量作为经济增长的外生变量，对技术进步本身的解释不足。随着经济发展进程的加快，不同经济发展时期，供给要素对经济增长的作用机制也在发生着变化。在工业化中前期，经济增长主要是依靠工业的规模化替代农业，通过推动工业化发展提升经济增长效率和速度，而工业的扩张主要是依靠劳动密集型产业的迅速发展，在这一时期，劳动要素是推动经济增长的主要动力⑦⑧。随着国民经济发展进入工业化中后期，经济增长的主要领域已经从工业转

———————————

① Romer，P. M. Increasing Returns and Long - run Growth ［M］. Journal of Political Economy，1986（94）：1002 - 1037.

② Coe，D. T.，E. Helpman，A. W. Hoffnaister. North - South R&D Spillovers ［J］. Economic Journal，1997（107）：134 - 149.

③ Keller，W. Trade and the Transmission of Technology ［J］. Journal of Economic Growth，2002（7）：5 - 24.

④ 范柏乃，毛晓苔，王双. 中国出口贸易对经济增长贡献率的实证研究：1952 ~ 2003 年 ［J］. 国际贸易问题，2005（8）：5 - 9.

⑤ 徐光耀. 我国进口贸易结构与经济增长的相关性分析 ［J］. 国际贸易问题，2007（2）：3 - 7.

⑥ 张兵兵. 进出口贸易与经济增长的协调性关系研究——基于 1952 ~ 2011 年中国数据的经验分析 ［J］. 国际贸易问题，2013（4）：51 - 61.

⑦ 郭凯明，余靖雯，龚六堂. 人口政策、劳动力结构与经济增长 ［J］. 世界经济，2013（11）：72 - 92.

⑧ 童玉芬，王静文. 劳动力供给诸因素变动对经济增长的影响——基于要素分解的实证研究 ［J］. 人口研究，2017（3）：15 - 25.

向服务业，服务业成为推动经济增长的主要行业，此时经济发展模式已经从劳动密集型产业向资本技术密集产业转移，资本技术密集型产业快速发展，并推动产业结构调整，推动产业向中高端化发展，资本要素已经取代劳动要素成为这一时期经济增长的主要动力①②。就我国经济发展而言，改革开放以来，劳动和资本要素的快速积累推动着我国经济持续高速增长，由于生产要素具有边际效应递减规律，随着我国经济进入"新常态"，资本要素边际产出递减效应开始显现，对经济增长的推动逐渐减弱，技术进步和制度等要素开始取代资本要素成为推动经济高速增长的主要动力③④⑤。

（3）经济增长过程中自身具备的内生要素。与凯恩斯需求理论和新古典经济理论不同，内生经济增长理论将知识和技术看作经济增长的内生变量，并认为通过教育和培训获得特殊知识和专业化的人力资本也是经济增长的主要因素，把知识增长或技术进步看作长期经济增长的真正动因。明塞尔（Mincer，1958）、舒尔茨（Schultz，1960）和贝克尔（Becker，1964）开创了人力资本理论以后，罗默（Romer，1986；1990）、卢卡斯（Lucas，1988）等经济学家把人力资本引入到经济增长理论中，不断完善内生增长

①　严成樑. 社会资本、创新与长期经济增长 [J]. 经济研究，2012（11）：48-60.
②　梁双陆，刘燕，张利军. 社会资本积累、创新与地区经济增长 [J]. 经济与管理，2018（2）：32-39.
③　苏志庆，陈银娥. 知识贸易、技术进步与经济增长 [J]. 经济研究，2014（8）：133-145.
④　杨旭，田艳慧，郝翌等. 测算我国技术进步率及其经济增长贡献率的新方法 [J]. 数量经济技术经济研究，2017（7）：57-72.
⑤　韩其恒，李俊青，刘鹏飞. 要素重新配置型的中国经济增长 [J]. 管理世界，2016（1）：10-28.

模型①②③。罗默模型和卢卡斯模型分别抓住了经济实现长期稳定增长的两个重要源泉，即技术进步和人力资本积累，同时把 R&D 投入看作知识增长的核心因素，将物质资本、人力资本、技术和劳动力看作经济增长的内生要素。此观点得到诸多经济学家的认可，如阿纳斯·索伦森④（Aaners Sorensen）、凯文·西尔维斯特⑤（Kevin Sylwester）、弗雷尔·塞伦⑥（Freire – Seren）、泰吉·基姆和帕克⑦（Taegi Kim and Park，2003）、李长阳⑧（Chang – Yang Lee）、周绍森⑨等。此外相关研究表明，产业结构⑩⑪⑫⑬⑭⑮、经济活力⑯、

① Romer，P. M. Increasing Return and Long – Run Growth ［J］. Journal of Political Economic，1986（94）：1002 – 1037.

② Romer，P. M. Endogenous Technological Change ［J］. Journal of Political Economic，1990，98（5）：71 – 102.

③ Lucas，R. E. On the Mechanics of Economic Development ［J］. Journal of Monetary Economics，1988（22）：3 – 42.

④ Anders Sorensen. R&D，Learning，and Phases of Economic Growth ［J］. Journal of Economic Growth，1999（4）：429 – 445.

⑤ Kevin Sylwester. R&D and Economic Growth ［J］. Knowledge，Technology，& Policy，2001（13）：71 – 84.

⑥ Maria Jesus Freire – Seren. R&D – Expenditure in an Endogenous Growth Model ［J］. Journal of Economics，2001（1）：39 – 62.

⑦ Taegi Kim，Changsuh Park. R&D，Trade，and Productivity Growth in Korean Manufacturing ［J］. Review of World Economics，2003（139）：1 – 24.

⑧ Chang Yang Lee. Learning – by – doing in R&D，Knowledge Threshold，and Technological Divide ［J］. Evol Econ，2012（22）：109 – 132.

⑨ 周绍森，胡德龙. 现代经济发展内生动力论 ［M］. 经济科学出版社，2010.

⑩ 郑若谷，干春晖，余典范. 转型期中国经济增长的产业结构和制度效应——基于一个随机前沿模型的研究 ［J］. 中国工业经济，2010（2）：58 – 67.

⑪ 吕健. 产业结构调整、结构性减速与经济增长分化 ［J］. 中国工业经济，2012（9）：31 – 43.

⑫ 于斌斌. 产业结构调整与生产率提升的经济增长效应——基于中国城市动态空间面板模型的分析 ［J］. 中国工业经济，2015（12）：83 – 98.

⑬ 干春晖，郑若谷，余典范. 中国产业结构变迁对经济增长和波动的影响 ［J］. 经济研究，2011（5）：4 – 16，31.

⑭ 黄虹，许祺. 人口流动、产业结构转变对上海市绿色 GDP 的影响研究 ［J］. 中国软科学，2017（4）：94 – 108.

⑮ 周建军，孙倩倩，鞠方. 产业结构变迁、房价波动及其经济增长效应 ［J］. 中国软科学，2020（7）：157 – 168.

⑯ 乔榛. 东北经济增长的内生动力 ［J］. 学术交流，2016（9）：109 – 113.

城镇化①②③④⑤⑥等因素也是影响经济增长的重要内生变量。

（4）对经济增长产生阻碍作用的阻力因素。当其他经济增长动力因素改进的空间较小、成本较高时，从经济增长阻力因素角度入手，通过缓解经济增长阻力方式加速经济增长也是优化经济增长动力结构的可行方案之一。本研究认为经济增长的阻力也是构成经济增长动力的重要组成部分，但尚未有相关研究对此进行深入分析。正确选取经济增长阻力因素是构建阻力结构的重要前提。劳动年龄人口份额的上升和人口抚养比的下降是"新常态"前我国经济长期高速增长的主要原因之一，近年来随着老龄人口比重的不断提升，人口抚养比呈逐年增长趋势，不仅降低了人口劳动参与率，还使得劳动负担逐步上升，对未来的经济增长产生不利影响⑦⑧⑨⑩⑪⑫。张桂莲（2010）认为目前我国正处于人口老龄化的初期阶段，人口老

————————

① Bertimelli L. , Black D. Urbanization and Growth ［J］. Journal of Urban Economics, 2004, 56 (1): 80 – 96.

② Krey, V. , O'Neill, B. C. , van Ruijven, B. , et al. Urban and Rural Energy Use and Carbon Dioxide Emissions in Asia ［J］. Energy Economics, 2012 (34): 272 – 283.

③ 李祺，代法涛. 经济增长的影响因素与结构特征：理论假说与实证检验——中国经济新常态的一种解释 ［J］. 经济问题探索，2015 (3): 58 – 63.

④ 王国刚. 城镇化：中国经济发展方式转变的重心所在 ［J］. 经济研究，2010 (12): 70 – 82.

⑤ 赵文军，葛纯宝. 我国经济增长方式影响因素研究——基于 248 个城市数据的实证分析 ［J］. 经济问题探索，2019 (6): 9 – 19.

⑥ 孙叶飞，夏青，周敏. 新型城镇化发展与产业结构变迁的经济增长效应 ［J］. 数量经济技术经济研究，2016 (11): 23 – 40.

⑦ 蔡昉. 人口转变、人口红利与经济增长可持续性——兼论充分就业如何促进经济增长 ［J］. 人口研究，2004 (2): 2 – 9.

⑧ 蔡昉. 劳动力短缺：我们是否应该未雨绸缪 ［J］. 中国人口科学，2005 (6): 11 – 16.

⑨ 彭秀健. 中国人口老龄化的宏观经济后果——应用一般均衡分析 ［J］. 人口研究，2006 (4): 12 – 22.

⑩ 王金营，杨磊. 中国人口转变——人口红利与经济增长的实证 ［J］. 人口学刊，2010 (5): 15 – 24.

⑪ 胡鞍钢，刘生龙，马振国. 人口老龄化、人口增长与经济增长——来自中国省际面板数据的实证证据 ［J］. 人口研究，2012 (3): 14 – 26.

⑫ 童玉芬，王静文. 劳动力供给诸因素变动对经济增长的影响——基于要素分解的实证研究 ［J］. 人口研究，2017 (5): 15 – 25.

龄化给我国的劳动力、消费、储蓄和其他社会问题带来很多负面影响。随着老龄化峰值的到来，对社会经济的负面影响将进一步显露①。奥肯定律表明失业率和国民经济增长率之间呈反方向变化，失业率每高于自然失业率 1 个百分点，实际国内生产总值便低于潜在国内生产总值 2%②，此结论也得到了一些国内外学者的研究支撑③④。郭秀闳（1998）和孔东民（2007）认为过高的通货膨胀不仅会使经济生活处于紧张运行状态，而且会引发社会不安定性，成为政局不稳的一个重要因素⑤⑥。刘昶（2017）认为宏观税负水平会通过影响市场化途径对经济增长产生影响，且随着税负水平的提高会降低市场化对经济增长的促进作用。当宏观税负达到一定程度之后，市场化开始阻碍经济增长⑦。常清（2013）认为实际利率过高不利于我国实体经济发展⑧，斯特凡·福斯特等（Stefan Folster et al.，2006）根据 1970～1975 年 23 个经济合作与发展组织（OECD）国家的样本进行检验，证实了税负对经济增长存在不利影响⑨，税负过高会提升生产的成本，影响纳税人的积极性，抑制生产力的提

---

① 张桂莲，王永莲. 中国人口老龄化对经济发展的影响分析 [J]. 人口学刊，2010（5）：48 - 53.
② Okun，A. M. Potential GNP & Its Measurement and Significance [M]. American Statistical Association，1962.
③ Attfield，Clifford L. F. & Silverstone，Brian. Okun's Law，Cointegration and Gap Variables [J]. Journal of Macroeconomics，Elsevier，1998，20（3）：625 - 637.
④ 林秀梅，王磊. 我国经济增长与失业的非线性关系研究 [J]. 数量经济技术经济研究，2007（6）：47 - 55.
⑤ 郭秀闳. 再论适度通货膨胀与经济发展 [J]. 中央财经大学学报，1998（1）：4 - 7.
⑥ 孔东民. 通货膨胀阻碍了金融发展与经济增长吗？——基于一个门槛回归模型的新检验 [J]. 数量经济技术经济研究，2007（10）：56 - 65.
⑦ 刘昶. 宏观税负、市场化与经济增长：基于供给侧结构性改革视角的分析 [J]. 宏观经济研究，2017（10）：41 - 53.
⑧ 常清. 我国实际利率过高阻碍实体经济发展 [J]. 价格理论与实践，2013（3）：11.
⑨ Stefan Folster，Henrekson M. Growth Effects of Government Expenditure and Taxation in Rich Countries：A reply [J]. European Economic Review，2006，50（1）：219 - 221.

高，最终抑制地方经济发展。阿方索（Afonso）等（2010）、刘昶
（2017）、张希等（2014）、李彦龙（2018）、韩健和程宇丹（2018）
的研究成果对此均有所论证①②③④⑤。石柱鲜等（2006）认为实际利
率高于长期自然利率时，投资成本高于资本的边际生产率，投资处
于受抑制状态，阻碍了经济增长⑥。此外，随着城市经济的不断发
展，原有产业一旦不适用更高阶段往往会成为经济发展的阻力，就
广州而言，随着广州进入工业化成熟阶段，之前为广州提供强大动
力的传统制造业和传统服务业就变成了阻碍当前阶段广州进一步发
展的阻力，它们的存在挤占了广州新兴产业发展的空间和资源，加
重了新兴产业的发展成本。因此，本研究认为经济增长阻力也是构
成经济增长动力的重要组成部分。参照已有研究成果，可将人口老
龄化、失业率、通货膨胀率、税负、利率、传统制造业和传统服务
业占比等均作为经济增长的阻力因素进行分析，通过对阻力结构进
行优化调整，亦能有效加速经济增长。

纵观已有研究，分析经济增长动力结构时，人们往往将经济增
长动力划分为拉动力和推动力，并将两者进行独立分析，鲜有研究
对它们进行比较分析。本研究认为将经济增长动力简单地划分为拉

---

①　Antonio Afonso, Furceri D. Government Size, Composition, Volatility and Economic
Growth [J]. European Journal of Political Economy, 2010, 26 (4): 517–532.

②　刘昶. 宏观税负、市场化与经济增长: 基于供给侧结构性改革视角的分析 [J].
宏观经济研究, 2017 (10): 41–53.

③　张希, 罗能生, 彭郁. 税收安排与区域创新——基于中国省际面板数据的实证研
究 [J]. 经济地理, 2014 (9): 33–39.

④　李彦龙. 税收优惠政策与高技术产业创新效率 [J]. 数量经济技术经济研究,
2018, 35 (1): 60–76.

⑤　韩健, 程宇丹. 地方政府债务规模对经济增长的阈值效应及其区域差异 [J]. 中
国软科学, 2018 (9): 104–112.

⑥　石柱鲜, 邓创, 刘俊生等. 中国的自然利率与经济增长、通货膨胀的关系 [J].
世界经济, 2006 (4): 12–21.

动力和推动力不能全面解释动力结构演变问题，因为拉动力和推动力没有包含全部动力因素。应借鉴物理学中的力学原理，根据不同要素对经济增长的作用特征，将影响经济增长的因素划分为四大维度：第一类是拉动力，主要反映消费、投资、贸易等需求侧因素对经济增长的拉动作用；第二类是推动力，主要反映劳动、资本、技术进步、制度、资源等供给端生产要素对经济增长的推动作用；第三类是内生动力，主要反映人力资本、物质资本、R&D 投入、产业结构、城镇化等国民经济发展过程中形成的内生要素对经济增长的自我推动作用；第四类是阻力，主要反映人口老龄化率、失业率、通货膨胀、税负等抑制性因素对经济增长的阻碍作用。因此，结合相关理论及研究成果，根据经济体经济增长过程中具体受力情况，经济增长动力除了拉动力和推动力外，还应包括内生动力和阻力。

综上所述，可构建如表 3.1 所示的广州经济增长动力结构评估指标体系。

表 3.1　　　　　　广州经济增长动力结构评估指标体系

体系	指标	相关性
拉动力	固定资产投资	正相关
	净出口	正相关
	社会消费品零售总额	正相关
	资本形成总额对 GDP 贡献率	正相关
	货物和服务净流出对 GDP 贡献率	正相关
	最终消费支出对 GDP 贡献率	正相关

续表

体系	指标	相关性
推动力	就业人数	正相关
	资本存量	正相关
	建成区面积	正相关
	R&D 研发投入占 GDP 比重	正相关
	科技投入人员数量	正相关
	专利授权数量	正相关
内生动力	人口受教育水平	正相关
	非国有固定资产投资占比	正相关
	规上工业企业数量	正相关
	第二和第三产业对 GDP 贡献率	正相关
	产业结构高级化指数	正相关
	产业结构合理化指数	负相关
阻力	税负	负相关
	实际利率	负相关
	CPI	负相关
	城镇失业率	负相关
	人口老龄化率	负相关
	传统服务业占第三产业比重	负相关
	传统工业制造业总产值第二产业比重	负相关

3.2.2　部分动力因素量化说明

（1）产业结构合理化指标测算。经济发展的过程也是产业结构不断合理优化的过程，及时促使产业结构趋于合理化才能打破资源配置不合理的束缚、释放经济发展潜能、促进经济发展方式的根本改变。归纳起来，产业结构合理化是指各产业之间相互协调、有较强的产业结构转换能力、较高的聚合质量以及良好的适应性，能适应市场需求变化并带来最佳效益的产业结构，具体表现为产业之间的数量比例关系、经济技术联系和相互作用关系趋向协调平衡以及使资源在产业之间合理配置的过程，即可以将产业结构合理性理解为要素投入结构和产出结构耦合程度的一种衡量。就这种耦合而言，研究者一般采用结构偏离度对产业结构合理化进行衡量，其公式为：

$$E = \sum_{i=1}^{n} \left| \frac{Y_i/L_i}{Y/L} - 1 \right| = \sum_{i=1}^{n} \left| \frac{Y_i/Y}{L_i/L} - 1 \right| \qquad (3.1)$$

式（3.1）中，E 表示结构偏离度，Y 表示产值，L 表示就业，i 表示产业，n 表示产业部门数。根据古典经济学假设，经济最终处于均衡状态，各产业部门生产率水平相同。而由定义，Y/L 即表示生产率，因此当经济均衡时，$Y_i/L_i = Y/L$，从而 $E = 0$。同时，Y_i/Y 表示产出结构，L_i/L 表示就业结构。因此，E 同时也是产出结构和就业结构耦合性的反映。E 值越大，则表示经济越偏离均衡状态，产业结构越不合理。由于经济非均衡现象是一种常态，在发展中国家这种情形更为突出（Chenery，1989），可见，E 值是不可能为 0 的。但是，结构偏离度指标将各产业"一视同仁"，忽视了各产业在经济体的重要程度，同时绝对值的计算也为研究带来不便。为此，我们引入了泰尔指数。

泰尔指数又称泰尔熵，最早是由泰尔（Theil Henri，1967）提出①，一些学者将之用于地区产业结构合理化指数测算②③④⑤。本书借鉴他们的研究，在此也选用泰尔指数来表示地区产业结构合理化程度，具体计算公式如下：

$$TL_i = \left(\frac{Y_i}{Y}\right)\ln\left(\frac{Y_i/L_i}{Y/L}\right), \ i = 1, \ 2, \ 3 \tag{3.2}$$

$$TL = \sum_{i=1}^{i} TL_i, \ i = 1, \ 2, \ 3 \tag{3.3}$$

式（3.2）和式（3.3）中，TL_i 表示 i 产业的泰尔指数值，TL 表示地区整体产业的泰尔指数值。若 $TL = 0$，表示地方产业结构处于均衡状态，实现了合理化发展；若 $TL \neq 0$，则表示地区产业结构还不合理，且 TL 越大，说明地方产业结构越不合理。同时该指数考虑了产业的相对重要性并避免了绝对值的计算，同时它还保留了结构偏离度的理论基础和经济含义。因此，它是一个产业结构合理化的更好度量。

（2）产业结构高级化指标测算。长期经济增长总是伴随着三次产业比重沿着一二三产业方向持续上升，此经验规律即为克拉克定

①　Theil Henri. Economics and information theory [M]. Amsterdam：Notrh - Holland，1967.

②　孙慧钧. 我国农村区域间收入差距构成的实证分析 [J]. 统计研究，2007（11）：42 - 47.

③　吴仲斌，宋洪远. 中国村际社会总产值差距的经验分析——基于中国 309 个村的调查 [J]. 管理世界，2007（11）：54 - 62.

④　干春晖，郑若谷，余典范. 中国产业结构变迁对经济增长和波动的影响 [J]. 经济研究，2011（2）：4 - 16.

⑤　张成，蔡万焕，于同申. 区域经济增长与碳生产率——基于收敛及脱钩指数的分析 [J]. 中国工业经济，2013（5）：18 - 30.

理,产业结构的相应变化也被称为高度化。新兴古典经济学的解释是,交易效率的提高导致农业与制造业生产迂回程度不断加长,提高生产能力,同时交易活动也越来越多。因此,产业结构高度化最直接的衡量指标便是非农产业比重,或者是第三产业与第二产业产值的比值[1](周振华,1992;干春晖等,2011;李媛媛等,2015)。为了克服前两个指标不够全面的局限性,一些研究以向量运算方法发展了综合指标[2][3][4][5][6][7](付凌晖,2010;方福前和詹新宇,2011;陈纪平,2013;吕明元和尤萌萌,2015;高远东等,2015;王林梅和邓玲,2015)。付凌晖(2010)通过构建一种新的产业结构高度化测算方法,对我国产业结构高度化与经济增长之间关系进行了研究。本书使用付凌晖的方法测算地方产业结构高度化指数。通过以下步骤测算产业结构高度化指标值 W:首先,根据三次产业划分将 GDP 分为 3 个部分,每一个部分增加值占 GDP 的比重作为空间向量中的一个分量,从而构成一组 3 维向量 $X_0 = (x_{1,0}, x_{2,0}, x_{3,0})$。分别计算 X_0 与产业由低层次到高层次排列的向量 $X_1 = (1, 0, 0)$、$X_2 = (0, 1, 0)$、$X_3 = (0, 0, 1)$ 的夹角 θ_1、θ_2、θ_3:

---

① 李媛媛,金浩,张玉苗. 金融创新与产业结构调整:理论与实证 [J]. 经济问题探索,2015(3):141–147.
② 付凌晖. 我国产业结构高度化与经济增长关系的实证研究 [J]. 统计研究,2010(8):79–81.
③ 方福前,詹新宇. 我国产业结构升级对经济波动的熨平效应分析 [J]. 经济理论与经济管理,2011(9):5–16.
④ 陈纪平. 西部经济增长中产业结构变迁绩效——重庆直辖以来为例的分析 [J]. 经济管理,2013(1):162–170.
⑤ 吕明元,尤萌萌. 韩国产业结构变迁对经济增长方式转型的影响——基于能耗碳排放的实证分析 [J]. 世界经济研究,2013(7):73–80.
⑥ 高远东,张卫国,阳琴. 中国产业结构高度化的影响因素研究 [J]. 经济地理,2015(6):96–108.
⑦ 王林梅,邓玲. 我国产业结构优化升级的实证研究——以长江经济带为例 [J]. 经济问题,2015(5):39–43.

$$\theta_j = \arccos\left(\frac{\sum_{i=1}^{3} x_{i,j} \cdot x_{i,0}}{(\sum_{i=1}^{3} x_{i,j}^2)^{1/2} \cdot (\sum_{i=1}^{3} x_{i,0}^2)^{1/2}} \right), \quad j = 1, 2, 3 \quad (3.4)$$

其次，定义产业结构高度化值 W 的计算公式如下：

$$W = \sum_{k=1}^{3} \sum_{i=1}^{k} \theta_j \quad (3.5)$$

W 的值越大则表明地方的产业结构高度化水平越高。

3.3　数据整理及评估模型

3.3.1　数据整理

考虑到数据的可比性以及可获得性，本研究采用 2000～2019 年广州经济发展相关数据，为满足数据一致性和可比性要求，数据以《广州统计年鉴》为主，缺失部分由《中国统计年鉴》《中国城市统计年鉴》《广东省统计年鉴》以及其他数据库补充，针对无法获取部分，以年份均值作补充[①]。表 3.2 为动力系统各指标描述性统计结果。

---

① 缺失年份值为前后年份值的算数平均值，此类数据量非常少，不影响计算结果。

表 3.2 　　　　　**广州经济增长动力结构指标统计性检验结果**

系统	具体指标	样本量	均值	标准差	极小值	极大值
拉动力	固定资产投资（亿元）	20	3247	1992	924	6920
	净出口（亿美元）	20	62.92	111.46	-70.10	284.66
	社会消费品零售总额（亿元）	20	4233	2817	1080	9552
	资本形成总额对 GDP 贡献率（%）	20	35.30	16.87	-7.50	62.80
	货物和服务净流出对 GDP 贡献率（%）	20	16.91	18.94	-15.30	61.00
	最终消费支出对 GDP 贡献率（%）	20	48.67	11.00	15.30	67.60
推动力	就业人数（万人）	20	742	208	496	1126
	资本存量（亿元）	20	20015	12025	6238	45822
	建成区面积（公顷）	20	911	287	298	1324
	R&D 研发投入占 GDP 比重	20	1.737	0.662	0.839	2.868
	科技投入人员数量（万人）	20	4.81	2.59	1.65	8.02
	专利授权数量（万件）	20	2.57	2.94	0.32	10.48
内生动力	人口受教育水平（%）	20	9.50	2.19	4.77	11.63
	非国有固定资产投资占比（%）	20	61.33	8.94	40.99	75.69
	规模以上工业企业数量（个）	20	5180	916	4373	7442
	第二和第三产业对 GDP 贡献率（%）	20	99.46	0.68	97.50	100.70
	产业结构高级化指数	20	7.24	0.11	7.05	7.45
	产业结构合理化指数	20	-9.14	0.04	-9.18	-9.08
阻力	税负（%）	20	0.30	0.03	0.24	0.34
	实际利率（%）	20	3.50	2.14	0.44	8.51
	CPI（%）	20	2.02	2.15	-2.50	5.90
	城镇失业率（%）	20	2.44	0.49	1.90	3.76
	人口老龄化率（%）	20	13.58	3.51	8.75	18.40
	传统服务业占第三产业比重（%）	20	39.25	4.78	29.90	47.36
	传统工业制造业总产值第二产业比重（%）	20	35.25	5.90	29.28	47.78

　　由表 3.2 可知，广州经济增长的内生动力系统领域变化相对较小，但在拉动力、推动力和阻力系统领域则表现出波动范围广、强度大以及差异性明显等特征。具体表现在拉动力、推动力、内生动力和阻力系统指标极大值与极小值平均之比值分别为 6.2、9.21、1.51 和 4.37，极大值与均值平均之比值分别为 2.61、2.11、1.15 和 1.71，均值与极小值平均之比值分别为 2.89、3.47、1.29 和 2.209。可见，相对于内生动力系统发展而言，广州经济增长在拉动力、推动力和阻力方面差异性较大。从各指标自身差异度上看，广州经济增长在全社会消费品零售规模、专利授权量以及资本存量等方面发展的差异性较为明显；而在第二和第三产业对 GDP 贡献率、产业结构高级化、产业结构合理化等方面变化相对较小。25 个指标要素中，实际利率、专利授权量、社会消费品零售总额、资本形成总额对 GDP 贡献率、资本存量、全社会固定资产投资 6 个指标的极大值与极小值比值在 7 以上，差异度较大；第二和第三产业对 GDP 贡献率、产业结构高级化、产业结构合理化指数 3 个指标的极大值与极小值比值在 1.1 以内，差异度较小。

3.3.2　构建动力结构指标评估方法

　　考虑到数据的量纲、数量级以及属性的不同，不能对指标进行直接比较，因此首先要对数据进行无量纲处理。关于综合指标评价方法，借鉴张卫民（2003）、钟昌宝（2010）、李春艳（2014）、段从宇和迟景明（2015）、黄永斌（2015）等人的做法，采用熵值法对无量纲处理后的指标进行赋值操作①②③④⑤。熵值法在社会系统应用时是指信息熵，其数学含义与物理学中的热力学熵等同，是对无序系统的一种度量。构建指标综合评价体系时，熵值法主要是利用信息论中的信息熵原理。指标变异程度越大，对应的信息熵值就越小，指标提供的信息量就越大，因此该指标的权重也应该越大，反之亦然。此外，用熵值法获取的指标权重的大小仅取决于指标的变异程度，因此能有效地避免主观性因素对评价结果的影响。在经济增长动力系统发展综合评价体系中，若某类指标的差异越大，说明该指标对经济增长的影响越大，应赋予该指标较大权重，反之亦然。

（1）标准化处理。考虑到经济增长动力体系中要素的单位和数量级不同，且指标对经济增长有正向和负向影响，因此，在对指标进行无量纲处理时，首先要区分指标大小走向对系统的影响。具体做法如下：假设系统初始矩阵为 $X = (x_{ij})_{mn}$，$i = 1, 2, \cdots, n$；$j = 1, 2, \cdots, m$，其中 m 表示指标个数，n 表示城市数量，x_{ij} 表示第 i 个城市的第 j 个指标值。当指标对系统发展正相关时，应采用正向指标无量纲处理方法：

$$x_{ij} = \frac{X_{ij} - \min\{X_j\}}{\max\{X_j\} - \min\{X_j\}} \qquad (3.6)$$

① 张卫民，安景，文韩朝. 熵值法在城市可持续发展评价问题中的应用 [J]. 数量经济技术经济研究，2003（6）：115 - 118.
② 钟昌宝，魏晓平，聂茂林等. 一种考虑风险的供应链利益两阶段分配法 [J]. 中国管理科学，2010（2）：68 - 74.
③ 李春艳，徐喆，刘晓静. 东北地区大中型企业创新能力及其影响因素分析 [J]. 经济管理，2014（9）：36 - 45.
④ 段从宇，迟景明. 内涵、指标及测度：中国区域高等教育资源水平研究 [J]. 高等教育研究，2015（8）：36 - 42.
⑤ 黄永斌，董锁成，白永平. 中国城市紧凑度与城市效率关系的时空特征 [J]. 中国人口·资源与环境，2015（3）：64 - 73.

反之，应采用逆向指标无量纲处理方法：

$$x_{ij} = \frac{\max\{X_j\} - X_{ij}}{\max\{X_j\} - \min\{X_j\}} \tag{3.7}$$

式（3.7）中，$\max\{X_j\}$ 表示指标 j 的最大值，$\min\{X_j\}$ 表示指标 j 的最小值，x_{ij} 表示经过无量纲处理的指标值。

为满足熵值法操作中对指标进行取对数的处理要求，对 x_{ij} 进行平移，以消除负值，测算方式为：

$$y_{ij} = x_{ij} + 0.5 \tag{3.8}$$

（2）指标的熵值计算。由信息熵理论可知，指标 j 的信息熵 e_j 表达式为：

$$e_j = -k \sum_{i=1}^{m} (\varpi_{ij} \times \ln \varpi_{ij}) \tag{3.9}$$

式（3.9）中，$\varpi_{ij} = y_{ij} \big/ \sum_{i=1}^{m} y_{ij}$，假设第 j 项指标值在各个评级样本中都相等，则满足 $\varpi_{ij} = 1/m$。此时，信息熵取极大值，则有 $e_j = 1$，此时：

$$e_j^{\max} = -k \sum_{i=1}^{m} \frac{1}{m} \ln \frac{1}{m} = k\ln m = 1 \tag{3.10}$$

从而可求出 $k = 1/\ln m$，于是利用公式（3.9）可计算信息熵 e_j，且信息熵满足 $e_j \in [0, 1]$。

对于第 j 项指标值而言，指标的差异化程度与对应的信息熵值呈正相关性。因此，指标 j 的权重 w_j 为：

$$w_j = \frac{1 - e_j}{\sum_{j=1}^{n} (1 - e_j)} \tag{3.11}$$

根据各指标的权重和无量纲值，可进一步测算拉动力、推动力、内生动力和阻力系统得分：

$$R_i = \sum_{i=1}^{m} w_j y_{ij}$$
(3.12)

具体指标与指标权重计算结果见表 3.3。

表 3.3　　　　　　　　广州经济增长动力结构指标及权重

体系	指标	权重
拉动力	固定资产投资	0.156
	净出口	0.156
	社会消费品零售总额	0.154
	资本形成总额对 GDP 贡献率	0.184
	货物和服务净流出对 GDP 贡献率	0.163
	最终消费支出对 GDP 贡献率	0.187
推动力	就业人数	0.164
	资本存量	0.160
	建成区面积	0.189
	研发投入经费占 GDP 比重	0.171
	科技投入人员数量	0.174
	专利授权数量	0.142
内生动力	人口受教育水平	0.183
	非国有固定资产投资占比	0.174
	规模以上工业企业数量	0.134
	第二和第三产业对 GDP 贡献率	0.178
	产业结构高级化指数	0.161
	产业结构合理化指数	0.171

体系	指标	权重
	税负	0.131
	实际利率	0.151
	CPI	0.134
阻力	城镇失业率	0.160
	人口老龄化率	0.135
	传统服务业占第三产业比重	0.134
	传统工业制造业总产值占第二产业比重	0.155

假设广州在 t 时期综合发展水平为 U_t，表达式为：

$$U_t = \sum_i^m w_i y_{it} \tag{3.13}$$

式（3.13）中，m 则分别表示拉动力、推动力、内生动力和阻力四个子系统中包含评价指标的数量，按照指标所属系统分类，可依次求出广州经济增长的拉动力得分 U_{1t}，推动力得分 U_{2t}、内生动力得分 U_{3t} 和阻力得分 U_{4t}。广州经济增长动力综合发展水平为各动力系统得分之和。

3.4　广州经济增长动力结构演变趋势和特点

图 3.3 显示，自 2000 年以来，广州经济增长动力综合指数整体上呈阶段性发展特征，且各阶段发展的动力结构又有所不同。总体上看，2000～2016 年广州经济增长动力结构变化大致可分为四个阶

段，在每一个阶段各动力系统组成都有着鲜明的特点。

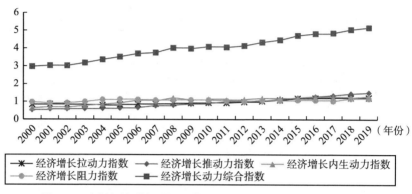

图3.3　广州经济增长"四力"模型演进趋势（2000～2019年）

　　第一阶段，2000～2007年（见表3.4）。经济增长阻力影响较低，内生动力和推动力成为加速经济增长动力的主要动力。从拉动力和推动力系统看，投资和外贸对经济增长贡献性不断增强，劳动力和资本在经济增长过程中的作用不断提升。这一时期，城市发展空间大幅拓展，城市开发用地面积和建成区面积大幅增加，年均增长率分别为28.5%和18.7%，创造了大量投资空间，产生大量就业岗位，空间因素对广州经济增长的阻碍作用尚未显现出来。企业研发强度大幅提升，科技研发对经济发展的推动作用开始增强。从内生动力系统看，国际资本的大量涌入和产业结构的升级推动内生动力提升幅度明显。这一时期，石油化工、电子信息和汽车制造三大产业快速发展，成为广州主导产业，产业结构合理化和高级化程度不断提升，二三产业劳动力占全社会劳动者比重不断提升，劳动者素质逐渐增强，内生动力不断提升。从阻力系统看，阻力因素对经济增长的反作用尚未显现出来。2001年，中国正式成为世界贸易组织（WTO）一员，广州利用自身区位禀赋，结合已有的外向带动战略优势，大力开展国际贸易业务，大量吸引国际资本进入，把握住了新的黄金发展期。实体产业快速崛起，为降低企业生产成本，采取了诸如努力控制通货膨胀，降低企业贷款实际利率，降低企业税负等多种措施，规模以上企业数量不断增加，带动民营资本投资比重不断提升。此外，外资企业的进入创造了大量工作岗位，大幅提升了本地就业规模，使广州成为当时中国人口净流入规模最大的城市之一，城镇人口失业率维持在较低水平。值得注意的是，这一时期人口老龄化问题开始显现，人口老龄化对经济增长的影响开始出现。基于广州当时所处工业发展阶段，传统行业对广州经济增长仍发挥巨大作用。从整体上看，这一时期阻力因素对广州经济增长反作用较弱。外资引入、产业发展使推动力和内生动力不断增强，成为推动该时期广州经济增长的主导动力。

表 3.4　　　2000～2007 年广州经济增长动力结构变化情况

系统	指标	得分均值	均值	年均增长率（%）	均值（%）
拉动力	全社会固定资产投资	0.0883	0.1396	4.26	5.60
	净出口	0.1091		1.85	
	社会消费品零售总额	0.0863		4.45	
	资本形成总额对 GDP 贡献率	0.1698		15.76	
	货物和服务净流出对 GDP 贡献率	0.1825		1.27	
	最终消费支出对 GDP 贡献率	0.2013		6.01	

续表

系统	指标	得分均值	均值	年均增长率（%）	均值（%）
推动力	就业人数	0.0952		5.21	
	资本存量	0.0919		4.24	
	建成区面积	0.1548	0.1034	10.77	5.35
	研发投入经费占 GDP 比重	0.1044		4.71	
	科技投入人员数量	0.1004		6.01	
	专利授权数量	0.0738		1.17	
内生动力	人口受教育水平	0.1637		13.37	
	非国有固定资产投资占比	0.1654		11.20	
	规模以上工业企业数量	0.0898	0.1382	17.89	11.79
	第二和第三产业对 GDP 贡献率	0.1810		12.63	
	产业结构高级化指数	0.1111		7.26	
	产业结构合理化指数	0.1185		8.41	
阻力	税负	0.1367		−7.50	
	实际利率	0.1463		6.56	
	CPI	0.1448		−3.66	
	城镇失业率	0.1670	0.1470	9.71	3.95
	人口老龄化率	0.1863		−3.54	
	传统服务业占第三产业比重	0.0926		9.57	
	传统工业制造业总产值占第二产业比重	0.1552		16.52	

　　第二阶段：2008～2010 年（见表 3.5）。拉动力和推动力对经济增长提速明显，内生动力对经济增长促进作用趋弱，阻力开始反

作用于经济增长。从拉动力和推动力系统看，投资成为这一时期经济增长主要拉动力，空间拓展和科技研发为经济增长主要推动力。2008 年，国际金融危机爆发，广州外贸受到严重影响，对经济增长的促进作用大幅下滑，年均增长率较第一阶段下滑 14 个百分点。为保持经济快速增长势头，国家出台"四万亿计划"刺激经济，通过扩大政府投资带动投资需求，加速经济增长。2010 年亚运会的举办也大幅拓展了广州的投资空间，使资本对经济贡献性不断增强。这一时期出台的多项旨在扩大居民消费的税收和财政补贴政策使投资和消费出现大幅增长，年均增长率分别较第一期提升了 7.3 个和 4.9 个百分点。从内生动力系统看，规模以上工业企业数量大幅增加，随着产业结构升级优化，对高素质劳动力吸纳能力不断增强，内生动力不断提升。这一时期，金融危机对广州外向型企业和合资企业产生较大冲击，加上国家"四万亿计划"的实施加大了国有资本对民间资本的挤占，造成民间资本占比下降，对经济增长贡献度减少。但大量国有资本的进入，为广州工业制造业发展提供了良好契机，规模以上工业企业数量以年均 14.27% 的速度高速发展，增长率较第一阶段提升了 12.8 个百分点，加速了工业制造业规模经济的形成。从阻力系统看，城镇失业率、人口老龄化率、传统工业制造业占比有所提升，对广州经济增长的阻碍作用开始显现出来。这一时期广州的城镇失业率、人口老龄化率、传统工业制造业占比年均增长率分别较第一阶段提升 5.36 个、2.7 个和 1.83 个百分点，城镇失业率和传统制造业占比的增加主要受金融危机和"四万亿计划"影响。这一时期广州实际利率变化较大，2008 年、2009 年和 2010 年广州实际利率分别为 0.44、8.51 和 2.49，实际利率的较大波动不利于市场稳定。从各系统具体发展看，这一时期，四大动力系统得分均有所提升，其中内生动力得分值最高，阻力系统得分值次之，推动力和拉动力得分值相对偏低。

表 3.5　　　2008～2010 年广州经济增长动力结构变化情况

系统	指标	得分均值	均值	年均增长率（%）	均值（%）
拉动力	全社会固定资产投资	0.1238		10.72	
	净出口	0.1018		-12.22	
	社会消费品零售总额	0.1171	0.1539	8.19	2.46
	资本形成总额对 GDP 贡献率	0.2355		14.07	
	货物和服务净流出对 GDP 贡献率	0.1072		-19.58	
	最终消费支出对 GDP 贡献率	0.2378		13.59	
推动力	就业人数	0.1305		6.20	
	资本存量	0.1190		6.08	
	建成区面积	0.2095	0.1431	3.30	5.71
	R&D 研发投入占 GDP 比重	0.1615		8.50	
	科技投入人员数量	0.1557		6.36	
	专利授权数量	0.0826		3.81	
内生动力	人口受教育水平	0.2482		0.60	
	非国有固定资产投资占比	0.1480		-9.82	
	规模以上工业企业数量	0.1879	0.1917	34.59	7.37
	第二和第三产业对 GDP 贡献率	0.2237		2.50	
	产业结构高级化指数	0.1455		5.99	
	产业结构合理化指数	0.1968		10.34	

系统	指标	得分均值	均值	年均增长率（%）	均值（%）
阻力	税负	0.1044	0.1566	−1.83	10.93
	实际利率	0.1635		38.96	
	CPI	0.1262		39.15	
	城镇失业率	0.2074		−0.23	
	人口老龄化率	0.1392		−7.90	
	传统服务业占第三产业比重	0.1326		6.36	
	传统工业制造业总产值占第二产业比重	0.2227		1.97	

　　第三阶段：2011~2013 年（见表 3.6）。推动力减弱，内生动力和拉动力成为经济增长的主动力，阻力不断增强。从拉动力系统看，投资、消费和外贸的拉动作用在增强，但投资和消费的带动增速放缓，外贸对经济增长的带动作用不断增强。在这一时期，全球经济在经历三年的调整和恢复后，经济活力逐渐提升，国际市场逐渐回暖，在经历金融危机的冲击后，作为外向型经济体，外贸对广州经济增长的拉动作用有所增强。从推动力系统看，推动力系统对经济增长的贡献性不断增加，但增速有所放缓。随着国际金融危机的影响逐渐减小，广州经济开始呈现新的发展活力，劳动力和资本要素等生产要素规模不断扩大，受资源配置空间和以往城市开发用地规模基数较大等因素影响，城市空间拓展速度放缓，土地资源要素对经济增长的限制作用开始显现。从内生动力系统看，内生动力系统对经济增长的贡献度最大，但增速也在放缓。从内生动力各指

标因素得分构成上看，高素质劳动力和产业合理化结构已经成为促进经济增长的主要内生动力。这一时期，"四万亿计划"和亚运会效应大幅下降，资本来源从以政府资金为主导的基础设施建设投资为主转向以民间资本为主导的产业发展投资，民间资本对经济增长的作用不断增强。从阻力系统看，阻力系统对经济增长的反作用开始显现。这一时期，阻力系统得分降低的直接原因在于人口老龄化率和传统工业制造业总产值占第二产业比重得分大幅下降所致。这一时期，广州年均人口老龄化率达到15.44%，高于第二阶段2.18个百分点，人口老龄化率的提升直接导致了劳动力资源增速放缓，加重了经济人口抚养率。传统工业制造业总产值占第二产业比重年均值为0.37，高于第二阶段5.6个百分点，在城市发展空间相对稳定情况下，传统工业制造业过快发展不利于新兴产业的培育和壮大。传统工业制造业开始成为阻碍广州经济快速发展的一大因素。此外，这一时期广州实际利率波动性较强，亦不利于经济增长。

表3.6　　　　　　2011~2013年广州经济增长动力结构变化情况

系统	指标	得分均值	均值	年均增长率（%）	均值（%）
拉动力	全社会固定资产投资	0.1550	0.1630	7.01	10.12
	净出口	0.1151		21.08	
	社会消费品零售总额	0.1476		7.79	
	资本形成总额对GDP贡献率	0.2094		3.56	
	货物和服务净流出对GDP贡献率	0.1511		33.15	
	最终消费支出对GDP贡献率	0.1999		-11.88	

续表

系统	指标	得分均值	均值	年均增长率（％）	均值（％）
推动力	就业人数	0.1602	0.1701	6.74	5.11
	资本存量	0.1440		6.49	
	建成区面积	0.2248		2.01	
	研发投入经费占 GDP 比重	0.1801		2.25	
	科技投入人员数量	0.2142		9.38	
	专利授权数量	0.0976		3.80	
内生动力	人口受教育水平	0.2674	0.1894	3.65	2.59
	非国有固定资产投资占比	0.1955		17.20	
	规模以上工业企业数量	0.0743		−12.23	
	第二和第三产业对 GDP 贡献率	0.2071		0.90	
	产业结构高级化指数	0.1666		5.77	
	产业结构合理化指数	0.2254		0.22	
阻力	税负	0.0771	0.1488	6.42	1.54
	实际利率	0.1896		−1.55	
	CPI	0.1023		8.88	
	城镇失业率	0.2132		1.52	
	人口老龄化率	0.1087		−7.45	
	传统服务业占第三产业比重	0.1429		2.88	
	传统工业制造业总产值占第二产业比重	0.2076		0.07	

第四阶段：2014～2019 年（见表 3.7）。拉动力、推动力和内生动力成为经济增长主动力，阻力系统对经济增长的阻碍作用进一步加强。从拉动力系统看，系统得分增速明显，对经济增长的影响

作用不断提升。这一时期，金融危机对全球经济影响进一步减弱，全球经济逐渐复苏态势明显，国际贸易和资本市场活跃程度增强，外贸和外资对广州经济增长的拉动作用增强。就国内市场而言，随着我国经济进入新常态，由金融危机对经济影响的边际效应不断减少，人民收入水平和消费能力得到提升，"三驾马车"对经济增长的拉动作用不断增强。从推动力系统看，供给侧结构性改革初显成效，推动力对经济增长的贡献度不断增加。随着经济进入新常态，各地经济增长由高速向中高速转变，为适应新的发展形势，政府通过推进供给侧结构性改革方式解决我国经济增长问题。在增加资本存量方面，广州作为我国四大一线城市，一直是推进供给侧结构性改革的排头兵。在供给侧结构性改革过程中，坚持以"去产能、去库存、去杠杆、降成本、补短板"为主的"三去一降一补"行动方案，加速产业结构转型升级，实现资本质量的提升。这一时期，在促进就业方面，广州市政府积极探索利用建设—移交（BT）、建设—运营—移交（BOT）、公私合营（PPP）等多种模式，鼓励和引导民间资本进入，创造大量就业岗位，提升全市就业规模，这一时期，广州就业年均增速达到3.2%，高于第三阶段约1.0个百分点。在城市空间资源拓展方面，实施"南拓、北优、东进、西联、中调"十字方针，不断拓展城市发展空间，城市空间的土地资源对经济发展的反作用减弱。这一时期，广州建成区面积年均增长率有所提升，高于第三阶段2.13个百分点。从科技研发上看，不断强调科技进步对经济增长的促进作用，科技研发强度不断提升，这一时期广州规模以上工业企业研发投入占GDP比重年均增长率高出第三阶段约4.32个百分点，技术要素对经济增长作用不断增强。从内生动力系统看，内生动力在经济增长过程中的作用不断增强，但增长幅度有所放缓。开始坚持"民生为本、人才优先"的工作主线，积极促进充分就业，完善和创新社会保险体系，加大人才引进和培养力度，劳动力素质不断增强。通过不断探索并拓展民间资本进入市场方式，吸引民间资本进入市场，经济发展效率不断提升。从阻力系统看，阻力系统得分有所降低，阻力因素对经济增长的影响不断增强。通货膨胀日益严重，人口老龄化加速，由产业结构调整而带来的劳动人口结构性失业率增加、实际利率对资本市场的限制等因素对广州经济增长的反作用不断增强。值得注意的是，近年来广州产业结构调整步伐有所放缓，传统行业在经济发展中占比依然较大，占用大量市场和空间资源，不利于新兴产业的快速崛起，造成产业结构转型升级增速放缓。这一时期，传统服务业占第三产业比重年均变化率为－2.12%，而传统制造业占第二产业比重年均变化率为1.36%，发展快于新兴产业。

表3.7　　2014~2019年广州经济增长动力结构变化情况

系统	指标	得分均值	均值	年均增长率（%）	均值（%）
拉动力	全社会固定资产投资	0.2051		5.55	
	净出口	0.2017		2.73	
	社会消费品零售总额	0.2013	0.1979	6.48	3.20
	资本形成总额对GDP贡献率	0.2308		2.18	
	货物和服务净流出对GDP贡献率	0.1271		－2.32	
	最终消费支出对GDP贡献率	0.2213		4.61	

续表

系统	指标	得分均值	均值	年均增长率（%）	均值（%）
推动力	就业人数	0.2159		6.62	
	资本存量	0.1983		7.75	
	建成区面积	0.2665	0.2200	3.82	6.87
	研发投入经费占 GDP 比重	0.2273		6.30	
	科技投入人员数量	0.2586		2.60	
	专利授权数量	0.1531		14.12	
内生动力	人口受教育水平	0.2481		-2.38	
	非国有固定资产投资占比	0.2394		1.58	
	规模以上工业企业数量	0.0897	0.2068	8.48	2.34
	第二和第三产业对 GDP 贡献率	0.2015		-0.75	
	产业结构高级化指数	0.2134		5.27	
	产业结构合理化指数	0.2485		1.84	
阻力	税负	0.1393		12.92	
	实际利率	0.1929		3.38	
	CPI	0.1230		-0.65	
	城镇失业率	0.2120	0.1571	0.50	2.38
	人口老龄化率	0.0767		-6.41	
	传统服务业占第三产业比重	0.1693		5.67	
	传统工业制造业总产值占第二产业比重	0.1864		1.28	

当前阶段，广州正处于经济发展新常态，从国内外环境以及广州自身经济发展条件来看，广州经济增长动力不断提升，拉动力、推动力和内生动力不断增强，而阻力因素已经成为限制经济增长速度提升的重要原因。

3.5　广州经济发展环境分析

3.5.1　世界经济发展环境分析

2018 年世界经济仍将延续疲弱复苏态势，我国发展的外部经济环境依然错综复杂，对国内经济运行和结构调整产生了深远的影响。一是贸易摩擦成为阻碍全球经济复苏的主要因素。为吸引和促进制造业回流美国，自 2018 年 6 月 15 日，美国政府推翻前期中美贸易声明并宣称将对 500 亿美元中国产品征收关税起，美国先后对欧盟、加拿大、墨西哥、韩国、日本等国发起了高额关税，这种"逆全球化"的政策给全球经济带来新的挑战，阻碍了全球经济复苏进程。此外，国际金融危机爆发后，世界经济虽然在各国大规模刺激政策作用下一度快速回升，但随着刺激政策的退出和作用衰减，中等及中低收入国家发展依旧不容乐观（如表 3.8 所示），全球商品需求市场仍面临较大挑战。二是全球产业重组和产业链布局调整步伐加快。随着新技术发展和产业化进程加快，移动互联网、可再生能源、物联网、3D 打印、智能制造等新兴产业加速发展，而移动互联网、云计算、大数据等信息技术在金融、商贸、制造、教育、医疗等更多领域的普及应用和融合发展将不断催生新业态、新模式和新产业，传统产业将全面转型升级。三是世界经济深度调整蕴含新一轮产业革命的重大突破。世界经济转型引发了发达国家对新一轮战略性技术"制高点"的争夺，以新能源与新一代信息网络技术为标志的"第三次工业革命"时代即将开启，新兴产业将不断涌现。

表3.8　　金融危机前后主要新兴市场国家（地区）GDP年均增速变化

单位：%

国家（地区）	2000~2007年	2008~2013年	2014~2019年
中国	10.56	9.14	6.83
美国	2.72	0.92	2.42
英国	2.85	0.43	1.93
加拿大	4.19	1.40	1.90
日本	1.47	0.18	0.88
韩国	5.67	3.31	2.84
澳大利亚	3.34	2.77	2.48
波兰	4.13	3.00	4.25
印度	6.49	6.09	6.83
菲律宾	4.95	5.11	6.53
阿根廷	3.46	2.61	−0.62
巴西	3.62	3.57	−0.42
墨西哥	2.37	1.61	2.17
土耳其	55.91	4.82	4.29
南非	4.29	2.11	0.97
印度尼西亚	5.05	5.77	5.03
高收入国家	2.68	0.78	2.07

国家（地区）	2000～2007 年	2008～2013 年	2014～2019 年
中高等收入国家	6.31	5.30	4.04
中低等收入国家	5.93	5.24	5.27
中低收入国家	6.22	5.28	4.28
全球均值	3.57	2.13	2.83

资料来源：根据世界银行官方经济增长数据整理。

总体来看，我国的外部发展环境依然复杂多变。由于国际金融危机的深层次影响在相当长时期依然存在，世界经济仍处在危机后的深度调整期和变革期，地缘政治关系复杂变化带来不稳定、不确定因素增多，全球经济贸易增长乏力的状况短期难以改观，但新的发展机遇逐渐形成，我国经济发展的机遇和挑战并存。

3.5.2　国内经济发展环境分析

"十三五"以来，国内环境也发生了巨大变化，过去支撑中国经济持续高速增长的条件逐渐消失。首先，内需与外需动力全面弱化。随着世界经济深度调整以及贸易摩擦的升级，出口动力显著弱化。受城市发展空间和地方政府债务的限制，政府投资扩张逐渐减弱，企业投资也随着整体经济放缓而降温，未来投资驱动力将趋于减弱，房地产泡沫高企，汽车行业发展遭遇阻碍，以住、行为主的消费升级遇到瓶颈。其次，地方政府公共投资潜力疲软。过去地方政府通过招商引资、土地出让、政府融资平台进行融资，支持基础设施建设和产能投资。但地方政府融资模式的改变，也加大了重复建设、产能过剩、房地产价格上涨和债务的不断累积，地方政府债务负担加重，导致地方政府投资呈现疲软之势。最后，环境与要素成本明显提高，企业生存难度加大。劳动力、土地、能源、原材料等生产要素价格大幅上涨，支持企业低成本扩张的条件已不复存在，企业经营困难，债务率不断上升，融资成本居高不下。低端劳动力工资上涨较快，社会保障支出，特别是部分企业住房公积金支出压力较大，税收负担较重，电价等成本高企。

　　虽然相对于香港的发展而言，广州近几年的发展成就值得称赞，但国内其他城市方面，北京、上海凭借国家赋予的政策与资源优势，综合实力继续遥遥领先。天津、重庆、深圳等"第二梯队"城市频频发力，对广州的地位形成了巨大冲击。10年前，能够对广州经济地位形成挑战的仅有深圳，现在深圳的经济规模已经超过广州。此外，其他"追兵"尽管经济总量上还遥遥落后于广州，但近年来天津、重庆、杭州等"第二梯队"城市进一步缩小了与广州的差距，经济总量与广州之间的差距不断缩减，对广州形成群体性赶超之势（见图3.4和表3.9）。

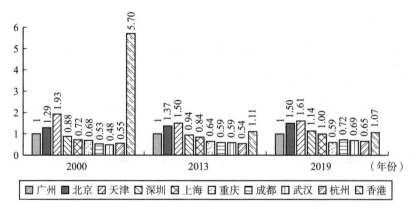

图3.4　2000年、2013年和2019年广州与国内其他主要城市GDP差距倍数的比较

资料来源：根据中国统计局官网和世界银行官方网站数据整理。

表 3.9	广州与国内主要城市 GDP 年均增速变化		单位：%
城市	2000 ~ 2007 年	2008 ~ 2013 年	2014 ~ 2019 年
广州	14.06	11.80	7.53
北京	12.56	8.87	6.75
天津	13.95	15.67	6.77
深圳	16.10	10.97	8.30
上海	12.38	8.65	6.78
重庆	11.56	14.80	10.48
苏州	15.28	11.62	7.70
武汉	13.44	12.90	8.28
杭州	13.69	10.02	8.25
香港	5.32	2.68	2.12

资料来源：根据各地区统计年鉴和世界银行官方网站数据整理。

3.6 广州经济增长动力结构变化趋势判断

从经济增速上看，广州已经从过去 40 年年均增速 13% 的高速
增长时期转向低于两位数的次高速增长阶段。是什么原因导致广州
经济增长出现这种情况？在未来一段时间广州经济增长动力结构如
何变化？值得我们进一步探索。鉴于此，我们对广州当前阶段经济
增长动力进行了梳理并对未来发展进行了预测。

3.6.1 需求要素变化趋势判断

从需求要素看，维持高投资增长率难度较大，对外贸易对经济

增长的拉动作用有限，经济增长应依靠新型消费。

持续性投资是保持经济快速增长的必要条件，但由于资本存量日益庞大，投资增速趋于下行，未来经济增长不可能再依靠高投入来实现。以"十二五"期间固定资产投资增速为标准，"十三五"期间，广州每年投资总额将在7000亿~8000亿元之间，这么大的投资体量仅依靠本市安排的重点项目带动是远远不够的。仅2017年一年，广州就布局了345个市重点建设项目，累计共完成投资1705.6亿元，占全市投资规模的28.8%，剩余资本主要依靠民间投资、境外投资等途径获取，而这些非政府调控的投资很难与经济发展速度保持同步，若无政策引导，很难产生较大变动，这意味着未来几年中，随着广州投资基数增加、房地产市场调控的不断推进，广州投资增速很难维持以往的较高增长率，投资对经济增长的拉动力能力将减弱（见图3.5）。

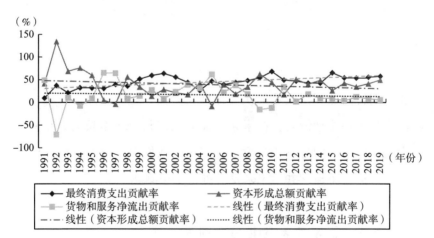

图 3.5　三大需求对广州 GDP 增长的贡献率（1991~2019 年）

资料来源：1991~2017年数据来自《2019年广州统计年鉴》，2018年和2019年数据根据以往数据变化趋势均值折算。

从短期经济发展状况看，受发展阶段、投资空间、人口城镇化等诸多因素共同影响，全社会固定资产投资增长速度略有放缓。

从发展阶段上看，广州已经处于工业化后期阶段，对高质量资本需求逐渐增加。2019 年，广州人均 GDP 规模达到 2.24 万美元，在各大城市中位居第四。根据钱纳里和罗斯托发展阶段理论，广州已处于追求生活质量阶段，工业重型化发展阶段已经结束，服务业主导地位全面确立，消费结构随着生产力发展而加快升级，产业竞争优势主要决定于持续高效创新所带来的多样化、个性化、复杂化的商品和服务产出，竞争力将处于创新驱动阶段，具有高效资源配置和中枢功能的现代服务业将成为此阶段的重点产业。这些产业的发展均需要大量高质量资本，然而现阶段我国高质量资本相对有限，而且在争夺高端资本市场上，广州也面临着深圳、北京、上海、杭州等强大对手，激烈的市场竞争增加了维持高投资增长率的难度。如图 3.6 所示，从投资强度上看，投资空间是限制投资增长的一大因素。2019 年广州投资强度为 0.94 亿元/平方公里，低于深圳（3.69 亿元/平方公里）、

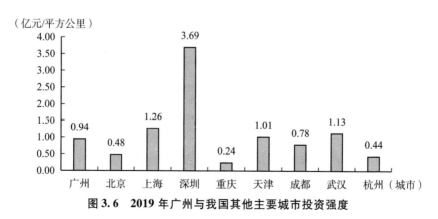

（亿元/平方公里）

图 3.6　2019 年广州与我国其他主要城市投资强度

资料来源：根据各城市统计年鉴整理。

天津（1.01亿元/平方公里）和上海（1.26亿元/平方公里），但高于北京（0.48亿元/平方公里）、杭州（0.44亿元/平方公里）、成都（0.78亿元/平方公里）和重庆（0.24亿元/平方公里）。根据边际收益递减规律，投资强度越大，投资的边际收益越小，可见，投资空间已经成为限制广州发展的重要因素。

从产业结构上看，第三产业成为投资增长的强大引擎，房地产行业投资偏重，但受政策影响较大，难为维持高速增长。2017年，广州三大产业固定资产投资结构为0.18：12.69：87.13，第三产业投资占比仅排在北京之后[①]。此外，上海、深圳和杭州等城市的第三产业投资占比均超过八成，第三产业成为这些城市投资的重要领域（见图3.7）。

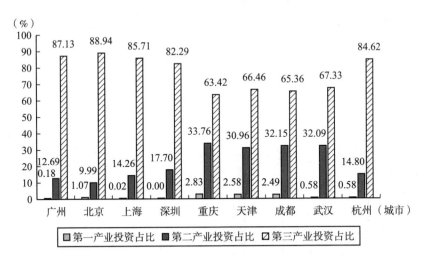

图3.7　2017年广州与我国其他主要城市投资结构占比

资料来源：各城市2018年统计年鉴。

---

① 2018年之后各城市统计年鉴均没有相关数据，故此数据最新数据仅更新至2017年。

　　近年来，房地产投资一直是拉动我国城市投资的重要领域，由于与其相关的产业链条较长，房地产行业也成为各大城市拉动投资的支柱产业。近年来，随着国家对房地产行业管控措施的不断增多，严重影响城市房地产开发投资增长，依赖房地产行业的城市投资必将受到较大的影响。从各城市房地产开发投资占比看，广州、北京、上海、深圳、杭州等城市对房地产领域投资依赖度较强。2011～2019 年，广州房地产开发累计投资规模占全市固定资产累计投资规模的比重为 41.48%，略高于深圳（39.81%），略低于北京（48.78%）、上海（51.38%）和杭州（45.36%）。重庆（24.06%）和天津（16.14%）相对较低，投资受房地产市场影响相对较小（见图 3.8）。

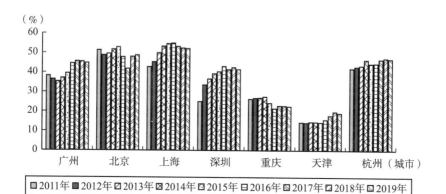

图 3.8　2011～2019 年广州与我国其他主要城市房地产投资占全社会投资比重
资料来源：根据各市历年统计年鉴整理。

　　从人口城镇化进程看，广州人口城镇化水平相对较高，人口城镇化对广州固定资产投资拉动作用相对有限。城镇化是扩大内需、拉动投资增长的持久动力，城镇化带动大量农村人口进入城市，不仅带来消费需求的增加，同时还产生庞大的基础设施、公共服务设施、医疗、教育、社会服务及保障以及住房建设等诸多领域投资需求，有利于扩大城市投资规模，提升城市投资速度。从城市人口规模上看，2019年广州常住人口总数为1530.59万人，分别为重庆、上海和北京常住人口总量的48.99%、63.04%和71.07%，略高于深圳（1343.88万人）和杭州（1036万人）。广州常住人口城镇化率为86.46%，在七大城市中，仅略低于深圳（100%）、上海（88.1%），与北京（86.6%）相当（见图3.9）。与其他城市相比，人口城镇化进程对广州的投资拉动效应已经释放，想依靠加速人口城镇化拉动全市投资增长的途径很难实现。

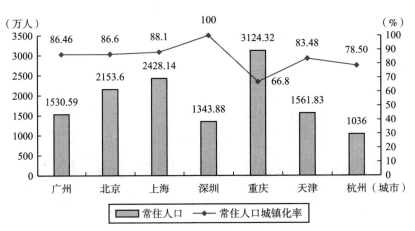

图3.9　2019年七大城市常住人口规模及人口城镇化率

资料来源：根据各城市国民经济发展统计公报整理。

现阶段，就人均经济总量来看，广州已经进入工业化后期，服务业成为全市经济增长的主要动力，传统制造业、房地产以及人口城镇化对未来广州投资的带动力逐渐趋弱。吸引以高端制造业、现代服务业为主的高质量资本应成为广州未来投资领域的重要目标。

（1）货物和服务净流出对经济的拉动作用有限。近年来，广州对国际资本、技术和市场有很强的依赖性，受国际金融危机影响，外向性外资企业影响较大，生产与出口规模速度变缓，出口水平总体下滑，处于贸易逆差困境，这种情况直到 2012 年才得以改变。近年来，发达国家的"再工业化"和一些新兴市场国家在制造业上的竞争日趋激烈，弱化了广州制造业出口优势（见图 3.10）。2015 ~ 2019 年，机电产品占比提升了 3.42%，高新技术产品出口提升了 2.75 个百分点，大宗商品出口结构变化相对稳定。仅有服饰类商品出口份额占比降幅最大，与 2015 年相比，广州 2019 年服饰类商品出口份额占比下降了 10 个百分点（见表 3.10），出口结构并未发生明显变化。值得注意的是，大宗商品具有低附加值、资源消耗型、受国际影响较大等特点，大宗商品出口规模的扩大将进一步加快广州资源消耗速度。改革开放 40 多年来，广州对外贸易经历了来料加工、来件装配、来样加工和补偿贸易即"三来一补"的发展，实现了从初级产品制造到高科技、高附加值产品的转变，但自主品牌仍相对不足，高端产品在国际市场上缺少足够的竞争力。对外贸易的增长仍然属于"量变"的范围，并没有实现"质变"[①]。对资源日益趋紧的广州来说，这种发展模式值得深思，广州实现以外贸驱动为主的经济增长模式依旧任重道远。

---

① 黄爱青，刘小丽，佟哲. 广州经济发展过程中的制度因素研究 [J]. 现代营销（下旬刊），2014（1）：96 – 100.

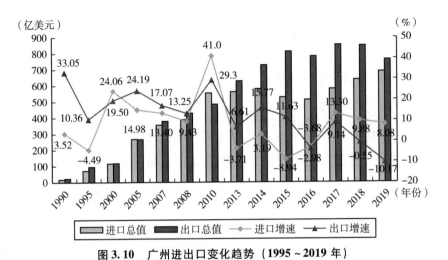

图 3.10　广州进出口变化趋势（1995～2019 年）

资料来源：根据历年《广州统计年鉴》整理。

表 3.10　　　　　　**2015～2019 年广州主要商品出口结构变化趋势**　　　　单位：%

种类	2015 年	2016 年	2017 年	2018 年	2019 年
服装及衣着附件	20.89	19.65	20.20	15.22	10.82
贵金属或包贵金属的首饰	7.69	7.30	6.63	6.31	4.91
液晶显示板	6.61	7.02	7.10	6.21	5.55
箱包及类似容器	5.54	5.76	5.98	4.99	3.66
纺织纱线、织物及制品	5.96	5.52	5.75	4.61	3.84
家具及其零件	5.55	5.08	4.74	4.23	3.27
汽车零配件	4.71	4.98	4.60	4.31	3.14
灯具、照明装置及类似品	3.97	3.97	4.08	3.93	3.00
鞋	3.79	3.39	3.98	3.24	2.55
船舶	4.91	3.97	2.70	2.38	1.62
塑料制品	2.71	3.05	3.07	2.91	2.35
自动数据处理设备及其部件	3.02	2.92	2.52	2.27	1.71
印刷电路	2.43	2.29	2.14	1.82	1.40

种类	2015 年	2016 年	2017 年	2018 年	2019 年
玩具	0.98	1.01	1.18	3.45	2.15
打印机（包括多功能一体机）	2.21	2.28	1.93	1.73	1.20
电视、收音机及无线电通讯设备的零件	1.41	2.27	2.63	1.47	1.02
钢材	2.84	2.38	1.61	1.22	0.96
静止式变流器	1.86	1.74	1.90	1.50	1.35
成品油	1.20	1.06	1.72	1.89	2.07
陶瓷产品	1.02	1.42	1.34	2.22	1.47
扬声器	1.45	1.38	1.53	1.24	1.05
摩托车	1.56	1.53	1.25	1.16	0.94
空气调节器	0.77	1.11	1.31	1.27	1.32

资料来源：根据历年《广州年度报表》和《广州统计年鉴》整理。

（2）消费结构升级将成为推动经济发展的重要力量。随着广州人均 GDP 迈入 2 万美元时代，居民消费将迎来一段重要升级时期，加上云计算、大数据、"互联网 +"等高端信息技术的催化，新型消费潜力不可低估。当前，城镇居民实物商品消费需求已得到满足，而对交通通信、衣着、教育文化娱乐、生活用品、医疗保健等方面需求大幅增加，服务消费占居民消费支出比重不断提升（见图 3.11）。与此同时，随着农村经济进一步发展，农村居民汽车等耐用消费品需求快速增长，农村居民消费对总消费的带动作用进一步增强。因此，我们认为"十四五"时期，广州消费结构会有所改变，消费总量会保持持续上升势头，消费对经济增长的拉动作用会不断加强（见图 3.12）。

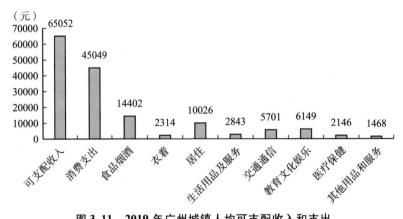

图 3.11 2019 年广州城镇人均可支配收入和支出

资料来源：《2020 年广州统计年鉴》。

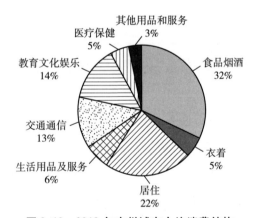

图 3.12 2019 年广州城市人均消费结构

资料来源：《2020 年广州统计年鉴》。

3.6.2 生产要素变化趋势判断

从生产要素看，资本投入对经济增长的贡献度不断减弱，劳动投入对经济增长的贡献度稳中有升，技术进步将成为未来广州经济增长的主动力。

　　为更加明确资本、劳动和技术进步对广州经济增长的推动程度，我们通过经济学建模测算了 2000~2019 年广州经济增长的全要素生产率（见图 3.13）。改革开放以来，资本投入一直是推动广州经济增长的主要动力，随着广州经济发展方式由投资驱动向创新驱动的逐渐转变，资本对经济发展的贡献度不断降低，技术进步对经济增长的推动作用不断增强，并已经超过劳动因素，成为广州经济增长第二大动力。值得注意的是，现阶段广州经济增长依然是依靠大规模投资带动，并且这种情况还将延续一段时期。广州经济已经形成劳动、资本和技术共同发力发展模式，且技术对经济增长的贡献度会不断提高，资本对经济增长的推动性将趋于弱化。在未来，依靠大规模资本投入换取经济快速发展只能带动广州经济间歇性增长，技术进步将成为广州未来经济增长的主要动力。

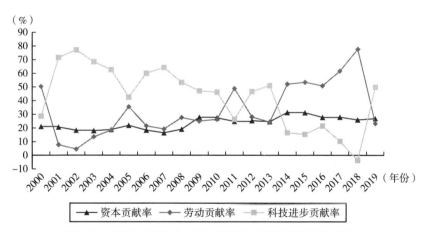

图 3.13　2000~2019 年各生产要素对经济增长的贡献趋势

资料来源：根据历年《广州统计年鉴》整合。

　　（1）资本仍将发挥重要作用，经济增长贡献率依然最大，依靠房地产和基础设施建设为主的传统投资已不可持续，但以思科、富士康等为代表的高新技术企业总部落户广州带动的新兴投资方式将推动广州资本结构升级，提升资本质量。从全社会固定资产投资规模看，以房地产和基础设施建设为主的投资增速逐年减缓，2011~2019年广州固定资产投资年均增长率约为12.8%①，仅高于同时期GDP年均增速2.7个百分点。从融资方面看，广州金融规模不大是限制广州融资的主要因素，金融危机严重影响了广州金融市场健康发展，金融规模偏低是广州金融发展缓慢的主要因素。近几年贷款规模虽有所增加，但贷款增速整体在下滑，2011~2019年贷款总额增长率一直在10%水平浮动（见图3.14），未表现出明显变化。据此判断，未来几年，广州贷款增速会有所提升，若无政策刺激，很难发生较大改观，融资水平不高依然是限制资本规模的一大因素。

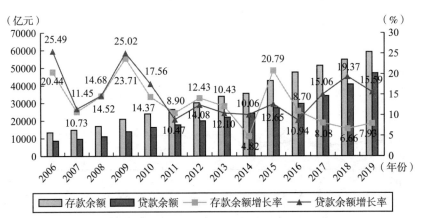

图3.14 近年来广州金融机构年末存贷款总额变化趋势（2006~2019年）

资料来源：根据历年《广州统计年鉴》整理。

---

① 固定资产投资增长率为实际值，通过求取2011~2019年固定资产投资指数均值获取。

（2）劳动力投入速度有所提升，对经济增长的贡献度稳中有升。从从业人员规模和增速上看，广州就业人口规模不断提升，但新增就业人口速度有所放缓。改革开放以来，广州从业人员规模增速呈倒"U"形发展趋势（见图 3.15），这与广州城市经济发展过程中产业发展有很大的关系。从就业结构看，近年来，广州的制造业和服务业的就业流入速度一直在下降，就业吸纳能力不断减弱，传统服务业和制造业就业吸纳能力在不断降低，而新部门、新业态和新组合方式带来的就业吸收能力的提升并不能弥补传统行业就业人口流失速度。金融危机之后，传统制造业就业净流出速度增加，而新兴制造业就业净流入增速相对缓慢，导致整体制造业就业吸纳能力下降。服务业产业方面，传统服务业就业吸纳能力下降，现代服务业就业吸纳能力不断增强，但增速相对较慢，并不能弥补传统行业就业吸纳能力的下降幅度，导致服务业整体就业吸纳能力整体下降。可以看出，虽然广州的传统服务业的地位整体下降，但仍占据重要地位，对就业的吸纳能力在减弱，现代服务业部分行业发展速

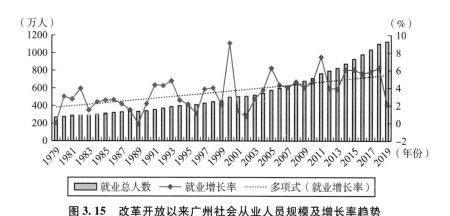

图 3.15　改革开放以来广州社会从业人员规模及增长率趋势

资料来源：根据历年《广州统计年鉴》整理。

度较快，地位在不断提升，但由于就业规模相对较小，对服务业就业拉动作用相对较小。但与其他一线城市相比，广州在经济发展潜力、就业环境、宜居程度等方面优势显著，对外来劳动人口仍有强大吸引力，未来一段时间，劳动力在广州经济增长过程中仍是重要的拉动力。

（3）技术进步成为当前经济增长重要推动力，且对经济增长的推动作用仍旧会不断增强，将成为未来经济增长的主要动能。未来几年，技术进步对广州经济增长的推动体现在以下几个方面：一是技术改造和创新对生产率提升将不可估量。2000 年以来，广州规模以上企业内部研发支出规模占 GDP 比重不断提升（见图 3.16）。近年来，广州高度重视技术创新对经济发展的作用，实施多方位、大幅度提升 R&D 的投入措施，截至 2019 年，广州全社会 R&D 支出规模占 GDP 比重已经提升到 2.87%。届时，广州企业自主创新能力将大大提升。二是经济结构优化调整能有效提高劳动生产率，提升经济增长质量。2019 年，广州三次产业就业人员比例达到 5.53∶23.67∶70.8，三次产业劳动生产率分别为 4.04 万元/人·年、24.21 万元/人·年、21.23 万元/人·年。若三次产业劳动生产率不变，将就业结构调整为 5∶30∶65，则可使广州经济规模提升 1.33 个百分点。可见，加快产业结构优化，增加第二产业比重，是提高广州经济发展速度，提升经济质量的重要途径（见图 3.17）。此外，重大功能区的快速发展也为技术应用提供了更大载体，将进一步提升劳动生产率。三是人力素质的不断提升，有利于形成"人才红利"，为经济持续增长注入新的动力。相关研究表明，制造业职工受教育年限每提高 1 年，劳动生产率可以提高 17%，如果企业职工全部由高中学历组成上升为全部由大专学历组成，则劳动生产率可以提高 66%。此外，近年来，中远海运、思科、通用电气（GE）生物、富士康 10.5 代显示器等一批巨头企业落户广州，不仅为广州带来了大规模投资和先进生产技术，还创造大量的就业空间，吸引了大量人才集聚广州，推动了整体劳动生产率的提升。当前，广州人口受教育程度与北京、上海等地还存在着一定的差距，这既是短板，也说明广州未来人口素质对经济发展尚有很大的发展空间。

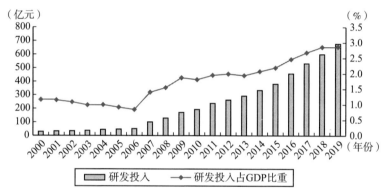

图 3.16　规模以上工业企业 R&D 支出规模变化趋势（2000～2019 年）

资料来源：根据历年《广州统计年鉴》整理。

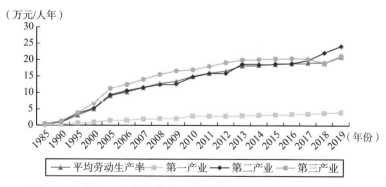

图 3.17　广州三大产业劳动生产率变化趋势（1985～2019 年）

资料来源：根据历年《广州统计年鉴》整理。

3.6.3 内生动力因素变化趋势判断

从内生动力因素看，人口受教育水平不断提高，产业结构不断优化，传统优势产业健康发展，现代服务业和战略性新兴产业成为拉动经济增长的重要动力。

人口受教育程度不断提升，劳动人口的自我学习能力不断提高。自 2000 年以来，人口受教育水平不断提升，2015 年人口普查数据显示常住人口中大专及以上人口占比提升到 25.09%，较 2000 年第五次人口普查提升了 15 个百分点，其中大学专科和大学本科人口占比提升最为明显（如表 3.11 所示）。

表 3.11　　　　　　　近年来广州常住人口受教育水平　　　　　　单位：%

受教育结构	第五次人口普查（2000 年）	2005 年 1%人口抽样调查	第六次人口普查（2010 年）	2015 年 1%人口抽样调查
未上过学	3.39	3.21	1.35	1.80
小学	25.49	22.61	16.36	15.98
初中	39.42	35.95	37.38	30.08
普通高中	21.78	22.96	24.33	27.05
大学专科	5.63	9.07	10.09	12.91
大学本科	3.91	5.47	9.23	10.90
研究生	0.38	0.73	1.27	1.29
受教育水平*	9.91	15.26	20.59	25.09

注：*受教育水平为中国统计局网站历次人口普查中 6 岁及 6 岁以上大专及以上人口数（人口抽样调查）与 6 岁及 6 岁以上人口数（人口抽样调查）之比。
资料来源：广州统计局网站，根据历次人口普查数据整理。

产业结构合理度和高级化程度不断提升，产业优势对经济增长的贡献不断增强。当前，广州已建立以服务业经济为主体，现代服务业、战略性新兴产业等高端产业为发展重点，第二、第三产业融合发展的现代化产业体系。第三产业开始由高速增长降为次高速增长阶段，但依旧是推动广州国民经济增长的重要力量。2000～2019年，广州三次产业年均增长率分别为 5.15%、11.39%、15.33%（按现价计算）。三大产业中只有第三产业的增长快于 GDP（见图 3.18）。可见，当前广州经济发展主要依赖第三产业的发展，而且随着产业结构的进一步调整，这种依赖性会逐渐加大。

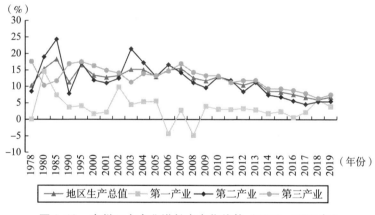

图 3.18　广州三大产业增长率变化趋势（1978～2019 年）

资料来源：2017 年《广州统计年鉴》和 2017 年广州国民经济和社会发展统计公报。

（1）工业领域中三大支柱产业发展规模不断壮大，但对经济增长的拉动作用在减弱，而新的支柱产业尚未形成。早在 2001 年，广州已初步形成汽车制造业、电子产品制造业和石油化工制造业三大支柱产业。2019 年三大支柱产业总产值占全市规模以上工业总产值的 49.42%，但近年来，三大支柱产业对经济增长的拉动作用呈现不同程度降低，三大支柱产业在"十二五"时期的平均增长率分别为 6.9%、7.9% 和 5.8%，均低于同时期 GDP 增速（10.08%）。汽车制造业中汽车零部件业发展也不容乐观，2011～2019 年年均增速为 7.3%，低于 GDP 增速 2.78 个百分点。总体来说，广州工业三大产业对经济增长速度的拉动作用在减弱，受生产技术限制，这种状况在短期内很难改变。在未来要依靠这三大产业拉动广州经济快速发展已经不现实，而当前阶段，广州并未形成能够替代原有三大支柱产业的新支柱产业。

（2）第三产业中，传统服务业发展速度在放缓，新兴服务行业发展快速崛起。自"十一五"期间以来，广州坚持把"稳增长、调结构"作为转型升级的重要途径，服务业内部结构不断优化。一方面，传统服务业中仅批发零售行业发展较好，对经济带动作用在减弱。2006～2019 年，批发零售业年均增速高出同时期 GDP 约 2.33 个百分点。交通运输、住宿餐饮对经济增长的带动性不断减弱。另一方面，金融、科技服务、房地产、商务租赁等新兴服务业迅速崛起，发展规模不断壮大，对经济发展的带动性在加强。现代服务业中卫生社保、文体娱乐、水利环境以及教育四个行业发展较快，对经济发展拉动作用较为明显，但规模相对较小，对经济发展的贡献度偏低，这也说明它们具有较大的发展空间（如表 3.12 所示）。

表 3.12　　　　　　　　广州第三产业发展情况　　　　　　　单位：亿元

分类	2005 年	2010 年	2015 年	2019 年	年均增长率（%）
地区生产总值	5154.23	10748.28	18100.41	23628.60	11.90
第三产业	2978.79	6557.45	12147.49	16923.22	13.60

分类	2005 年	2010 年	2015 年	2019 年	年均增长率（％）
批发和零售业	557.43	1354.16	2697.31	3237.68	14.23
交通运输、仓储和邮政业	567.16	746.67	1255.19	1372.64	7.74
住宿和餐饮业	126.32	304.91	402.61	449.12	9.88
信息传输、软件和信息技术服务业	232.07	433.30	583.67	2041.87	17.74
金融业	199.26	670.53	1628.71	2648.92	20.23
房地产业	334.91	776.31	1529.42	—	12.43[a]
租赁和商务服务业	307.76	860.45	1380.84	—	11.95[a]
科学研究和技术服务业	69.70	212.91	465.60	—	18.29[a]
水利、环境和公共设施管理业	30.60	56.53	118.15	—	11.46[a]
居民服务、修理和其他服务业	93.08	123.34	223.16	—	12.57[a]
教育	145.71	321.99	610.55	—	15.80[a]
卫生和社会工作	82.90	240.58	480.16	—	15.93[a]
文化、体育和娱乐业	55.89	165.20	293.10	—	12.98[a]
公共管理、社会保障和社会组织	176.01	290.59	449.23	—	15.27[a]

注：增长率为名义增长率，没有进行通货膨胀折算，a 表示 2019 年数据缺失，均值为 2005～2018 年数据。

资料来源：根据历年《广州统计年鉴》整理。

（3）信息与传统产业融合将成为广州经济发展的重要方向，"互联网＋"产业模式为广州经济发展注入新活力。广州拥有着强大的互联网应用基础和产业发展基础，依托微信总部，聚集了一批基于微信的各类移动应用服务提供商。此外，广州还孕育出唯品会、网易、欢聚时代（YY）、朗玛（UC）、久邦数码、酷狗等一批国内移动互联网领域行业龙头，为互联网经济发展提供了广泛的发展空间。2019年广州跨境电商总值再创历史新高，通过海关跨境电商管理平台进出口达到385.9亿元，邮政快件电商包裹58.5亿元，总规模达444.4亿元，同比增长80.1%，居全国第一，为传统行业通过"互联网+"的模式"走出去"提供了强大的发展平台。广州在推进互联网向传统行业渗透方面拥有着强大的资源和技术优势，"互联网+"模式的产业融合将为传统行业发展提供更为广阔的发展空间，为未来广州经济发展注入新的活力。

（4）文化、商业、旅游的融合发展将成为广州未来经济发展的新趋势。文商旅融合产业有助于拓展传统旅游业的经营领域，衍生利润新链条，加快传统零售业转型升级，增强市场竞争力，深受国家重视。作为"千年商都"的广州拥有着繁荣的商业经济，深厚的文化底蕴和丰富的旅游资源。近几年来，广州社会零售总额、旅游业总收入以及文化及相关产业增长势头强劲（见图3.19）。近几年，广州开始重视文商旅产业融合发展，在改善文商旅环境上做了大量工作，如设立广州旅游发展工作联席会议、出台《广州国家旅游综合改革试点实施方案（2015~2020年）》、推动天河城、北京路等知名商圈建设和升级、举办商业文化活动等诸多措施。文商旅融合发展必将带动广州社会零售、旅游和文化产业发展实现质的提升，成为拉动广州经济增长的一大动力。

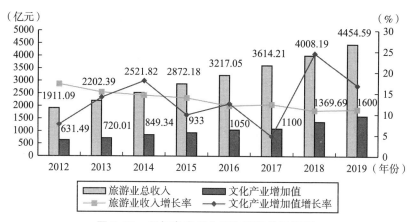

图3.19 近年来广州文化和旅游发展情况

资料来源：根据历年《广州统计年鉴》整合。

3.6.4 阻力因素变化趋势判断

从经济增长阻力因素看，人口老龄化加速、城镇结构性失业率提升以及传统工业制造业占比居高不下对广州经济发展的影响不断增强。

从人口发展角度看，人口老龄化率逐渐成为影响经济增长的重要因素。改革开放40多年来，大量外来劳动力的流入让广州拥有丰厚的人口红利，使劳动力对经济增长的平均贡献率高达15.2%。但近年来，广州面临着本地人口老龄化加快、受教育水平相对偏低等困境，在一定程度上弱化了人口红利优势。近年来，广州人口老龄化速度不断提升，全国第五次人口普查数据显示，广州人口老龄化率仅为8.75%。截至2019年底，广州人口老龄化率已提升至18.4%，较2000年提升了近10个百分点，人口老龄化率不断加速，并通过劳动生产率效应和老龄负担效应对地方产业结构升级产生一定影响①。从城镇失业率上看，近年来随着产业结构转型升级的不断提速，广州城镇人口结构性失业问题日益严峻，对社会经济发展的稳定环境产生一定影响。结构性失业对广州经济发展的影响并不是体现在劳动力资源的降低方面，而是由结构性失业造成社会失业人口增多，增加了广州社会经济发展的社会非稳定性，可能会对广州社会经济发展的持续性产生影响。此外，传统工业制造业占第二产业总产值比重过高，对新兴产业发展有一定阻碍作用，在生产资源获取和空间发展上限制新兴产业的崛起，提升新兴产业发展的门槛和成本，对新兴产业的健康成长产生一定的阻碍作用。

综上所述，当前阶段，虽然广州在经济发展过程中取得了巨大成效，但在经济结构调整、发展方式转变以及经济增长动力结构转换的道路上还有很长的路要走，消费、投资和外贸"三驾马车"对经济增长拉动作用增速放缓，而劳动、资本、创新、资源等推动力正在形成，内生动力在经济发展中仍具有重要动力作用，但增速有所放缓，经济增长阻力因素逐渐增强，阻碍了经济的增长。总体上看，当前阶段广州正处于传统驱动力不足，新动力正在形成，多种经济增长动力结构不断调整的关键时期。

3.7　本章小结

在本章节的研究内容主要分为三大部分：一是，建立了经济增

---

① 汪伟，刘玉飞，彭冬冬. 人口老龄化的产业结构升级效应研究 [J]. 中国工业经济，2015，11：47－61.

长"四力"模型评估体系，从拉动力、推动力、内生动力和阻力四个方面，运用熵值法对 2000 年以来广州经济增长动力演变进行了量化和分析；二是，从国外和国内角度分析当前广州经济发展环境；三是，对未来一段时间内广州经济增长动力进行了分析和判断。本章结论如下：

（1）广州经济增长动力结构演变的规律。研究发现，随着城市经济的发展，广州经济增长动力结构具有明显阶段性特征：2000～2007年，经济增长阻力影响较低，内生动力和推动力为经济增长的主动力；2008～2010年，拉动力和推动力不断增强，内生动力趋弱，阻力开始影响经济增长；2011～2013年，推动力减弱，内生动力和拉动力成为经济增长的主动力，阻力不断增强；从 2014 年至今，拉动力、推动力和内生动力共同作用于经济增长，阻力对经济增长的阻碍作用逐步显现。

（2）广州经济发展环境的分析。通过对全球经济发展环境的分析，可以发现，2018 年世界经济仍将延续疲弱复苏态势，发展的外部经济环境依然错综复杂，对国内经济运行和结构调整产生了深远的影响。主要影响有：贸易战成为阻碍全球经济复苏的主要因素；全球产业重组和产业链布局调整步伐加快；世界经济深度调整蕴含着新一轮产业革命的重大突破。

通过分析国内经济发展环境，可以发现，"十三五"以来，国内环境也发生了巨大变化，过去支撑中国经济持续高速增长的条件逐渐消失。当前国内经济发展环境主要表现为以下几个特点：一是，内需与外需动力全面弱化，房地产泡沫高企，汽车行业发展遭遇阻碍，以住、行为主的消费升级遇到瓶颈；二是，地方政府公共投资潜力疲软；三是，环境与要素成本明显提高，企业生存难度加大。

（3）广州经济增长动力结构变化趋势判断。从经济增速上看，广州已经从过去40年年均增速13%的高速增长时期转向低于两位数的次高速增长阶段。在未来一段时间内，广州经济增长动力的变化有如下几个特点：从拉动力上看，维持高投资增长率难度较大，对外贸易对经济增长的拉动作用有限，经济增长应依靠新型消费；从推动力上看，资本投入对经济增长的贡献度不断减弱，劳动投入对经济增长的贡献度稳中有升，技术进步将成为未来广州经济增长的主动力；从内生动力看，人口受教育水平不断提升，产业结构不断优化，传统优势产业健康发展，现代服务业和战略性新兴产业成为拉动经济增长的重要动力；从阻力上看，人口老龄化加速、城镇结构性失业率提升以及传统工业制造业占比居高不下对广州经济发展的影响不断增强。

第4章

广州就业结构与产业结构协调性分析

4.1 就业结构与产业结构间的传导机制

就业结构指国民经济各部门生产集聚的就业规模和比例关系，产业结构通常指国民经济活动中各部门之间的产值规模和比例关系。就业结构与产业结构的协调发展是国民经济快速平稳发展的重要前提[①]。在现实经济发展过程中，就业结构变动与产业结构调整相辅相成。就业结构的变动决定着劳动者的收入和生活水平，对市场需求产生影响，带动市场需求结构的改变，从而推动着市场供给结构的调整，最终影响产业结构的变化方向。而产业结构优化升级也离不开就业结构的调整，符合产业发展需求的就业结构能够有效

---

① 卞瀚鑫，李彬. 我国产业结构与就业结构的关联性研究 [J]. 北华大学学报（社会科学版），2011，8：46 – 49.

提升产业结构的优化升级速度，而不符合产业发展要求的就业结构则会阻碍产业的健康发展。随着生产技术的不断提升和生产工艺的持续改进，产业不断向高级化发展，也对劳动者素质提出更高的要求，增加了对高素质就业人员的需求规模，进而引导着就业人员层次的变动。若就业结构的变动不能满足产业结构升级的要求，两者之间就会出现结构失衡，增加地方经济结构性失业规模，而失业率的提升会造成地方经济社会发展的不稳定性，阻碍地方经济发展。从本质上看，就业结构与产业结构协调发展是优化地区资源配置的一种重要表现形式。因此，研究就业结构和产业结构之间的互动关系，厘清就业结构与产业结构之间的演变规律和影响机制，对地方经济发展具有重要的理论和现实意义。

从第 2 章相关文献综述中，我们发现已有研究鲜有涉及广州就业结构变化与产业结构调整方面，大多以省级区域为研究案例，分析省级层面就业与产业结构之间的关系，研究结果对我国城市经济发展的指导性不强。广州作为我国四大一线城市之一，在行政级别上属于副省级城市，低于北京和上海两个省级城市，在财政自主权方面也不及具有经济特区和单列市双重身份的深圳。虽然行政自主权和财政自主权都不占优势，但在改革开放 40 多年来，广州一直牢牢占据我国四大一线城市阵营，经济规模和发展速度均与其他三大城市相当。这不仅与广州拥有强大的地缘优势有关，主要原因在于广州坚持以发展市场经济为导向，在发展过程中勇于变通、敢于改革，坚持市场这双"看不见的手"对地方经济发展的引导作用。可以说，在四大一线城市中，广州的发展在我国城市中更具代表性，分析广州的发展经验对其他城市来说更具有普遍适用性。鉴于此，本章以广州为例，分析和归纳改革开放以来广州在城市发展过程中就业结构与产业结构的一般规律和成功经验，不仅能为其他副省级城市和地级市的发展提供经验借鉴，也可以为广州未来城市发展过程中实现就业结构与产业结构调整协调性提供相关政策建议。

4.2　改革开放以来广州就业结构与产业结构相关性分析

通过对广州就业结构与产业结构进行定量分析，可清晰地了解就业结构和产业结构调整之间的内在联系，总结就业结构和产业结构调整的方向和范围，准确定位广州整体就业状况，找出能够吸纳劳动力就业的产业发展方向，加速产业结构转型升级。

4.2.1　三次产业产值结构演变趋势

总体上说，改革开放以来，广州产业结构呈现出第一产业产值比重平稳下滑，第二产业产值比重呈阶梯形下滑，第三产业产值比重大幅上升的趋势，第三产业成为广州经济增长的主要增长点。第一产业产值比重由 1978 年的 11.67% 下降到 2019 年的 1.06%，下降了 10.61 个百分点；第二产业产值比重由 1978 年的 58.59% 大幅下滑至 2019 年的 27.31%，下滑了 31.27 个百分点；第三产业产值比重则由 1978 年的 29.74% 大幅提升至 2019 年的 71.62%，上升了

41.88 个百分点（见图 4.1）。三次产业结构演化趋势基本上符合产业结构趋向高度化、合理化的发展规律，也基本符合城市工业化发展的一般发展规律。

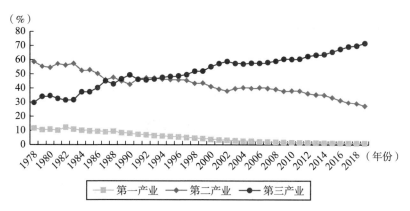

图 4.1 1978～2019 年广州三次产业产值结构演化趋势

资料来源：根据广州统计年鉴整理。

具体来看，如图 4.1 所示，改革开放以来，广州产业结构变化存在着比较明显的两处短期反向变动，一是在 1990～1993 年，第二产业比重明显上升，而第三产业比重有所下降。造成这一现象的主要原因在于，邓小平南方谈话后，广州工业制造业领域外资引入迅速增加，使第二产业出现短暂的快速增长。二是在 2002～2004 年，第三产业比重增长放缓，而第二产业比重略有提升。主要原因在于广州经济发展受我国加入 WTO 事件的影响。随着我国正式成为 WTO 一员，广州作为我国对外开放的南大门，不仅拥有强大的地缘优势，而且拥有庞大的市场规模、良好的营商环境以及丰富的对外通商经验，使之更容易成为国际资本初进我国市场试水的理想之地。同时也与当时城市发展背景有较大关系，广州于 2001 年制定的电子信息制造、石油化工和汽车制造三大支柱产业成为吸引外资的一大因素。诸多因素共同造就大量外资涌入工业制造业领域，推动了广州第二产业快速发展。

4.2.2　三次产业就业结构演变趋势

总体来说，改革开放以来，广州三次产业就业结构的演化趋势大致为：广州第一产业就业人员比重大幅下降，第二产业就业人员比重缓慢变化，第三产业就业人员比重则大幅上升，这一演化趋势基本与产值结构演化趋势相符。如图 4.2 所示，第一产业就业人员比重呈阶梯状不断下滑，从 1978 年的 43.69% 一直下降到 2019 年的 5.53%，下滑了 38.16 个百分点；第二产业就业人员比重变化具有明显的倒 "U" 形特征，就业比重从 1978 年的 32.13% 上升到 2009 年的 40.25%，随后又跌落至 2019 年的 23.67%；第三产业就业人员比重大幅增加，从 1978 年的 24.18% 上升到 2019 年的 70.8%，上升了 46.61 个百分点。结合产值结构数据，可以发现，较之第一产业产值比重，广州第一产业就业比重仍相对较高，说明仍然存在一定的农村劳动剩余。从二三产就业结构看，广州已迈入以服务业为主的服务型经济发展阶段，这与产业的产值结构特征相吻合。随着工业经济的进一步发展，广州的传统工业制造业逐渐衰退，而高端制造业尚处于培育期，未形成规模优势。因此，我们认为在未来几年中，广州第二产业就业规模将不断缩小，而第三产业就业人口仍将保持增长态势。

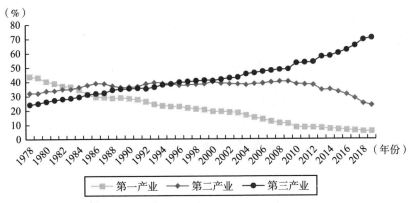

图 4.2 1978~2019 年广州三次产业就业结构演化趋势

资料来源：根据广州统计年鉴整理。

具体来说，第一产业就业人员比重下滑节点发生在 1986 年、1993 年、2003 年和 2010 年，而在其他时期基本保持平稳下滑；第二产业就业人员比重呈现出 1978~1986 年稳步增加、1987~2009 年波动中平稳、2009~2019 年逐渐下滑三阶段明显的倒 "U" 形变化特征；第三产业就业人员比重不断增加，并在 1996 年超过第二产业，成为就业规模最大的产业。20 世纪 90 年代以来，广州就业人口主要集中在服务业和工业领域，随着城市经济规模的不断壮大，农村剩余劳动力已经逐渐被第二和第三产业吸收，就业结构与产业结构具有较强的趋同性。

4.2.3 就业结构与产业结构相关性分析

为分析广州产业产值结构与就业结构之间的演变规律，了解广州产业结构与就业结构之间的关系，笔者运用线性回归模型，以三大产业增加值比重为自变量，各产业就业比重为因变量，利用 Stata14.0

进行线性回归。回归模型设定为：$Y_i = \alpha + \beta X_i$。式中，Y 为产业的就业占比，X 为产业的产值占比，$i = 1$，2，3，分别表示第一、第二、第三产业。数据来自历年《广州统计年鉴》。并以 1994 年和 2002 年为时间节点，划分三个时期分析广州就业结构与产业结构之间的演变规律，原因有以下两点：第一，以 1994 年为时间节点，主要考虑到 1994 年我国实施分税制改革可能会对数据的统计产生影响。此外，还考虑到 1992 年邓小平南方谈话后，广州采取先试先行的经济体制改革政策，加速了经济市场化进程，对就业结构与产业结构产生较大的影响。第二，以 2001 年为时间节点，主要考虑到 2001 年我国加入WTO，广州作为我国对外开放的南大门，著名的"千年商都"，势必会受到很大的国际市场冲击，对城市产业结构和就业结构产生较大影响。

首先，对广州第一产业增加值比重与第一产业就业比重做相关分析，结果见表 4.1 和表 4.2。总体来看，1978～2019 年，广州第一产业增加值比重与就业比重之间具有较强的相关性，相关系数高达0.94。由自变量回归系数可知，广州第一产业增加值比重每增加 1%，可使该产业就业增加 2.96%，表明第一产业增加值的增长对第一产业就业具有较强的拉动性。常数项数值为 5.39，说明第一产业的就业门槛相对较低，容易吸收大量剩余劳动力，同时也说明广州第一产业仍然存在着大量剩余劳动力，就业人口所在经济部门门槛偏低。

表 4.1　　　　　　　　广州第一产业就业比重与增加值比重　　　　　　　单位：%

年份	增加值	就业	年份	增加值	就业
1978	11.67	43.69	1980	10.85	40.23
1979	10.58	42.94	1981	10.18	38.96

续表

年份	增加值	就业	年份	增加值	就业
1982	12.23	37.17	2001	3.40	19.28
1983	10.94	36.56	2002	3.20	18.73
1984	10.18	34.40	2003	2.91	18.40
1985	9.69	31.26	2004	2.62	16.67
1986	9.46	29.35	2005	2.51	15.13
1987	9.05	29.07	2006	2.10	13.87
1988	9.49	28.60	2007	2.08	12.42
1989	8.45	28.92	2008	1.85	11.18
1990	8.05	28.24	2009	1.70	10.80
1991	7.29	27.59	2010	1.58	8.30
1992	6.98	26.21	2011	1.48	8.23
1993	6.39	24.25	2012	1.41	8.13
1994	6.15	23.25	2013	1.30	7.84
1995	5.83	22.68	2014	1.24	7.18
1996	5.52	22.69	2015	1.19	6.78
1997	5.09	21.77	2016	1.16	6.34
1998	4.68	21.04	2017	1.11	5.98
1999	4.32	20.45	2018	1.09	5.47
2000	3.77	19.28	2019	1.06	5.53

表 4.2　　　广州第一产业就业比重与增加值比重的回归结果

起止年	回归方程	相关系数	F 统计值	T 统计值	R^2
1978～2019 年	$Y = 2.96X + 5.39$	0.94	479.69	21.9	0.94
1978～1993 年	$Y = 3.16X + 3.05$	0.86	47.34	6.88	0.74
1994～2001 年	$Y = 1.57X + 13.66$	0.99	499.76	22.36	0.99
2002～2019 年	$Y = 6.66X - 1.29$	0.99	868.25	29.35	0.99

　　分阶段看，每个阶段的回归结果各有差异，第一产业增加值比重的回归系数由第一时间段的 3.16 下降到第二时间段的 1.57，再上升到第三阶段的 6.66。表明 1978～1993 年，广州第一产业增加值比重每增加 1%，可以促进就业比重增加 3.16%，而在 1994～2001 年仅使就业比重增加 1.57%，对就业的拉动力有所下降。我们认为原因在于 1994～2001 年广州工业和服务业快速崛起，吸收了大量的农业剩余劳动力。因为劳动力更希望进入劳动报酬相对较高的工业和服务业领域工作，而不愿再从事就业已经饱和且劳动报酬较低的第一产业。2002～2019 年回归系数上升到 6.66，说明这一时期对就业拉动力有所加强，我们认为原因是该时期广州工业和服务业产值增速较快，而劳动力在各产业间流动速度相对缓慢，造成工业和服务业产值结构变化快于就业结构。从统计数据上看，该时期广州三次产业增加值平均增速分别为 5.49%、10.42% 和 13.91%，而就业规模增长率则分别为 -2.28%、1.82% 和 7.74%，三次产业产值规模增速与就业人口规模增速之间的差值分别为 7.77%、8.6% 和 6.17%。可见，二三产业产值增长相对较快，造成第一产业产值占比大幅下降，而第一产业就业规模变化相对滞后，是导致

该时期第一产业回归系数增加的主要原因。值得注意的是，该时期第一产业回归系数较大并不能说明第一产业增加值对就业的拉动作用在增强，主要是由于该时期二三产业增速过快，第一产业就业结构变化滞后于第一产业产值结构变化所致。

其次，对广州第二产业增加值比重与第二产业就业比重做相关分析，结果见表4.3和表4.4。总体来看，与第一产业的情况有所不同，1978~2019年广州第二产业增加值比重与就业比重相关性不强，相关系数仅为-0.25，相关性系数为负说明第二产业增加值比重与就业比重变化存在一定失衡性。该时期的回归系数值显示，广州第二产业增加值比重每增加1%，将使该产业就业比重降低0.12%，对就业的拉动相对不足。原因在于改革开放以来，广州第二产业增加值平均增长速度（11.2%）远高于第二产业就业增加速度（3.06%），两者之间的增速不均衡所致。

表4.3 广州第二产业就业比重与增加值比重 单位：%

年份	增加值	就业	年份	增加值	就业
1978	58.59	32.13	1986	50.24	38.87
1979	55.33	32.10	1987	45.85	38.66
1980	54.52	33.55	1988	47.55	37.12
1981	57.17	33.82	1989	45.03	36.10
1982	56.19	34.80	1990	42.65	36.40
1983	57.31	34.87	1991	46.53	36.80
1984	52.46	36.20	1992	47.25	38.58
1985	52.92	37.66	1993	47.19	39.43

年份	增加值	就业	年份	增加值	就业
1994	46.24	38.85	2007	39.80	39.72
1995	45.92	38.84	2008	39.15	40.21
1996	45.81	37.55	2009	37.83	40.25
1997	45.42	38.04	2010	38.09	38.48
1998	43.39	38.25	2011	37.97	38.15
1999	43.62	38.49	2012	36.18	37.86
2000	41.11	39.96	2013	35.34	34.42
2001	39.29	38.98	2014	35.00	34.67
2002	37.98	38.52	2015	33.30	33.04
2003	39.68	38.41	2016	31.32	31.29
2004	40.32	37.85	2017	29.69	28.60
2005	39.84	38.68	2018	29.09	24.96
2006	40.31	38.95	2019	27.31	23.67

表 4.4　　　　广州第二产业就业比重与增加值比重的回归结果

起止年	回归方程	相关系数	F 统计值	T 统计值	R^2
1978 ~ 2019 年	$Y = 0.12X + 31.2$	−0.25	1.14	1.07	0.06
1978 ~ 1993 年	$Y = -0.33X + 52.77$	−0.71	14.51	−3.81	0.51
1994 ~ 2001 年	$Y = -0.08X + 42.30$	−0.40	8.22	−2.87	0.16
2002 ~ 2019 年	$Y = 1.18X - 7.0$	0.96	146.15	12.09	0.92

分阶段看，虽然各阶段的回归系数有所不同，但差别相对较小。

1978~1993 年广州第二产业增加值比重与就业比重呈弱相性，回归系数为 -0.33；1994~2001 年为 -0.08，绝对值小于第一阶段；2002~2019 年为 1.18。第一阶段（1978~1993 年）和第二阶段（1994~2001 年）回归系数均为负，原因在于，在这两个阶段中广州第二产业增加值的规模增长速度远大于第二产业就业规模的增长速度，较之产值规模增长速度而言，第二产业劳动力的供给相对短缺。而 2002~2019 年的回归系数为正，则表明该时期广州第二产业就业人数已经满足第二产业增长的需求，同时也意味着广州工业制造业已经由高速发展时期进入转型升级阶段。

最后，对广州第三产业增加值比重与第三产业就业比重做相关分析，结果见表 4.5 和表 4.6。

表 4.5　　　　　　　广州第三产业就业比重与增加值比重　　　　单位：%

年份	增加值	就业	年份	增加值	就业
1978	29.74	24.18	1987	45.10	32.26
1979	34.10	24.96	1988	42.96	34.28
1980	34.64	26.22	1989	46.52	34.98
1981	32.66	27.22	1990	49.30	35.36
1982	31.58	28.03	1991	46.18	35.61
1983	31.75	28.58	1992	45.77	35.21
1984	37.36	29.41	1993	46.42	36.32
1985	37.39	31.08	1994	47.61	37.91
1986	40.30	31.78	1995	48.25	38.48

续表

年份	增加值	就业	年份	增加值	就业
1996	48.67	39.76	2008	59.00	48.60
1997	49.49	40.19	2009	60.47	48.95
1998	51.93	40.71	2010	60.32	53.22
1999	52.06	41.06	2011	60.55	53.62
2000	55.13	40.77	2012	62.42	54.01
2001	57.31	41.74	2013	63.36	57.75
2002	58.83	42.75	2014	63.75	58.15
2003	57.41	43.18	2015	65.51	60.17
2004	57.06	45.48	2016	67.51	62.37
2005	57.65	46.19	2017	69.20	65.41
2006	57.59	47.18	2018	69.82	69.56
2007	58.13	47.86	2019	71.62	70.80

表 4.6 广州第三产业就业比重与增加值比重的回归结果

起止年	回归方程	相关系数	F 统计值	T 统计值	R^2
1978 ~ 2019 年	$Y = 1.01X - 9.53$	0.95	267.33	16.35	0.91
1978 ~ 1993 年	$Y = 0.58X + 7.96$	0.93	93.78	9.68	0.87
1994 ~ 2001 年	$Y = 0.33X + 22.94$	0.91	41.09	6.41	0.82
2002 ~ 2019 年	$Y = 1.82X - 58.9$	0.98	466.79	21.61	0.95

　　总体来看，1978 ~ 2019 年广州第三产业增加值比重与就业比重的相关系数高达 0.95，相关性较强。回归系数为 1.01，表示第三产

业增加值每增加1%，将使该产业就业增加1.01%。比较同时期其他两大产业相关数据，可以发现第三产业对就业的吸纳能力较强。

分阶段看，1978～1993年广州第三产业增加值的回归系数为0.58，表明该时期第三产业增加值每增加1%，可促进就业增加0.58%，对就业的吸纳能力较强。在1994～2001年回归系数值降低至0.33，主要原因在于该时期广州大力发展电器机械、交通运输以及电子通信等劳动密集型工业制造业，使本地农村剩余劳动力、外来劳动力甚至农业和服务业领域劳动力大量涌入第二产业，降低了第三产业就业吸纳能力，就业规模增长相对放缓，导致该时期三产回归系数的下降。但近些年，随着全球工业革命的不断推进，广州传统工业制造业优势逐渐消失，尤其在我国进入经济新常态后，广州为追求经济增长速度和质量，加大了对传统工业制造业的转型升级力度，大力发展高端制造业和先进服务业。对传统制造业实施"退二进三"政策，导致大量传统行业加速退出市场，而高端制造业规模相对不足且需要更高素质的劳动力，对传统行业流出的劳动力吸纳能力有限，造成第二产业就业出现人口过剩，促使就业人口向服务业领域转移，增加了第三产业劳动市场的供给规模。

4.2.4 就业结构与产业结构之间的弹性分析——就业弹性系数

就业弹性系数对于产业政策与就业政策的制定有重要意义，通过有意识地发展弹性较高的产业，可以有效缓解就业压力，加速就业结构调整步伐。为此，我们对各产业增加值与就业规模进行实证回归。回归方程为：$Y_i = A_i K_i^{\alpha} L_i^{\beta}$，$Y_i$、$K_i$ 和 L_i 分别是取对数处理后产业 i 的增加值、资本存量和就业规模，α 为资本的产出弹性，β 为就业的产出弹性，回归结果如表4.7所示。

表 4.7　　　　　　　　　　广州不同时期的就业弹性

就业弹性	1978 ~ 2019 年	1978 ~ 1993 年	1994 ~ 2001 年	2002 ~ 2019 年
第一产业	− 0.2990	− 0.5574	− 0.2941	− 0.2742
第二产业	0.4943	1.0003	2.5685	0.5116
第三产业	0.6664	− 0.5988	1.4795	− 0.208

　　总体来看，1978 ~ 2019 年，广州三大产业就业弹性系数分别为 − 0.2990、0.4923、0.6664，第一产业弹性为负，说明第一产业存在着劳动力过剩和滞留现象；第二产业就业弹性相对较低，说明第二产业发展对劳动就业的吸纳效应相对有限；第三产业具有较大就业弹性，说明第三产业对劳动力的吸纳能力最强。

　　分阶段来看，1978 ~ 1993 年，第一产业的就业弹性为 − 0.5574，弹性系数值为负的原因在于改革开放初期，广州二三产业处于起步阶段，发展相对缓慢，规模偏小，对农村劳动力吸纳能力有限，造成农村劳动力存在着大量剩余现象。1994 ~ 2001 年，第一产业的就业弹性绝对值小于第一阶段，原因在于随着经济的快速发展，广州二三产业不断壮大，较高的劳动报酬吸引着大量农村劳动人口和外来劳动人口向二三产业转移。尤其在邓小平南方谈话后，广州充分利用发展机遇，在政策上先试先行，大量引进外资发展工业制造业。而工业制造业以传统行业为主，是劳动密集型产业，且对劳动力基本技能要求相对较低，低端劳动人口向工业制造业转移较为容易，吸引着农村剩余劳动人口和外来劳动人口向第二产业大规模转移，也降低了第一产业对劳动就业的吸纳能力。2002~2019年，第一产业就业弹性变小，但就业弹性介于前两个时期之间，原因在于随着国有企业改革以及广州将产业发展重点转移到第三产业，工业、制造业进入优化调整阶段，低端制造业逐渐退出广州，同时释放了大量低技能劳动力，其中很大一部分来自农村，这些劳动人口就业技能相对缺乏，满足不了高端制造业和现代服务业对新型劳动人员的素质要求，造成从第二产业流出的农村劳动力无法进入其他行业领域；与此同时国家不断加大农村发展力度，吸引了一部分劳动力重返农村。此外，三个阶段中第一产业的就业弹性均为负说明广州一直存在着剩余劳动力。

三个阶段中第二产业的就业弹性分别为1.0003、2.5685和0.5116，出现这种结果与广州经济发展在各时期出现的不同特征有很大相关性。1994~2001年是广州工业制造业高速发展时期，该时期广州大力发展以传统制造业为主的工业制造业，第二产业发展规模不断加强，造成劳动力缺口较大，对农村剩余劳动力吸纳能力不断加强。但进入21世纪以后，尤其近几年，广州开始实施"退二进三"产业发展政策，第二产业发展进入调整期，以高能耗、低附加值为主的低端制造业不再适应广州市场发展需求，传统工业制造业逐渐退出市场，并向市场释放大量劳动力。与此同时，广州的高端制造业尚处于蓄势阶段，对劳动素质要求不断提升，且对劳动力的吸纳能力有限，造成第二产业劳动力规模逐渐缩小，就业弹性不断降低。

1978~1993年第三产业的就业弹性系数为 -0.5988，表明该时期的广州经济发展主要依靠一二产业,第三产业对经济发展的作用并不明显。而在后面两个时期中的就业弹性系数分别为 1.4795 和 −0.208,说明随着广州经济体制改革的深入和服务业的快速发展,第三产业逐渐成为就业主力产业领域,但也应注意第三产业领域劳动规模快速增加,在一定程度上弱化了第三产业的就业产出弹性。

对比三个时期三次产业的就业弹性系数相对大小,我们可以得出以下结论:1978~1993 年广州第一产业劳动力严重过剩,第二产业是劳动就业主力产业;1994~2001 年,二三产业是劳动就业主力产业;2002~2019 年,从规模上看第三产业为劳动就业主力产业,但第二产业的劳动产出弹性最高;1994 年以来各产业就业弹性均出现下降趋势,就业弹性走低逐渐成为制约劳动转移和就业结构转变的重要因素,同时也反映出近年来广州正处于经济转型升级阶段的事实。

4.2.5 就业结构与产业结构之间偏离度分析

广州是以服务业为主导产业的特大型城市,分析不同时期就业结构与产业结构之间的协调性,不仅能够准确理解广州在不同时期的发展特征,还能够为广州未来产业发展的方向上提供经验支持。国内学者一般用结构偏离度系数来衡量就业结构与产业结构之间的协调程度,用某一产业的就业比重与增加值比重之差来表示产业结构偏离度。从理论上看,如果各产业是完全竞争的,劳动人口处于自由流动状态,劳动力的流动往往具有如下特征,劳动力从劳动过剩、劳动生产率低、劳动报酬低以及就业弹性小的产业向劳动短缺、劳动生产率高、劳动报酬高以及就业弹性较大的产业转移，实现产业结构与劳动力结构协调发展，就业比重与增加值比重之差趋于零，达到均衡状态。因此，结构偏离度越接近零，产业结构与就业结构的变化就越协调、越合理，反之则说明就业结构与产业结构越不协调。

表4.8数据显示，广州第一产业结构偏离度均为正，反映出农村劳动力处于过剩状态，而偏离度系数较大则表明仍存在着农业人口转移至二三产业的压力。同时，改革开放以来，随着广州城市工业化发展的不断加快，第一产业劳动力不断向二三产业转移，第一产就业比重不断下降，偏离度不断降低，第一产业就业与产值之间的协调程度不断加强；第二产业结构偏离度呈现出由负转正的特征，说明第二产业发展经历了从劳动人口缺乏到劳动人口过剩的转变过程。近年来，广州第二产业偏离度逐步增大，说明第二产业发展受政策影响较大，政府相关政策的实施加速了广州工业化的进程，造成传统制造业退出速度大于新兴制造业发展速度，释放出的大量剩余劳动力没能及时向其他产业转移，导致第二产业劳动力过剩；第三产业偏离度近年来逐年接近于均衡状态，反映了第三产业作为吸纳劳动力主力军的作用在逐渐加强，但仍有较大上升空间。

表 4.8   **广州不同时期的结构偏离度**

结构偏离度	1978 ~ 2019 年	1978 ~ 1993 年	1994 ~ 2001 年	2002 ~ 2019 年
第一产业	15.79	23.50	16.46	8.63
第二产业	−6.95	−14.98	−5.23	−0.58
第三产业	−8.83	−8.52	−11.23	−8.05

结合前面分析，可以发现广州产业结构偏离度系数与就业弹性之间具有负相关性特点。具体表现为：

（1）1978～2001 年，第一产业结构偏离度为正，呈不断减少趋势，劳动力弹性为负，呈不断增加趋势；第二产业结构偏离度为负，呈不断增加趋势，劳动力弹性为正，呈不断减少趋势，且就业弹性大于第三产业，说明该时期广州农村剩余劳动力主要流向第二产业。而该时期第三产业结构偏离度与就业弹性变化关系没有遵循这一规律，是因为自 20 世纪 90 年代初以来，广州产业结构出现了逆向调整，二三产业比重出现逆转所致。在 1994～2001 年，第三产业结构偏离偏大，造成了劳动的边际生产率反弹，表现出较大的就业弹性。

（2）2002～2019 年，第一产业结构偏离度不断减少，就业弹性持续增加，该时期广州农村劳动力剩余现状持续得到改善；第二产业结构偏离度由正转变为负，就业弹性不断下降，并接近于零，该时期广州第二产业发展已经发生转折，第二产业劳动力从供小于求向供大于求阶段转变；第三产业结构偏离度不断趋于零，就业弹性不断下降，该时期第三产业劳动力短缺现象逐步得到缓解，随着劳动力的流入，就业弹性也在不断地减少，满足边际劳动递减规律。之所以出现这种现象，原因在于，自我国加入 WTO 后，经济全球化日趋激烈和国际服务业区域转移速度加快，世界经济逐渐表现为以服务型经济发展为城市经济增长主动力的发展趋势。第三产业在服务和推动一二产业发展以及提高城市经济发展水平方面的作用不断增强。此外，由于原材料和劳动力价格上涨、加工贸易及出口退税政策调整、人民币持续升值等因素的存在，使传统制造业基地面临巨大压力。为应对此状况，广州也将发展重点逐步放在现代服务业和高端制造业领域，由此造成原有的传统制造业大幅衰退，第二产业结构性失业增加。

通过比较就业结构偏离度与就业弹性之间的关系，发现就业结构与产业结构之间的联系具有以下特征：

（1）当结构偏离度小于零时，产业就业人口比重与产值比重呈反方向变化。主要表现为当结构偏离度为负时，表明该产业劳动过剩，此时该产业的劳动边际生产率为负值，就业弹性小于零。此时，劳动力就会选择向其他产业转移，以寻求个人收益最大化。随着劳动力向其他产业转移，该产业的剩余劳动力不断转移，且就业结构与产值结构呈反方向变化，造成产业结构偏离度逐渐增加并趋于零，产业结构趋于合理。在此过程中，根据劳动生产率边际递减规律，产业的就业弹性逐渐变大。

（2）当结构偏离度大于零时，产业就业人口比重与产值比重呈同方向变动。主要表现为当结构偏离度为正时，表明该产业劳动缺乏，此时该产业的边际劳动生产率为正值，就业弹性大于零。此时，会吸引劳动力从劳动过剩产业流入该产业。随着该产业劳动人口规模的不断增加，劳动的边际生产率逐渐降低，就业弹性不断下降，表现为产业产值增加速度小于就业人口边际产出增长速度，造成产业结构偏离度系数逐渐趋近于零，产业的就业结构与产值结构趋于合理。

4.3　广州就业结构与产业结构失衡的原因探索

4.3.1　测算模型选取

从行业结构分析产业结构与就业结构之间的关系无疑对已有现

象更具解释力。借鉴王珺和李威（2016）在杜兰顿（Duranton，2007）提出的产业结构变动指数基础上进行改造而形成的城市产业结构变动指数，对广州产业结构变动情况进行测算，考察产业结构变化情况。测算方程如下：

$$CICI_c = \frac{1}{T} \sum_{t=t_o}^{T} \frac{\sum_{j \in J_t} |e_c(j, t+1) - e_c(j, t)|}{\sum_{z=1}^{z} |e_c(z, t+1) - e_c(z, t)|} \quad (4.1)$$

式（4.1）中，$e_c(z, t)$ 和 $e_c(j, t)$ 表示城市 c 的行业 z 和行业 j 在年份 t 时的就业人数，T 表示统计的时间长度，Z 表示城市包含的行业数，J_t 表示年份 t 时增长的行业集合，t_0 表示起始时间。根据产业结构变动指数的具体测算原理，我们运用 2006~2019 年数据，只能得到 2006~2018 年分析结果。

4.3.2 测算结果分析

考虑到广州经济主要集中在以工业制造业和服务业为主的发展事实，本书选取 2006~2016 年广州 14 个服务行业和 27 个制造业数据，以 2008 年全球金融危机为时间节点，将就业结构与产业结构变动划分为三个阶段，测算广州服务业和制造业结构变动指数的变化情况：第一阶段为 2006~2008 年，金融危机前期；第二阶段为 2009~2011 年，金融危机影响期；第三阶段是 2012~2019 年，后金融危机时期[①]。分析结果显示，2006 年以来，广州的制造业和服务业的产业变动指数呈递减之势，说明制造业和服务业的就业流入

---

① 根据产业结构变动指数的具体测算原理，我们运用 2006~2019 年数据，只能得到 2006~2018 年数据。

速度一直在下降，就业吸纳能力在不断下降。同时第三阶段的产业结构变动数趋低，也说明这 10 年来，广州的传统服务业和制造业就业吸纳能力在不断降低，而新部门、新业态和新组合方式带来的就业吸收能力的提升不能弥补传统行业就业人口流失速度。

金融危机之后，传统制造业就业净流出速度增加，而新兴制造业就业净流入增速相对缓慢，导致整体制造业就业吸纳能力下降。由表 4.9 可知，广州第二、第三阶段的制造业 CICI 指数值均小于 0.5，说明广州制造业已经由就业净流入转向就业人口净流出阶段，制造业就业人数绝对数负增长。在第二、第三阶段中，广州制造业中有 19 个行业就业人数出现净流出，增速下降幅度较大的行业主要集中在纺织（-11.72%）、造纸（-8.03%）、黑色金属（8.06%）、纺织服饰（-7.38%）、皮革制造（-8.69%）以及橡胶塑料（-4.31%）等传统制造业领域；8 个制造业就业人数增速为正，其中医药（3.25%）和交通运输（3.15%）、通用设备（2.54%）等新兴制造业以及食品制造（4.58%）、家具制造（1.20%）等传统制造业就业实现一定提升。可以看出，金融危机之后，广州部分先进制造业发展速度较快，产业地位不断提升，但先进制造业整体仍需加快发展，在促进传统制造业优化升级的同时以更大力度推动新兴制造业快速发展。

表 4.9 广州第三产业和制造业产业变动指数（2006~2019 年）

分类	测算方法*	2006~2018 年	2006~2008 年	2009~2011 年	2012~2018 年
制造业	Churan	0.0031	0.0035	0.0034	0.0027
	CICI	0.4118	0.6205	0.4136	0.3217

续表

分类	测算方法*	2006~2018年	2006~2008年	2009~2011年	2012~2018年
服务业	Churan	0.0085	0.0075	0.0071	0.0095
	CICI	0.8762	0.9015	0.8203	0.8893

注：* Churan 表示根据 Duranton 方法测算的指数，CICI 表示根据王珺等方法测算的指数。

资料来源：根据历年《广州统计年鉴》整理。

　　服务业产业方面，传统服务业就业吸纳能力下降，现代服务业就业吸纳能力不断增强，但增速相对较慢，并不能弥补传统行业就业吸纳能力的下降幅度，导致服务业整体就业吸纳能力整体下降。由表4.9可知，三个阶段服务业的 CICI 指数均大于0.5，说明广州服务就业总数处于增长阶段，而三个阶段的变动值呈逐期降低之势，说明广州服务业对就业人数的吸纳能力和速度在下降。比较第二、三阶段各服务行业就业平均增速，可以发现，服务业中有5大行业的就业增速在放缓，其中包括住宿餐饮（-7.24%）、批发零售（-5.79%）、交通运输（-1.29%）等传统服务业；就业增速上涨的八大行业主要集中在租赁商务（44.25%）、科技服务（44.11%）、信息服务（19.63%）等现代服务业领域。可以看出，虽然广州的传统服务业的地位整体下降，但仍占据重要地位，对就业的吸纳能力在减弱，现代服务业部分行业发展速度较快，地位在不断提升，但由于就业规模相对较小，对服务业就业拉动相对较低。因此，应大力发展现代服务业，把现代服务业就业吸纳能力提升到更加重要的地位。

4.4 就业结构与产业结构偏离度的全国比较

4.4.1 广州与主要大城市之间的比较

根据我国统计年鉴，整理出 2019 年度我国主要大城市各产业结构偏离度数据（见表 4.10）。从全国范围看，第一产业结构偏离度普遍偏低是各大城市结构偏离度的共性。分析结果显示，除重庆和成都外，其他城市的第一产业结构偏离度均低于 10%，表明我国大城市第一产业相对较为合理；第二产业偏离度系数大小因城市而异，深圳、杭州、成都、宁波等城市第二产业已经存在劳动过剩问题，而其他城市第二产业依旧存在不同程度的劳动力短缺现象；第三产业偏离度也呈现出普遍较低状态，除天津和成都外，均低于 10%。

表 4.10 　　2019 年广州与主要大城市人口与产业偏离度数据

地区	一产偏离度	二产偏离度	三产偏离度
全国均值	17.99	−11.47	−6.52
北京	3.01	−2.44	−0.57
上海	2.69	−2.60	−0.09
广州	4.46	−3.64	−0.82
深圳	0.01	0.71	−0.72
天津	3.05	−14.75	−21.04

地区	一产偏离度	二产偏离度	三产偏离度
杭州	5.76	3.93	-9.68
南京	6.45	-4.68	-1.77
重庆	19.89	-14.77	-5.12
成都	10.83	1.08	-11.91
宁波	0.01	5.92	-5.92

资料来源：根据 2016 年各城市统计年鉴整理计算而得。

以第一产业偏离度作为主要指标，对我国部分大城市偏离度水平进行归类划分：除青岛外，其他城市第一产业结构偏离度均在10%以下，其中深圳和宁波这两个单列市基本上不存在结构偏离问题。由此可见，我国经济收入水平较高、城市化和工业化程度较高的沿海地区城市结构偏离度相对较低，这与库兹涅茨等发现的关于城市发展过程中就业结构与产业结构之间变化的一般规律较为一致。

4.4.2 广州与珠江三角洲城市群中其他城市的比较

若将广州放在珠三角城市群中进行比较（见表4.11），可以发现，从珠三角城市群范围看，各城市第一产业结构偏离度因城而异，除深圳外，其他城市第一产业偏离度均为正，说明这些城市的农村劳动力普遍存在剩余。其中，江门和肇庆两市的第一产业劳动力剩余程度最大，均超过了20%，农村剩余劳动力规模依然很大；

第二产业偏离度也各有不同，深圳、东莞和中山3市第二产业结构偏离度为正，第二产业存在一定程度的劳动力过剩现象，东莞和中山两市第二产业劳动力偏离度分别为6.44%和7.06%。可以看出，相对于珠三角其他城市而言，广州第二产业的结构偏离度相对合理。广州、珠海、佛山、惠州、江门、肇庆六个城市第二产业偏离度为负，第二产业存在不同程度的劳动力短缺现象，其中肇庆第二产业劳动力短缺程度最高，接近20%。总体来说，珠三角城市群第二产业结构偏离度相差较大，说明珠三角城市群中第二产业劳动力并没有实现较好的流动性，各城市之间还存在着一定的劳动力流动壁垒；从第三产业看，珠三角城市群中所有城市的第三产业均呈现出劳动力短缺现象，其中广州、东莞、中山、江门、肇庆五市第三产业劳动力短缺程度较高，都超过了10%，劳动力短缺是影响珠三角城市群第三产业发展的主要原因。

表 4.11 　　2019 年珠三角城市群城市体人口与产业结构偏离度数据

地区	一产偏离度	二产偏离度	三产偏离度
广州	4.46	−3.64	−0.82
深圳	0.01	0.71	−0.72
珠海	2.03	−4.18	2.14
佛山	2.41	−6.69	4.28
惠州	9.62	−6.47	−3.15
东莞	0.50	6.44	−6.94
中山	2.03	7.06	−9.09
江门	20.40	−11.20	−9.20

地区	一产偏离度	二产偏离度	三产偏离度
肇庆	27.87	−19.86	−8.01
珠三角	5.20	−0.92	−4.29
广东省	14.15	−5.89	−8.27

从整体上看，整个珠三角地区呈现出第一、第二产业劳动力相对过剩，第三产业劳动力相对短缺的现象。加快珠三角地区劳动力从第一产业向第二、第三产业转移，降低劳动力在各市之间的流动壁垒，实现珠三角整体劳动力就业结构与产业结构的协调发展，对提升珠三角整体经济实力有着重要的意义。

4.5　本 章 小 结

本书通过对广州产业结构与就业结构之间的联系进行实证分析，得出广州产业结构与就业结构变动具有以下几点特征：

（1）改革开放以来，广州就业结构变化遵循产业结构发展的一般规律，表现为第一产业劳动就业不断减少，而第二、第三产业劳动需求逐渐增加。而且，对劳动力需求最强的是第三产业。

（2）与其他城市相比，广州就业结构与产业结构之间的失衡性相对较低，但就其自身发展而言，广州就业结构与产业结构之间具有一定的不平衡性，具体表现为第一、第二产业存在一定的劳动力剩余，第三产业就业相对不足。主要表现为，传统制造业向市场释放大量劳动力，而传统服务业就业吸纳能力在减弱，现代服务限于生产规模，对劳动力的吸纳能力有限。

（3）长期以来，广州就业结构与产业结构都存在失衡性。就制造业而言，传统制造业行业退出过快，高端制造产业发展不足，导致第二产业就业人数出现净流出现象严峻。就服务业而言，传统服务业就业流出，现代服务业就业吸纳能力不足，造成二三产业之间就业流动不合理；现代服务业就业吸附能力不足则抑制了劳动力转移的速度；第一产业和传统制造业劳动力人口素质偏低与现代服务产业发展需求不匹配是阻碍劳动力转移的根本原因。

第 5 章

广州与珠三角其他城市经济
一体化测度与关联分析

5.1 问题的提出

经济上的"珠三角"概念最早起源于 20 世纪 90 年代初，1992 年邓小平同志的南方谈话和中共十四大精神为珠江三角洲经济发展扫清了传统思想障碍，并给予了较大的自主发展权，成为珠江三角洲"经济开放区"发展坚实的后盾。1994 年 10 月 8 日，广东省委在七届三次全会上正式提出建设珠江三角洲经济区，"珠三角"最初由广州、深圳、珠海、佛山、东莞、中山六个城市及惠州、肇庆、清远三市的一部分组成，也就是人们通常认为的广东珠三角。2008 年底，国务院下发《珠江三角洲地区改革发展规划纲要》，正式将"珠三角"区域划定为由珠江沿岸广州、深圳、佛山、珠海、东莞、惠州、中山、江门、肇庆九个城市组成。本研究的出发点主要是为了分析近年来珠三角经济区各城市区经济之间的联系程度和变化情况，以及广州和深圳两大城市在整个珠三角城市群发展过程中起到的经济作用。因经济指标测算方式不同，虽然我们并未将港澳地区纳入城市分析样本当中，但我们并不否认香港和澳门对整个珠三角城市群发展过程中起到的重大带动作用。因而，本书选择的分析样本为广州、深圳、珠海、佛山、江门、东莞、中山、惠州、清远九大城市。

运用实证分析方法对珠三角城市群地级及以上经济体的一体化程度和经济体之间的关联程度进行测度。主要内容分为三点：一是对珠三角城市群的经济一体化程度进行测度和分析；二是对珠三角城市群内各经济体之间的经济关联程度进行实证分析；三是对分析结果进行总结，针对本书的分析结果提出一些政策建议。

此外，在对珠三角城市群内经济体之间的经济关联程度进行测算时，采用的研究方法和步骤可总结为以下三点：一是采用引力模型测算珠三角城市群内各经济体之间的经济合作潜力，度量各经济体之间的潜在经济合作机会；二是通过对各经济体之间进行协整分析，检验这些经济体在长期是否具有稳定相互作用关系；三是检验经济体之间的格兰杰（Granger）因果关系，得出各经济体经济增长之间的相互关系。本书认为结合这三个方面的分析数据，可以做出以下几个方面的假设：第一，若两个经济体之间的经济合作潜力系数较大，且存在长期协整性，但彼此之间不存在 Granger 因果关系，则说明两地具有良好的合作潜力，但两者之间经济合作程度并不高；第二，若两个地区之间的经济合作潜力系数较大，且存在长期协整性，但两者之间仅存在着单方向的 Granger 因果关系，则说明这两个经济体之间尚未有实现"互赢"局面，两者之间的关系还应进一步改善；第三，若两地的经济合作潜力系数相对偏低，但具有长期协整性和双向 Granger 因果关系，则说明这两个地区在合作潜力相对较小的情况下实现了经济合作的"双赢"局面，它们之间的经济合作模式（途径）能够为没有实现这种经济合作"双赢"局面，尤其是那些经济合作潜力较大，但经济联系程度不高的城市之间的经济合作提供经验支持。

5.2　模型和研究范围选取

5.2.1　经济一体化测度模型

国内外学者对经济一体化程度进行测度时采用的方法一般分为两类：一是产量类指标，该方法由鲍恩（Bowen，2009）提出，测算原理是假设整个经济区域内各经济体的产出服从一定的概率分布，区域经济一体化程度则表示为区域经济完全一体化的各经济体产出的实际分布与理论分布之间的差别程度[①]。二是价格类指标，该方法由格卢申科（Gluschenko，2003）提出，测算方法是假设经济区域内部满足一价定律，区域间各经济体之间不存在贸易壁垒，通过选取一篮子商品，测算其绝对价格水平，然后根据这些价格对各经济体的人均收入反应敏感度来表示经济一体化程度。由于本书

---

① Harry P. Bowen, Haris Munandar, Jean-Marie Viaene. How Integrate Dis the World Economy [R]. Discussion Paper, Queens University of Char-lotte, 2009：8.

拟测度2000年以来珠三角城市群经济一体化程度，由于时间跨度较大，测算的经济体对象较多，若以价格类指标方法对经济一体化程度进行测算，很难保证各经济体之间的价格收敛性。因此，选择采用由鲍恩等提出的以产量类指标方法来对珠三角城市群经济一体化程度进行测算。

鲍恩等（1999）提出以量产类指标测算方法主要是借鉴加比克斯（Gabaix）的相关研究，他们采用替代弹性生产函数（CES）形式的生产函数证明生产要素在经济一体化区域内的各经济体在理论上满足齐夫（Zipf）定律①。并引用了库尔贝克（Kullback，1951）提出的相对熵散度（KLD）来测量经济区的经济一体化程度②。KLD的一般形式定义可写为：

$$KLD(\bar{S};S) = \frac{1}{K}\sum_{j=1}^{K}\Big[\sum_{n=1}^{N}\bar{S}_{njt}\ln\Big(\frac{\bar{S}_{njt}}{S_{njt}}\Big)\Big] \qquad (5.1)$$

式（5.1）中，K 表示生产要素数量，N 表示经济体的总量，$\bar{S}_{njt}$ 和 S_{njt} 分别表示理论和实际情况下，在 t 期第 n 个经济体的第 j 种生产要素的经济规模。且满足 $S_{njt} = \delta_{njt}/\sum_{n=1}^{N}\delta_{njt}$，$\delta_{njt}$ 表示各经济体以 j 种生产要素量进行降序排列后，t 期经济区内第 n 个经济体的第 j 种生产要素量（V_{njt}）与第1个经济体的第 j 种生产要素量（V_{1jt}）之间的比值，即 $\delta_{njt} = V_{njt}/V_{1jt}$。在理论情况下，经济区域中各经济体生产要素满足 Zipf 定律，进而可求出理论情况下第 n 个经济体在 t 期的理论经济规模值为 $\bar{S}_{njt} = 1/n$。此外，$KLD = 0$ 表示经济区域实现了完

① Xavier Gabaix. Zipf's Law for Cities：An Explanation ［J］. Quarterly Journal of economics，1999（8）：739 - 767.

② Kullback, S., Leibler, R. A. On Information and Sufficiency ［J］. Annals of Mathematical Statistics，1951（22）：79 - 86.

全一体化，满足 $S_{njt} = \bar{S}_{njt}$ 条件；$KLD > 0$ 表示经济区偏离完全一体化程度，KLD 越大说明经济区经济一体化程度越小。式（5.1）是求解 KLD 的一种非对称形式计算方法，此方法有一个缺点，即所测算的 KLD 值可能为正，也可能为负。因此，当 $KLD = 0$ 时，可能是由于实际分布和理论分布完全一致引起的，也可能是由于实际分布和理论分布之间的离差以某一均值为中心对称分布造成的。因此，为避免后一种情况的出现，人们更愿意采用考虑对称情况下的计算方式，即：

$$SKLD(\bar{S}:S) = \frac{1}{K}\sum_{j=1}^{K}\left[\sum_{n=1}^{N}(\bar{S}_{njt} - S_{njt})\ln\left(\frac{\bar{S}_{njt}}{S_{njt}}\right)\right] \qquad (5.2)$$

由式（5.2）可知，$SKLD$ 是非负值，且 $SKLD$ 越大说明经济一体化程度越低。

5.2.2 引力模型

引力模型（gravity model）是由丁伯根和波伊豪宁（Tinbergen and Poyhonen）于20世纪60年代借鉴了牛顿万有引力定律原理提出的用于度量区域间经济合作潜力的分析模型。该模型在分析经济体之间相互作用时，具有完整、简便、应用范围广等优点，可以用来测算国家、地区、城市等经济体之间在贸易、零售、旅游以及综合实力等方面相互作用的影响力和经济体之间的合作潜力，该模型的提出促进了经济学领域的进一步发展和延伸[1]。引力模型认为两个经济体之间的单项贸易流量与它们各自的经济规模（一般用GDP来表示）成正比，与它们之间的距离成反比。这个模型在以后很多学

---

① 史朝兴，顾海英，秦向东. 引力模型在国际贸易中应用的理论基础研究综述[J]. 南开经济研究，2005（2）：39－44.

者的实证分析方面得到了成功的印证。安德森和文库普（Anderson and Wincoop）于 2003 年在不变替代弹性支出系统的基础上推导出了操作性较强的引力模型。这些理论不仅为贸易引力模型提供了理论支持，还有助于解释各项实证应用结果中出现的各种问题和差异，使贸易引力模型逐渐脱离了长期以来受到"缺乏理论基础"质疑的窘况。大多数学者在用引力模型分析经济体之间的经济关系时，直接运用引力模型分析两个经济体之间的经济联系①②，常用引力模型是：

$$R_{ij} = k \cdot \frac{\sqrt{P_i G_i} \cdot \sqrt{P_j G_j}}{D_{ij}^2} \tag{5.3}$$

$$F_{ij} = R_{ij} \Big/ \sum_{j=1}^{n} R_{ij} \tag{5.4}$$

式（5.3）和式（5.4）中，R_{ij} 表示经济体之间的经济联系程度；F_{ij} 表示经济区内，经济体 j 的经济联系强度占在以经济体 i 中心的经济联系强度总和的比例，也可以称为经济隶属度；P_i、P_j 表示两个经济体的非农业人口数，G_i、G_j 分别是两个经济区的 GDP；D_{ij} 为两经济体之间的综合距离，系数 k 为两个经济体之间的经济引力系数，一般简化为 1。

笔者认为以往学者在测算两地间经济联系时，通常将 R_{ij} 定义为两个经济体之间的经济联系程度③。这种定义并不准确，因为现实中的经济联系程度取决于两地之间实际经济交流状况，而用引力模

---

① 徐维祥，陈斌，李一曼等. 基于陆路交通的浙江省城市可达性及经济联系研究 [J]. 经济地理，2013（12）：49 – 53.

② 王海江，苗长虹，茹乐峰等. 我国省域经济联系的空间格局及其变化 [J]. 经济地理，2012（7）：18 – 23.

③ 孙久文，丁鸿君. 京津冀区域经济一体化进程研究 [J]. 区域经济，2012（7）：53 – 58.

型测算的经济联系程度仅仅与两地之间的 GDP、人口和空间距离有关，测算的结果并不能真实地反映出两地之间的真实经济联系程度，将其定义为两个经济体之间的经济合作潜力系数更为恰当。此外，本书还发现经济体的 GDP 与其非农业就业人口之间通常存在着高度的相关关系。从古典经济学理论看，劳动力是地区经济增长的主要投入要素之一，两者之间本身就存在着很强的相关性，这也是以往学者没有注意到的地方。因此，本书在测算珠三角各城市间引力系数时，将不再考虑人口因素影响，将引力模型设定为：

$$R_{ij} = k \cdot \frac{G_i G_j}{D_{ij}^2} \qquad (5.5)$$

式（5.5）中，R_{ij} 表示两经济体之间的经济合作潜力系数；F_{ij} 依旧按式（5.4）进行测算，计算时仍采用式（5.2）的表达形式。

在分析经济体之间长期协整性以及因果性时，本书主要采用约翰逊（Johansen）协整分析和 Granger 因果关系分析，由于篇幅所限，本书在此就不对这两种分析方法进行介绍，读者可以参考约翰逊和格兰杰相关研究成果①②③④。

5.2.3　数据及处理说明

本书的数据为珠三角城市群内 2000 ~ 2019 年样本的 GDP、劳动

---

①　Granger, C. W. J, Investigation Causal Relations by Econometric Models and Cross – Spectral Models [J]. Econometrical, 1969 (37)：424 –438.

②　Granger, C. W. J. Some Recent Developments in a Concept of Causality [J], Journal of Econometrics, 1988 (39)：1999 – 2111.

③　Johansen S. Statistical Analysis of Cointegration Vectors [J]. Journal of Economic Dynamics and Control, 1988 (12)：231 –254.

④　Johansen S. Likelihood-based Inference in Cointegration [M]. Oxford：Oxford University Press. 1996.

力、资本和经济体之间的空间距离，数据选取和处理说明如下：劳动力数据来自各地区年末就业人数，资本存量用各地区全社会固定资产投资总额表示，考虑所选经济体地理位置比较靠近，各个经济体历年的 CPI 指数大体相同，且 CPI 数据缺失严重等问题，本书在此不再进行去通货膨胀因素处理。数据以历年《广东统计年鉴》为主，缺失部分用各城市统计年鉴作补充。珠三角城市群各经济体之间的空间距离测算借鉴许培源的做法，采用两地间的公路里程表示①。

5.3　经济一体化程度及分析

依据珠三角城市群相关数据，使用经济一体化测算模型从 GDP、劳动力和资本三个方面对 2000～2019 年珠三角城市群经济一体化程度进行测算，求出每年所选 3 个指标的 *KLD* 和 *SKLD* 值，测算结果如表 5.1 所示。

表 5.1　珠江三角洲经济区经济一体化测度指标值（2000～2019 年）

年份	GDP		劳动		资本		综合	
	KLD	*SKLD*	*KLD*	*SKLD*	*KLD*	*SKLD*	*KLD*	*SKLD*
2000	0.0360	0.0709	0.0164	0.0328	0.0530	0.1081	0.0351	0.0706
2001	0.0371	0.0728	0.0160	0.0321	0.0480	0.0974	0.0337	0.0675
2002	0.0388	0.0759	0.0158	0.0316	0.0418	0.0843	0.0321	0.0639

---

① 许培源，许红妹. 福建省厦漳泉大都市区空间结构特征分析 [J]. 经济地理，2012（6）：59－66.

续表

年份	GDP		劳动		资本		综合	
	KLD	*SKLD*	*KLD*	*SKLD*	*KLD*	*SKLD*	*KLD*	*SKLD*
2003	0.0405	0.0786	0.0142	0.0282	0.0352	0.0702	0.0300	0.0590
2004	0.0410	0.0792	0.0131	0.0256	0.0315	0.0624	0.0285	0.0557
2005	0.0409	0.0784	0.0158	0.0304	0.0299	0.0587	0.0289	0.0558
2006	0.0413	0.0787	0.0172	0.0333	0.0300	0.0589	0.0295	0.0570
2007	0.0405	0.0772	0.0176	0.0341	0.0247	0.0486	0.0276	0.0533
2008	0.0403	0.0767	0.0181	0.0352	0.0241	0.0473	0.0275	0.0530
2009	0.0403	0.0770	0.0193	0.0372	0.0228	0.0453	0.0275	0.0532
2010	0.0393	0.0756	0.0211	0.0400	0.0215	0.0436	0.0273	0.0531
2011	0.0386	0.0747	0.0213	0.0404	0.0186	0.0381	0.0262	0.0511
2012	0.0392	0.0760	0.0215	0.0408	0.0168	0.0346	0.0258	0.0505
2013	0.0416	0.0804	0.0232	0.0447	0.0164	0.0342	0.0271	0.0531
2014	0.0417	0.0808	0.0242	0.0469	0.0169	0.0350	0.0276	0.0542
2015	0.0422	0.0819	0.0252	0.0490	0.0167	0.0344	0.0280	0.0551
2016	0.0429	0.0831	0.0258	0.0503	0.0174	0.0355	0.0287	0.0563
2017	0.0426	0.0827	0.0265	0.0519	0.0178	0.0358	0.0290	0.0568
2018	0.0426	0.0827	0.0271	0.0532	0.0186	0.0375	0.0294	0.0578
2019	0.0441	0.0855	0.0278	0.0546	0.0222	0.0440	0.0314	0.0614

根据表 5.1 所示分析结果，可得出以下几点结论：

（1）从 GDP 一体化进程看，GDP 一体化程度表现出明显的三阶段特征：第一阶段（2000～2006 年），GDP 的 *KLD* 和 *SKLD* 值逐年增加，说明 GDP 一体化程度在这一时期在逐渐减弱，主要原因在于这一阶段珠三角城市群各经济体经济发展速度差异性不断增加所致；第二阶段（2006～2012 年），GDP 的 KLD 和 SKLD 值逐年降低，说明这一时期，珠三角城市群内各城市 GDP 一体化程度在加强，各城市之间经济增长具有一定趋同性；第三阶段（2013～2019 年），GDP 的 KLD 和 SKLD 值逐年增加，说明自 2013 年我国经济进入新常态后，各地因经济结构和基础不同，发展速度降低程度各异。通过比较第二和第三阶段各城市平均增长率的大小可以发现，2013 年之后，九大城市中，中山的 GDP 增长速度降幅最高，下跌了 7.91 个百分点；肇庆紧跟其后，降幅为 7.2 个百分点；广州、佛山、惠州和江门 4 市 GDP 增速降幅均在 4% 以上，分别降低了 4.87 个百分点、6.47 个百分点 6.59 个百分点和 4.76 个百分点；深圳和东莞 GDP 降幅也在 3.0 个百分点以上，分别为 3.82% 和 3.49%；珠海的 GDP 增速降幅最低，仅下滑了 2.39 个百分点，各城市 GDP 增速呈不同程度下滑是珠三角城市群 GDP 一体化程度有所降低的直接原因。

（2）从劳动就业一体化进程看，劳动人口一体化程度表现出明显的两阶段：第一阶段（2000～2004 年），劳动就业人口的 KLD 和 SKLD 值逐年降低，说明这一时期，珠三角城市群的劳动力一体化程度有所加强，这与这一时期时代背景有很大关系，2001 年随着我国加入 WTO，大量国际资本进入我国市场，珠三角地区作为当时我国开放程度最高的经济区，吸收了大量的国际资本，加之当时各城市主要以制造业发展为主，创造了大量的就业岗位，劳动力在各城市之间的流动性不断加强。广东省统计数据显示，这一时期广东省固定资产投资中利用外资规模年均增速高达 17.49%，远高于其他时期，为广东省创造了大量的就业岗位，而珠三角又是广东经济的重要构成部分，由于外资的进入而带来的人口规模可想而知。第二阶段（2005~2019 年），劳动就业人口的 KLD 和 $SKLD$ 值逐年增加，说明这一时期，珠三角城市群的劳动一体化在减弱。本书认为导致这一状况的主要原因在于随着各城市发展阶段的不同，城市产业结构不断升级，且产业分工越来越明确，对劳动力要求不断提升，限制了劳动力在城市之间流动。此外，近年来广州和深圳为大力发展先进制造业和高端服务业，对劳动力素质要求不断提升，高素质劳动力的流动性低于低端劳动力，进而阻碍了劳动力的流动。此外，近几年房地产市场的发展带来的高房价也是阻碍劳动力流动的一大因素。

（3）从资本投资一体化进程看，投资一体化程度表现出明显的两阶段特征：第一阶段（2000~2012 年），投资的 KLD 和 $SKLD$ 值逐年较小，说明这一时期，珠三角城市群投资一体化程度逐渐加强；第二阶段（2013~2019 年），投资的 KLD 和 SLD 值逐年增加，说明这一时期，珠三角城市群的投资一体化程度在逐年减弱。本书认为主要原因在于，随着我国 2013 年经济发展进入新常态，各地经济发展进入转型升级时期，加之由于外资投资规模基数较大，外资增速放缓，对地方经济增长的作用逐渐减弱，多种因素共同导致珠三角城市群内部各城市经济增长速度均从高增长率滑至中高速增长率。各城市为应对经济增长的大幅卜滑，均个约而同地选择大力发展本地经济，将更多的精力和资本用于促进本地经济发展，因为投资是地方经济增长的"三驾马车"之一，对加速地方经济发展有决定性作用，降低了资本在区域之间的流动性。

（4）从整体上看，珠三角城市群经济一体化程度整体上呈两阶段发展特征：第一阶段为 2000～2012 年，这一时期，珠三角城市群的综合 KLD 和 SKLD 值均呈不断减少趋势，说明这一时期珠三角城市群的经济一体化程度在加强，各城市经济联系程度不断加大，主要受投资一体化程度不断增强的影响。第二阶段为 2013～2019 年，珠三角城市群的综合 KLD 和 SKLD 值呈逐年增加趋势，说明这一时期珠三角城市群的经济一体化程度在减弱。导致这种状况的原因是由于这一时期经济转型升级造成的劳动就业流动壁垒以及资本流动性放缓两大因素共同导致的。

5.4　珠三角城市群经济关联性测算及分析

5.4.1　经济合作潜力分析

运用式（5.5）所示的引力模型，结合相关数据，对珠三角城市群各经济体之间的经济合作潜力进行测算，得出了 2019 年珠三角城市群内经济体之间的经济合作潜力系数，如图 5.1 所示。

从图 5.1 中可以明确地看到，在珠三角城市群中广州和深圳两地与其他经济体之间的经济合作潜力系数普遍比较大，而其他经济体并不具备广州和深圳这样的特征。针对珠三角城市群中的两大经济中心——广州和深圳，结合式（5.4）和图 5.1 中的结果可以计算出其他经济体对这两个经济中心的经济隶属度（F_{ij}），对 F_{ij} 按降序排列，结果如表 5.2 所示。

	广州							
深圳	338.99	深圳						
珠海	50.33	38.51	珠海					
佛山	4064.51	135.81	23.64	佛山				
东莞	530.32	453.93	20.85	141.10	东莞			
惠州	48.27	138.87	3.98	16.90	47.84	惠州		
中山	103.85	58.97	44.38	49.58	37.97	5.39	中山	
江门	89.78	39.75	16.48	80.07	22.56	4.01	48.19	江门
肇庆	54.21	11.86	2.28	30.52	8.65	1.73	3.27	6.42

图 5.1　2019 年珠三角经济区内各城市之间的经济合作潜力系数

表 5.2　　　　　　以广州和深圳为经济中心的合作潜力比重分配

城市	广州			城市	深圳		
	R_{ij}	F_{ij}（%）	排名		R_{ij}	F_{ij}（%）	排名
佛山	4064.51	76.98	1	东莞	453.93	37.31	1
东莞	530.32	10.04	2	广州	338.99	27.86	2
深圳	338.99	6.42	3	惠州	138.87	11.41	3
中山	103.85	1.97	4	佛山	135.81	11.16	4
江门	89.78	1.70	5	中山	58.97	4.85	5
肇庆	54.21	1.03	6	江门	39.75	3.27	6
珠海	50.33	0.95	7	珠海	38.51	3.17	7
惠州	48.27	0.91	8	肇庆	11.86	0.97	8

　　表 5.2 显示，从各经济体之间的经济合作潜力（R_{ij}）和经济隶属度（F_{ij}）看，珠三角城市群内经济体之间呈现出明显的"中心—外围"特征，即以广州和深圳两大经济体为中心，其他城市为外围

的特点。经济合作潜力主要围绕着广州和深圳为中心展开，周边经济体对两个城市之间的经济合作潜力系数呈现出地理层次差异。与广州经济合作潜力较大的城市主要有佛山、东莞、深圳等地，这些地区都有一个共同的特点就是与广州之间的物理距离相对较近或者交通相对发达。而离广州较远的经济体如肇庆、惠州、珠海等地区与其之间的经济合作潜力则相对要小一些，对广州的经济隶属度不如其他城市。深圳也具有这种特点，与深圳经济合作潜力较大且地理位置较近的有东莞、广州、惠州等地，而江门、珠海、肇庆等地与深圳距离较远，导致这些地区与深圳的经济联系程度相对偏弱，造成它们与深圳之间的经济合作潜力相对较低。这充分体现了广州和深圳在珠三角城市群中所扮演的区域经济中心的角色，这是其他城市所不能取代的地位。其他经济体仅与个别经济体之间存在着较高的经济合作潜力系数，作为该经济区域内制造大市——佛山，与其他大城市之间的经济合作潜力系数仍与广州和深圳存在较多明显的差距。这也间接地表明了，广州和深圳在珠三角城市群的地位不是其他城市所能够替代的事实。

5.4.2　协整性分析

协整性检验是检验两个时间序列之间在长期是否存在稳定的关系，进行协整性分析的前提为变量必须具有时间平稳性，变量必须通过一定置信区间下的单位根检验。本书在对珠三角城市群内各个经济体之间进行协整性分析之前，首先采取有截距有趋势的单位根（ADF）检验形式对各个经济体的地方生产总值进行了时间平稳性分析。结果显示，除惠州为一阶单整、珠海、江门和肇庆为二阶单整外，其他经济体均具有零阶单整性（见表5.3）。因此，可以认为这些地区的 GDP 规模均具有平稳增长特征。因此，本书对珠三角城市群内经济体之间进行 Johansen 协整检验，通过设定不同的检验形式，本书发现在不同的协整检验形式下，这些经济体之间均存在着长期协整性，即这些经济体之间的经济联系均具有长期稳定性特征。

表5.3　　　　　　珠三角经济区内各城市 GDP 的 ADF 检验

城市	t 值	1% level	5% level	10% level	Lags（＊）	操作	结果
广州	− 4.00***	− 3.83	− 3.03	− 2.66	0	0	平稳
深圳	− 4.13***	− 3.83	− 3.03	− 2.66	0	0	平稳
珠海	− 7.01***	− 3.92	− 3.07	− 2.67	2	0	两阶单整
佛山	− 3.88***	− 3.83	− 3.03	− 2.66	0	0	平稳
东莞	− 5.93***	− 3.83	− 3.03	− 2.66	0	0	平稳
惠州	− 5.18***	− 3.92	− 3.07	− 2.67	2	0	两阶单整
中山	− 5.92***	− 3.83	− 3.03	− 2.66	2	0	两阶单整
江门	− 5.30***	− 3.89	− 3.05	− 2.67	2	0	两阶单整
肇庆	− 3.49**	− 3.92	− 3.07	− 2.67	2	0	两阶单整

注：t 值为 ADF 检验的 t 统计值；＊、＊＊和＊＊＊分别表示通过10%、5%和1%显著水平检验；1% level、5% level 和 10% level 分别表示1%、5%和10%水平下置信区间值；Lags（＊）表示 ADF 统计检验时选择的滞后阶数，其中，0表示原序列，1表示滞后1阶，2表示滞后2阶；操作表示选择的是 ADF 检验方程，其中，0表示无任何操作默认检验方程。

5.4.3　因果性分析

以珠三角城市群内各经济体之间取对数处理后的 GDP 数据为基础，进行 Granger 因果关系检验，选取默认滞后长度为1或2。以

10%显著水平为标准，得到如图5.2所示的珠三角城市群各经济体之间的经济发展因果关系图。从图中可以看出，广州、深圳两大城市对珠三角城市群中其他城市经济增长均存在一定的影响，广州对惠州、肇庆、中山、江门等城市发展具有一定的影响，广州仅对肇庆和惠州影响，且广州经济发展也受到惠州、东莞、中山、佛山和肇庆5个市的影响，本书造成这种现象的原因可能在于，广州作为我国的商贸中心，拥有丰富的海港、铁路和空运资源，是整个珠三角地区乃至我国华南地区的商品疏散中心，而这些城市都是制造业大市，不论商品运往国内市场还是国外市场，均离不开对广州的依赖。深圳对惠州、肇庆、江门、中山和珠海等城市经济发展均具有一定的影响，对其他城市的经济发展在统计上则不存在显著关系。与广州和深圳相比，珠三角城市群其他城市之间经济联系性明显更强，其中佛山、惠州、中山和肇庆等市较为活跃。

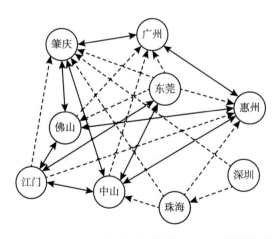

图 5.2　珠三角城市群经济发展 Granger 因果关系

注：标有双向箭头的加粗实线表示两经济体之间互为因果关系，标有单向箭头的虚线表示存在单向的因果关系，其中箭头指向因变量，箭尾表示自变量。

5.4.4　实证结果分析

通过分析各经济体之间的经济合作潜力系数（参见图 5.1）、长期协整关系以及各经济体之间的因果关系（参见图 5.2），可以得出以下结论：

（1）若两个经济体之间具有长期协整性，但不存在因果关系，说明这些经济体之间还没有建立良好的经济合作关系，这种经济体之间的经济合作关系需要改进。若经济体之间存在长期协整性，但不存在任何因果关系，经济合作潜力系数越大经济体组合更应该加强彼此之间的经济合作，这样对整个经济区的发展都是有好处的。本书按照其经济合作潜力系数进行降序排列，得出如表 5.4 所示经济体组合。

表 5.4　　　　存在协整关系但无因果关系的经济体组合

排序	经济体组合	R_{ij}	排序	经济体组合	R_{ij}
1	深圳—东莞	453.93	6	珠海—东莞	20.85
2	广州—深圳	338.99	7	珠海—江门	16.48
3	深圳—佛山	135.81	8	珠海—惠州	3.98
4	广州—珠海	50.33	9	珠海—肇庆	2.28
5	珠海—佛山	23.64	10	惠州—肇庆	1.73

注："X—Y"表示 X 与 Y 之间不存在任何 Granger 因果关系。

（2）若经济体之间存在着长期协整关系，但是经济体之间只存在着单方面的因果关系，这说明两个经济体之间进行经济交流时，出现了仅有一方受益的非对称经济贸易情况，这种经济体之间的经济合作形式并没有达到经济贸易的"互利共赢"局面。本书认为经济体之间的经济合作潜力系数越大，它们之间通过改进经济合作或贸易形式，实现经济交流"双赢"局面后所取得的效益就会越大，或者说它们进行经济合作或贸易的成本越低。经济合作潜力越大，实现"双赢"局面的成本就相对越低，获得的效益也就越高。这样的经济体组合如表5.5所示。

表5.5　　　　　存在协整关系和单向因果关系的经济体组合

排序	经济体组合	R_{ij}	排序	经济体组合	R_{ij}
1	佛山→广州	4064.51	9	深圳→江门	39.75
2	东莞→广州	530.32	10	东莞→中山	37.97
3	深圳→惠州	138.87	11	东莞→江门	22.56
4	广州→江门	89.78	12	深圳→肇庆	11.86
5	深圳→中山	58.97	13	东莞→肇庆	8.65
6	佛山→中山	49.58	14	江门→肇庆	6.42
7	东莞→惠州	47.84	15	江门→惠州	4.01
8	珠海→中山	44.38			

注："$X \to Y$"表示 X 是引起 Y 的 Granger 原因。

（3）经济体之间既存在长期协整性又存在双向因果关系，这说明经济体之间的发展方式实现了经济发展之间的"互利共赢"的局面，这样的经济体之间的经济联动方式值得其他没有实现这种经济贸易情况的经济体之间学习。本书认为在实现"互利共赢"的经济体组合中，经济发展潜力越小的经济体之间的发展模式越应该值得推广，更值得别的经济体学习借鉴，这样的经济体组合如表5.6所示。

表5.6 存在协整关系和双向因果关系的经济体组合

排序	经济体组合	R_{ij}	排序	经济体组合	R_{ij}
1	佛山←→东莞	141.10	7	深圳←→珠海	38.51
2	广州←→中山	103.85	8	佛山←→肇庆	30.52
3	佛山←→江门	80.07	9	佛山←→惠州	16.90
4	广州←→肇庆	54.21	10	惠州←→中山	5.39
5	广州←→惠州	48.27	11	中山←→肇庆	3.27
6	中山←→江门	48.19			

注："$X \longleftrightarrow Y$"表示 X 和 Y 互为 Granger 因果关系。

从以上三个表中的数据可以看出，作为珠三角城市群内的两大经济体——广州和深圳对经济区内其他经济体发展所起到的作用还有待加强。

广州作为珠三角城市群的经济中心之一。在经济区中的作用相对要好一些，除了与中山、肇庆和惠州3个城市存在着双向因果关系外，广州的经济发展还受到佛山、东莞等城市经济发展的影响，但广州的经济增长并不是造成周边其他地区的经济发展的 Granger 原因。其说明广州的经济发展对珠三角城市群经济带动作用仍有待加强，而珠三角城市群其他城市发展对广州经济发展的拉动作用反而更加明显，这也说明广州在珠三角城市群中具有一定的虹吸效应。因此，广州在珠三角周边城市群进行经济交流时，应改进经济合作形式，力图实现保证自身发展速度和质量的前提下，拓展自身经济发展的辐射作用，带动周边城市共同发展。与广州存在较大经济合作潜力，却没有任何因果关系的城市，如深圳和珠海，应当积极寻求经济合作机会，加强与广州之间的经济合作。

深圳作为珠三角城市群内的另一经济中心。较之广州，深圳在整个经济区中的作用也没有充分体现出来，深圳与经济区内各个经济体之间的经济合作潜力系数都很大（与其他珠三角城市经济合作潜力系数都大于10），并且存在长期协整性，但是因果关系检验结果显示，深圳对珠三角城市群内其他经济体的经济联系较弱，经济发展独立性较强。从因果关系图可以看出，深圳的发展除了与珠海存在双向因果关系外，仅对惠州、肇庆、江门等市经济发展产生一定影响，而与广州、东莞和佛山等其他经济体之间均不存在因果性，说明深圳在珠三角城市群经济发展中的作用并没有体现出来，没有充分发挥其作为珠三角城市群经济中心具备的带动其他地区经济发展的职责。因此，深圳应加强其在珠三角城市群中的经济带动作用，改进与其他经济体之间的经济合作方式，扩大自身经济发展辐射力，实现经济贸易的"互利共赢"局面。

5.5 本章小结

通过对珠三角城市群的经济一体化程度和各经济体之间的经济联系进行实证分析，得出珠三角城市群的经济发展具有以下几点特征：

（1）2013 年之前珠三角城市群的经济一体化程度呈现出逐年加强的趋势，2013 年之后经济一体化程度有所减弱。

（2）劳动和资本一体化程度整体上远高于 GDP 一体化程度，各地区经济发展的不对称是影响珠三角城市群经济一体化程度的一个重要原因。

（3）作为珠三角城市群经济中心的广州和深圳对其他经济体的带动作用有待加强，广州经济发展具有一定的虹吸效应，但其自身发展对其他城市经济发展贡献不足。深圳与周边地区的经济联系程度相对较弱。

第6章

广州与珠三角其他城市就业
结构与产业结构协调
发展分析

　　珠三角城市群不仅是我国经济活力最强的三大经济增长极之一，还是粤港澳大湾区重要组成部分，研究珠三角城市群就业结构与产业结构协调发展问题，不仅有利于广州站在整个珠三角层面优化就业人口资源配置，而且有利于提升广州乃至整个珠三角地区经济发展效率，也有利于中国加快推进粤港澳大湾区建设，同时也为中国区域经济发展提供具有可复制性发展经验，加速中国经济转型升级步伐。鉴于此，结合珠三角实际发展状况以及研究的可行性，本书以珠三角城市群产业以及制造行业为例，分析2010年以来珠三角发展过程中各城市就业结构与产业结构以及制造行业产业结构变动的一般演进规律，为广州从珠三角以及粤港澳大湾区层面尽快实现就业结构与产业结构协调发展提供相关政策建议。

6.1　珠三角产业结构和就业结构演变趋势分析

6.1.1　三次产业产值结构演变趋势

总体来说，2005 年以来，珠三角城市群第一产业和第二产业产值比重平稳下降，第三产业产值比重不断提升，第三产业已经成为珠三角经济增长的主动力。如图 6.1 所示，第一产业产值比重由 2005 年的 3.15% 降至 2019 年的 1.64%，下降了 1.51 个百分点；第二产业产值比重由 2005 年的 50.55% 降至 2019 年的 41.26%，下降了 9.29 个百分点；第三产业产值比重则由 2005 年的 46.30% 大幅提升至 2019 年的 57.1%，增长了 10.8 个百分点。从产值结构变化规律上看，珠三角城市群三次产业结构演化趋势符合产业向高度化、合理化发展的一般规律，也符合城市化过程中产业发展规律。

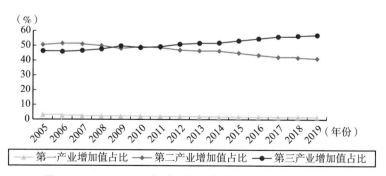

图 6.1　2005～2019 年珠三角三次产业产值结构演化趋势

资料来源：根据珠三角各城市历年统计年鉴相关数据整理。

6.1.2 三次产业就业结构演变趋势

近年来，珠三角三大产业就业结构的演化趋势大致为：第一产业就业人员比重不断下降，第二产业就业人员比重稳中有降，第三产业就业人员比重缓慢上升，就业结构与产值结构变化趋势相一致，但值得注意的是，工业制造业就业规模高于其他两大产业。如图6.2所示，第一产业就业人员比重从2005年的14.55%一直下降至2019年的6.85%，下滑了7.7个百分点；第二产业就业人员比重从2005年的49.97%下降到2019年的40.34%，下滑了9.63个百分点；第三产业就业人员比重不断提升，从2005年的35.48%上升到2017年的52.81%，提升了17.33个百分点。结合产值结构数据可以发现，与产值结构变化相比，珠三角城市群第一产业就业比重相对较高，说明存在一定的农村劳动剩余。从二三产业发展看，服务业已经成为珠三角经济增长的主动力，但工业制造业领域就业

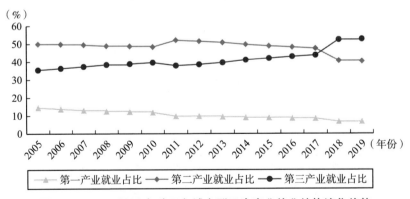

图6.2 2005～2019年珠三角城市群三次产业就业结构演化趋势

资料来源：根据珠三角各城市历年统计年鉴相关数据整理。

规模最大，二三产业就业结构和产业结构存在着一定的失衡现象。本书认为随着区域经济的转型升级，随着传统工业制造业逐渐衰退，工业制造业将向对就业资源素质要求较高的高端制造领域发展。因此，本书认为未来一段时期，珠三角第二产业就业规模会逐渐缩小，而服务业对就业资源的吸纳能力会更加显著。

6.2　珠三角地区就业结构与产业结构的相关性分析

通过对珠三角就业结构与产业结构之间关系进行量化分析，了解就业结构和产业结构之间的内在联系，总结就业结构与产业结构变化规律，准确把握珠三角就业现状，探索就业吸纳能力较强的产业发展方向，加速产业结构转型升级。

6.2.1　就业结构与产业结构相关性分析

为分析珠三角产业结构与就业结构之间联系，本书采用线性回归模型，以三大产业产值占比为自变量，就业占比为因变量，利用Stata14.0进行线性回归。回归模型设定为：$Y_i = \alpha + \beta X_i$。其中，Y为就业占比，X为产值占比，$i = 1$、2、3，分别表示一二三产业。数据来自珠三角各市历年统计年鉴。

首先，对珠三角城市群三次产业产值占比与就业占比分别进行面板数据回归分析。表6.1分析结果表明，从整体上看，珠三角地区第三产业就业占比与产值占比之间的相关性最高。由自变量回归系数可知，第一产业产值占比每增加1%，将带动就业占比提升1.27%，表明第一产业发展对就业具有较强拉动性，主要表现为更容易吸纳农村剩余劳动资源。常数项数值为0.09，说明第一产业就业门槛相对较低，容易吸收农村剩余劳动资源，也说明珠三角仍存在大量农村剩余劳动力；第二产业回归系数为0.76，表明第二产业产值占比每增加1%，将带动就业占比提升0.76%，弱于其他两大产业。主要原因在于，近年来珠三角地区第二产业产值平均增长速度（7.79%）远高于其就业增加速度（0.88%），是就业和产业发展失衡所致。第三产业回归系数为0.98，表明产值占比每增加1%，带动就业占比提升0.98%。

表6.1   珠三角三次产业就业比重与增加值比重的回归结果

产业	回归方程	相关系数	Wald 检验值	T 统计值	P 值
第一产业	$Y = 1.27X + 0.09$	0.3894	301.9	17.38	0.000
第二产业	$Y = 0.76X + 0.1$	0.4539	82.64	9.09	0.000
第三产业	$Y = 0.98X - 0.07$	0.78	255.99	16.00	0.000

珠三角三大产业回归系数存在一定差异性的原因在于随着全球工业革命不断推进，珠三角地区传统工业制造业优势逐渐消失，尤其在中国经济进入新常态之后，各城市为追求经济增长速度和质量，大力推进传统工业制造业转型升级，加速发展高端制造业和先进服务业。此外，在区域层面推动制造行业区域转移，对制造业资源进行了重新整合，从而加速了传统行业退出市场步伐，

由于高端制造业发展周期长、规模相对较小，且对就业人口素质的要求高等因素限制，对传统工业制造行业释放出的就业资源吸纳能力有限，造成部分城市第二产业就业出现就业过剩，导致部分城市制造行业结构性失业增加。随着第三产业的不断壮大，部分城市就业资源逐渐向服务业领域转移，使服务业就业资源供给规模增加，主要表现为第三产业对就业资源吸收能力强于工业制造业。

6.2.2 就业结构与产业结构之间偏离度分析

珠三角是以服务业为主导产业的经济增长极，分析近年来珠三角就业结构与产业结构之间的协调性，准确理解珠三角地区产业发展过程中的就业结构变化规律，可以为未来产业发展提供经验支持。在测算就业结构与产业结构之间协调程度时，国内学者一般选择结构偏离度系数进行量化，即产业就业占比与产值占比之差。竞争理论认为，如果各产业是完全竞争的，就业资源就会处于自由流动状态，流动规律如下：就业资源从劳动过剩、劳动生产率相对较低、劳动报酬偏低以及就业弹性相对较小行业向劳动资源相对短缺、劳动生产率高、劳动报酬高、就业弹性较大行业流动，从而实现就业结构和产业结构协调发展。从偏离度系数数值上看，结构偏离度系数越趋于零，表明就业结构和产业结构越协调，反之则相反。利用相关数据，本书测算了2010～2019年珠三角三次产业就业结构和产业结构偏离度系数，测算结果如表6.2～表6.4所示。

表 6.2 珠三角地区第一产业结构偏离度 单位：%

年份	珠三角	广州	深圳	珠海	佛山	肇庆	惠州	东莞	中山	江门
2010	9.87	8.27	-0.02	7.15	5.27	48.54	6.74	-4.01	6.33	30.18
2011	7.81	6.91	-0.02	3.53	4.10	46.79	2.55	-4.49	4.46	27.77
2012	7.88	7.14	-0.03	3.31	4.24	46.18	3.03	-4.16	4.45	28.37
2013	7.62	7.19	-0.03	3.35	3.92	46.14	3.15	-3.90	4.36	29.97
2014	7.31	6.46	-0.02	3.34	3.24	44.62	3.01	-3.72	4.37	30.98
2015	7.30	6.57	-0.02	4.55	3.36	44.01	2.70	-3.76	4.33	30.47
2016	7.00	6.28	-0.03	3.77	3.48	41.10	1.60	-3.95	4.35	30.52
2017	6.99	6.09	0.09	3.82	3.48	41.53	-0.21	-3.53	4.39	30.44
2018	5.24	4.42	0.03	2.01	2.15	37.96	-2.66	-3.56	3.65	25.80
2019	5.20	4.46	0.01	2.03	2.41	36.96	-2.63	-4.12	3.75	26.46

表 6.3 珠三角地区第二产业结构偏离度 单位：%

年份	珠三角	广州	深圳	珠海	佛山	肇庆	惠州	东莞	中山	江门
2010	-0.80	1.95	3.12	-11.63	-9.33	-32.70	4.63	4.78	15.71	-17.75
2011	3.50	0.71	2.42	-10.52	-3.09	-30.72	5.02	17.42	16.91	-12.97
2012	4.51	2.22	2.76	-5.67	-3.50	-27.54	3.55	17.66	18.78	-14.13
2013	4.39	-1.02	4.91	2.18	-3.12	-25.93	-1.93	17.98	18.37	-17.94
2014	3.41	0.85	4.98	2.83	-4.41	-24.06	-1.79	10.09	17.60	-19.66
2015	3.96	1.71	4.97	3.30	-3.82	-22.72	-2.81	11.44	17.95	-18.99
2016	4.71	2.80	4.97	4.42	-3.07	-20.63	-0.10	12.62	17.08	-17.93
2017	5.25	3.15	4.39	4.84	-1.35	-21.25	9.25	14.88	15.08	-15.08
2018	-1.16	-4.55	0.38	-4.44	-6.71	-25.46	7.42	9.52	5.41	-23.16
2019	-0.92	-3.64	0.71	-4.18	-6.69	-21.70	4.30	11.06	-0.41	-17.29

表 6.4　　　　　　　　　珠三角第三产业结构偏离度　　　　　　单位：%

年份	珠三角	广州	深圳	珠海	佛山	肇庆	惠州	东莞	中山	江门
2010	- 8.99	- 10.22	- 3.10	6.79	4.05	- 15.84	- 11.37	- 0.77	- 22.00	- 12.43
2011	- 11.32	- 7.62	- 2.40	6.99	- 1.01	- 16.07	- 7.56	- 12.93	- 21.37	- 14.81
2012	- 12.38	- 9.37	- 2.72	2.38	- 0.73	- 18.67	- 6.57	- 13.51	- 23.21	- 14.22
2013	- 12.01	- 6.17	- 4.88	- 5.53	- 0.80	- 20.22	- 1.22	- 14.08	- 22.73	- 12.03
2014	- 10.72	- 7.31	- 4.96	- 6.17	1.16	- 20.57	- 1.22	- 6.36	- 21.97	- 11.32
2015	- 11.26	- 8.27	- 4.94	- 7.83	0.46	- 21.29	0.10	- 7.68	- 22.28	- 11.47
2016	- 11.71	- 9.08	- 4.94	- 8.19	- 0.40	- 20.47	- 1.51	- 8.67	- 21.43	- 12.59
2017	- 12.24	- 9.24	- 4.48	- 8.66	- 2.13	- 20.28	- 9.04	- 11.35	- 19.48	- 15.36
2018	- 4.08	0.14	- 0.41	2.43	4.56	- 12.50	- 4.76	- 5.96	- 9.06	- 2.64
2019	- 4.29	- 0.82	- 0.72	2.14	4.28	- 15.26	- 1.67	- 6.94	- 3.34	- 9.18

　　表 6.2 的数据显示，从整体上看，珠三角第一产业结构偏离度为正，表明农村就业资源仍相对过剩，但从偏离度数值走势看，农村剩余就业资源在不断地减少，说明农村就业资源向二三产业流动状况仍在继续。从城市层面看，除深圳和东莞两市第一产业结构偏离度为负数外，其余城市第一产业结构偏离度均为正，说明深圳和东莞的农村就业资源相对短缺，其余城市均存在农村就业过剩。从数值上看，广州、珠海、佛山、惠州和中山五市第一产业结构偏离在 10% 以内，且呈逐年递减趋势，说明就业结构和产业结构之间协调性相对较强，且呈不断增强趋势。肇庆和江门两市第一产业结构偏离度最大，年均偏离度系数分别为 43.38% 和 29.1%，远高于其他地区，表明两市第一产业就业和产业协调性较弱，仍存在着大量

的农村剩余劳动力。究其原因，在于两市农村人口规模大、农业发展的相对缓慢，且二三产业对农村剩余劳动力的吸纳能力不强，导致农村剩余劳动力向二三产业转移速度较慢。以肇庆为例，2010~2019 年肇庆第一产业年均就业规模为 111.72 万人，在全市就业总人口中年均占比高达 50.65%。

表 6.3 的数据显示，从整体上看，珠三角第二产业结构偏离度系数为正，表明工业制造业就业相对过剩，但从就业规模和产值规模走势看，第二产业就业相对过剩程度，呈不断加重趋势，主要原因在于近年来珠三角地区第二产业发展不断放缓，产值占比大幅下滑，而就业占比下降相对较慢。从各城市角度看，佛山、肇庆和江门三市第二产业结构偏离度系数为负数，说明存在就业资源相对短缺。广州、深圳、惠州、惠州和东莞五个城市第二产业结构偏离度系数为正，说明就业资源相对过剩。从数值上看，广州和深圳两市第二产业结构偏离度系数在 10% 以内，且呈逐年增加趋势，说明两市第二产业结构偏离度相对合理，但就业资源相对过剩现象在不断加重。惠州就业资源相对过剩，且结构偏离度系数波动相对较大，说明惠州工业制造业就业资源流动性较强，稳定性不高。东莞和中山两市第二产业结构偏离度系数大于 15%，说明就业资源过剩现象比较严重，且从结构偏离度系数数值走势上看，两市工业制造业就业资源过剩程度在增强。主要原因在于两市工业制造业就业规模过大，就业转移相对较慢，是由产业发展增速放缓，产值占比大幅下滑导致的。

表 6.4 的数据显示，从整体上看，珠三角第三产业结构偏离度系数为负，表明第三产业就业资源相对缺乏，但从结构偏离度系数走势看，珠三角第三产业就业缺乏程度有所增强，主要原因在于第

三产业发展速度快于其他两大产业，而就业规模增速相对较慢。从城市层面看，各城市第三产业就业资源均存在相对短缺现象。其中，中山市第三产业就业资源短缺最重，结构偏离度系数年均值为-18.69%；肇庆和江门次之，结构偏离度系数年均超过10%，相对缺乏就业资源；广州与其他珠三角城市的第三产业结构偏离度系数年均低于10%，较为合理。

通过对珠三角城市群三大产业结构偏离度系数进行综合分析，可以发现，目前珠三角一二产业就业资源相对过剩。但结构偏离度系数仍然相对较高，农业和工业制造业领域就业资源仍存在转移到服务行业的压力。同时，随着珠三角城市化进程的不断加深，农业和工业制造业就业占比在不断下降，结构偏离度系数也呈现出不断下降趋势，就业结构与产业结构失衡状况不断好转。就服务业发展而言，当前珠三角地区服务业就业资源相对短缺，服务行业对就业资源的吸纳能力相对较强。从结构偏离度系数变化趋势看，第二产业结构偏离度系数相对稳定，但在工业制造业转型升级过程中仍存在结构性失业问题；第三产业结构偏离度系数稳中有增，说明第三产业就业结构调整滞后于产业发展，同时也说明珠三角第三产业仍有较强的吸纳就业能力。

6.3 珠三角地区就业结构与产业结构失衡的原因探索

从行业结构分析产业结构与就业结构之间关系无疑对已有现象更具解释力。杜兰顿（Duranton，2007）提出了产业结构变动指数，从就业角度分析城市产业结构变动情况①。本书借鉴其研究方法对珠三角各城市制造行业产业结构变动情况进行测算，从行业就业角度考察制造行业产业变动情况。选取 2010～2019 年珠三角各城市制造行业数据，为控制随机因素对数据分析结果可能带来的影响，本书以三年为一阶段，用均值反映各城市产业结构变动情况，测算结果如表 6.5 所示。

表 6.5　　　　2010～2019 年珠三角城市群制造业产业变动指数

时间段	广州	深圳	珠海	东莞	佛山	惠州	江门	肇庆	均值
2010～2012 年	0.4071	0.7046	0.3230	0.5329	0.4067	0.5871	0.2297	0.5350	0.4658
2011～2013 年	0.4089	0.4176	0.3407	0.5654	0.4863	0.7114	0.2493	0.8136	0.4992
2012～2014 年	0.3491	0.3470	0.3942	0.5235	0.4756	0.8014	0.3956	0.7150	0.5002
2013～2015 年	0.1275	0.1544	0.3102	0.3438	0.5454	0.8700	0.4430	0.4957	0.4112
2014～2016 年	0.1320	0.4163	0.4698	0.5571	0.4262	0.9044	0.3925	0.2290	0.4409
2015～2017 年	0.0892	0.4555	0.4092	0.4471	0.3582	0.6185	0.4148	0.1276	0.3650
2016～2018 年	0.3814	0.5410	0.4974	0.6497	0.4121	0.5841	0.4227	0.2291	0.4647
均值	0.2707	0.4338	0.3921	0.5171	0.4444	0.7253	0.3640	0.4493	0.4496

资料来源：根据各城市历年统计年鉴整理。

根据表 6.5 的结果，可以得出以下三点结论：第一，从整体层面看，2010～2019 年，珠三角制造行业产业结构变动指数均值为 0.4496，低于 0.5，表明珠三角每年增加就业的部门低于减少就业的部门，小于 0.5 的数量就是珠三角每年就业净流出的规模。原因

————————

① 由于无法获取中山市相关数据，因此本书以珠三角其他八个城市为分析样本。

在于近几年来珠三角各市大力推动制造业转型升级，传统制造业加速退出市场，而新兴制造业对就业人口素质的要求提升了，因此对从传统制造业流出的就业人口吸纳能力相对有限。第二，从时间维度上看，近年来珠三角制造行业产业结构变动指数的阶段性特征比较明显。除了佛山、江门和肇庆三市在 2014～2016 年的产业结构变动指数有所降低外，其他城市制造行业产业结构变动指数均有所增加，这意味着随着珠三角各大城市产业结构转型升级不断推进，大部分城市制造行业调整已初显成效，制造行业就业流入部门与就业流出部门间的差距在缩减。第三，从空间维度看，广州制造行业产业结构变动指数均值最低，均值为 0.2707，说明广州制造行业就业规模降幅最大；深圳、珠海、佛山、肇庆和江门四市制造行业产业结构变动指数值分别为 0.338、0.3921、0.4444、0.4493 和 0.3640，就业规模降幅低于广州；东莞和惠州市制造行业产业结构变动指数均值均大于 0.5，分别为 0.5171 和 0.7253，说明这两个城市的制造行业新增就业部门超过了减少就业的部门，整体就业规模在增加。这表明，随着珠三角城市化进程的推进，服务业开始取代工业制造业，成为城市经济发展主动力，这种现象在大城市中更加显著。这一时期，大部分珠三角城市传统制造业对经济发展的推动作用在减弱，传统制造业面临转型升级或者迁移到与其发展层次相适应的其他地区的选择，而新兴制造行业因规模相对较小、对劳动素质要求更高等特点对就业吸纳相对不足，造成部分城市出现制造行业就业资源净流出现象，这种现象对城市发展来说是必经之路。在广州和深圳产业结构转型升级过程中，周边城市很容易变成它们的产业转移地，而这些需要转移的产业对劳动素质要求相对偏低，因此周边城市吸纳就业部门的发展潜力往往会超过广州和深圳。

此外，本书也试图找出近几年珠三角各城市制造行业就业流入与流出量较大的行业，观察各城市制造行业发展情况。对各城市制造行业就业流入与流出数量进行排序，分别找出每个城市就业流入量和流出量前五大行业。从表6.6和表6.7中可以看出，珠三角就业流入规模前五大制造行业主要集中在高端制造行业，如交通运输设备，专用设备，通用设备，计算机、通信和其他电子设备等先进制造领域，就业流出前五大行业主要集中在纺织业，皮革、毛皮、羽毛及其制品和制鞋业，纺织服装、服饰业，橡胶和塑料制品业等传统制造领域。此外，还可以发现就业资源在城市制造行业间的转移迹象，如电器机械和器材等高端装备制造业在佛山、惠州和肇庆三市是就业流出规模较大的行业，纺织业则是深圳、珠海和惠州三市的就业流入规模较大的行业，计算机、通信和其他电子设备及橡胶和塑料制品业等行业也存在类似的现象。

表6.6　　　　　　　　珠三角地区就业流出排名前五的行业

排名	广州	深圳	珠海	东莞	佛山	惠州	江门	肇庆
1	纺织服装、服饰业	纺织服装、服饰业	印刷和记录媒介复制业	皮革、毛皮、羽毛及其制品和制鞋业	电气机械和器材	电气机械和器材	纺织服装、服饰业	纺织服装、服饰业
2	纺织业	纺织业	纺织业	纺织业	纺织服装、服饰业	纺织业	金属制品业	皮革、毛皮、羽毛及其制品和制鞋业
3	皮革、毛皮、羽毛及其制品和制鞋业	造纸及纸制品业	皮革、毛皮、羽毛及其制品和制鞋业	橡胶和塑料制品业	皮革、毛皮、羽毛及其制品和制鞋业	皮革、毛皮、羽毛及其制品和制鞋业	电气机械和器材	纺织业

续表

排名	广州	深圳	珠海	东莞	佛山	惠州	江门	肇庆
4	计算机、通信和其他电子设备	家具	仪器仪表	仪器仪表	纺织业	非金属矿物制品业	橡胶和塑料制品业	电气机械和器材
5	橡胶和塑料制品业	皮革、毛皮、羽毛及其制品和制鞋业	纺织服装、服饰业	家具	仪器仪表	造纸和纸制品业	纺织业	金属制品业

表6.7 珠三角地区制造行业就业流入规模排名前五的行业

排名	广州	深圳	珠海	东莞	佛山	惠州	江门	肇庆
1	交通运输设备	计算机、通信和其他电子设备	电气机械和器材	计算机、通信和其他电子设备	交通运输设备	计算机、通信和其他电子设备	食品	交通运输设备
2	通用设备	电气机械及器材	交通运输设备	金属制品业	专用设备	家具	计算机、通信和其他电子设备	非金属矿物制品业
3	医药	文教、工美、体育和娱乐用品	专用设备	专用设备	通用设备	电气机械和器材	专用设备	家具
4	家具	橡胶和塑料制品业	化学原料和化学制品	通用设备	化学原料和化学制品	橡胶和塑料制品业	医药	专用设备
5	食品	有色金属冶炼及压延加工业	通用设备	交通运输设备	文教、工美、体育和娱乐用品	交通运输设备	石油加工、炼焦和核燃料加工业	食品

表6.6与表6.7还表明，由于发展阶段不同，各城市制造行业的就业流入与流出顺序也存在一定差异，但总体上以交通运输设备制造业为主的高端制造业是当前珠三角就业流入规模较大的行业，交通运输设备制造业的就业流入规模在六个城市中排在前五，而以纺织业为主的传统制造行业已经成为就业流出较多的行业，纺织业的就业流出规模在八个城市中排在前五①。这说明，当前珠三角各城市制造行业在从传统制造行业向高端制造行业转型升级过程中，各城市高端制造行业发展存在着一定趋同性。也可以说明，随着城市发展阶段的不同，部分高端装备制造行业（如计算机、通信和其他设备制造，电器机械和器材等）在不同城市之间的转移现象。综合表6.6和表6.7，可以发现，近年来珠三角各市的高端制造行业发展具有较强的一致性，但存在着一定差异性，部分城市在选择发展高端装备制造行业方面也存在着一定的差异性。

通过比较分析各城市制造行业就业流入和流出规模，可以发现，就业流入现象往往发生在高端制造行业，而传统制造行业往往是就业流出的。且从整体上看，珠三角大部分城市存在着就业流出规模大于就业净流入现象。原因在于，近年来，随着经济全球化日趋激烈和国际服务业加速转移，世界经济呈现出服务经济趋向和三产推动型的发展特征。第三产业在服务与推动一二产业发展、提高经济发展水平上发挥着日益重要的作用。与此同时，由于原材料和劳动力价格上涨、加工贸易及出口退税政策调整、汇率波动、全球贸易摩擦等外在因素，使珠三角传统制造业面临巨大生存压力。近年来，珠三角大力发展高端制造行业，加速对传统制造行业转移和转

① 无中山市制造行业相关数据，无法对中山市数据进行分析。

型升级力度，造成传统制造业加速退出市场，释放大量低端就业资源，而高端制造业发展尚处于发展阶段，规模有限，对就业资源要求增高，造成无法有效吸收就业资源，从而导致珠三角地区制造行业就业流出大于就业流入。

6.4　本章小结

本书通过对珠三角城市群产业结构与就业结构之间的联系进行实证分析，得出珠三角地区产业结构与就业结构变动具有以下几点特征：

（1）近年来，珠三角地区就业结构变化遵循产业结构发展的一般规律，表现为第一产业劳动就业不断减少，而第二、第三产业劳动需求逐渐增加，而且第三产业对就业资源吸纳能力不断增强。

（2）目前珠三角城市群一二产业就业资源相对过剩。但结构偏离度系数仍然相对较高，农业和工业制造业的就业资源仍存在转移到服务行业的压力。

（3）近年来，珠三角地区就业结构与产业结构都存在失衡性。就制造行业而言，传统制造业行业退出过快，高端制造产业发展不足，导致部分城市制造行业就业人数出现净流出现象严峻，其中第一产业和传统制造业劳动力人口素质偏低与现代服务产业发展需求不匹配是阻碍劳动力转移的根本原因。

第7章

广州与珠三角其他城市
产业、人口、空间
耦合协调发展分析

在当前全球经济形势复杂多变、区域竞争日趋激烈的大环境下，珠三角城市群发展面对的挑战不断增加。长期以来，在追求以经济高速增长为目的的驱动模式下，珠三角城市群内各城市逐渐暴露出产业结构重叠、人口发展趋缓、城市建设重复等问题，造成整个珠三角城市群产业、人口、空间发展失衡，不利于珠三角市场机制的完善和资源配置效率的提升。为解决城市协调发展问题，中央政府提出实施区域协调发展战略，希望建立更加有效的区域协调发展新机制。那么，对于珠三角而言，加强各城市间协调发展的首要前提是明确各城市产业、人口、空间实际发展水平以及各系统间的协调程度，通过量化方法分析各城市在产业、人口、空间领域存在的问题，进而对症下药、解决问题。

7.1　指标体系建设与数据处理

7.1.1　建立指标体系

城市是经济、人口与空间等诸多子系统通过综合的、复杂的、合理的有机组合而形成的一个综合体。而城市群则是城市发展的一种高级空间形态。城市产业、人口、空间系统的规模、发展速度以及彼此之间的协调程度，都会对城市乃至城市群发展产生巨大影响（朱江丽，2015）。因此，建立一个能够对城市产业、人口、空间系统发展进行综合评价的指标体系，是分析城市和城市群系统发展水平及协调程度的首要前提。遵循科学性、系统性、全面性、有效性以及可操作性等原则，借鉴已有研究中常用指标，并充分考虑珠三角城市群实际发展情况，才能构建起综合评价珠三角城市群产业、人口、空间系统发展水平的指标体系。

产业发展方面指标：

（1）地区 GDP，反映城市产业综合发展规模，地区 GDP 规模越大，说明城市产业发展越容易实现规模经济，产业发展的边际成本越低。因此，地区 GDP 与产业发展成正相关性。

（2）地区工业企业数量和工业企业总产值，反映城市工业制造业市场活跃程度和主体规模。工业制造业是珠三角城市群主导产业，城市工业企业数量和规模是市场活跃程度以及工业制造业对地方经济贡献度的直接体现。因此，工业企业数量和总产值规模与产业发展成正相关性。

（3）二三产业增加值占地方 GDP 比重，反映地方产业结构合理化和高级化程度。二三产业占比越高，说明城市产业发展层次越高，城市产业合理化和高级化程度越强，经济发展质量越高。因此，二三产业增加值占地方 GDP 比重与产业发展成正相关性。

（4）外贸依存度和外资依存度，反映城市产业发展的外部市场环境，对外贸易是构成地方 GDP 的重要组成部分，而国际资本通常具有增加地方投资规模和生产技术外溢性特征，外资规模越大对地方产业发展促进作用越明显。因此，外贸依存度和外资依存度与产业发展成正相关性。外贸依存度和外资依存度分别用进出口总额和实际利用外资规模占地方 GDP 的比重表示。

人口发展方面指标：

（1）年末常住人口数量和人口密度，反映城市人口规模和人口分布情况。人口规模较大的城市不仅能够提供更大的劳动资源，还能产生更多的市场需求，为城市经济发展提供双重动力。人口密度则反映了地区人口分布的疏密程度，人口密度较高越容易形成规模效应，有利于降低空间资源的边际成本。可见，年末常住人口规模和人口密度与人口发展成正相关性。

（2）劳动参与率、二三产业从业人员占比和城镇失业率，反映了城市劳动资源发展情况。劳动参与率越高、二三产业就业占比越高、城镇失业率越低，则说明城市就业情况越健康，城市人口对经济发展的要素支撑作用越大。因此，劳动参与率、二三产业就业人口占比与人口发展成正相关性，而城镇失业率与人口发展成负相关性。

（3）人口城镇化率，反映城市城镇化水平。人口城镇化率是城市人口发展质量的直接体现，而人口质量直接决定了城市发展质量。因此，人口城镇化率与人口发展成正相关性。

空间发展方面指标：

（1）行政区划面积、建设用地面积和建成区面积，反映了城市空间资源开发利用状况。行政区划面积越大，城市发展的空间资源越多；建设用地面积越大，空间资源对城市产业发展的限制性越小；建成区面积越大，城市发展越容易在空间上实现规模经济，越有利于降低城市发展的空间成本。因此，行政区划面积、建设用地面积和城市建城区面积与城市空间发展成正相关性。

（2）建成区绿化覆盖率、城市道路铺装面积和万人拥有公共汽车数量，反映城市空间资源利用情况。城市绿化面积是反映城市居住环境好坏的最直接体现，绿化覆盖率越大对外来劳动资源吸引力度越强，有利于提升城市发展的劳动供给规模；城市道路铺装面积和万人拥有公共汽车数量则反映了城市交通设施建设和覆盖情况，交通基础设施越发达的地区更容易降低运输成本和劳动力出行成本。因此，道路铺装面积和万人拥有公共汽车数量与空间资源发展成正相关性。

各指标的统计性表述如表7.1所示。

表7.1　珠三角城市群产业、人口、空间要素的统计性描述

系统	指标	样本量	均值	标准差	极小值	极大值
产业	地区GDP（亿元）	180	4457.70	5421.09	249.78	26927.09
	工业企业数（个）	180	3478.63	2389.23	599.00	10658.00
	工业企业总产值（亿元）	180	7253.74	7488.95	254.01	37326.16
	二产占GDP比重（%）	180	0.50	0.09	0.26	0.64

续表

系统	指标	样本量	均值	标准差	极小值	极大值
产业	三产占 GDP 比重（%）	180	0.44	0.10	0.23	0.72
	外贸依存度（%）	180	1.27	0.85	0.18	3.47
	外资依存度（%）	180	0.07	0.06	0.01	0.33
人口	常住人口数量（万人）	180	588.71	338.92	123.65	1530.59
	人口城镇化率（%）	180	76.15	18.42	32.52	100.00
	劳动人口参与率（%）	180	0.63	0.14	0.15	0.99
	人口密度（人/平方公里）	180	1624.63	1487.87	147.44	6727.91
	二三产业从业人数所占比重（%）	180	0.84	0.16	0.44	1.00
	城镇登记失业率（%）	180	0.40	0.20	0.01	0.92
空间	行政区划面积（平方公里）	180	6280.80	4835.98	1630.00	19035.54
	建设用地面积（平方公里）	180	278.68	288.77	0.00	1183.69
	建成区面积（平方公里）	180	338.65	359.04	28.00	1324.00
	建成区绿化覆盖率（%）	180	40.28	8.43	9.00	91.03
	万人拥有公共汽车（辆）	180	20.46	29.06	1.02	115.00
	人均道路铺装面积（平方米）	180	20.11	15.59	2.50	77.14

由表7.1可知，珠三角城市群内各城市在人口发展方面相对均衡，在产业和空间发展领域则表现出范围广、强度大以及地区差异性等特征。具体表现为，产业、人口、空间领域要素变异系数①均值分别为0.7、0.44和0.88，可见，相对于产业和空间发展而言，珠三角城市群人口发展差异性较小，城市人口发展分布相对集中。从各要素自身差异度上看，珠三角城市群在工业发展程度、经济规模和空间资源利用方面存在较大差异。19个指标要素中，工业企业

———————

① 变异系数值为方差与均值比值，表示样本城市均衡度，变异系数值越高说明地区的均衡度越低。

生产规模、地区 GDP 规模、城市建设用地面积、建成区面积和万人拥有公共汽车数量 5 个指标的变异系数均在 1.0 以上，表明珠三角城市群在这几个指标方面存在较大的失衡性。

7.1.2　数据标准化和指标权重计算

采用 2000～2019 年珠三角城市群城市相关数据，为满足数据一致性和可比性要求，数据获取以《中国城市统计年鉴》为主，缺失部分由《中国统计年鉴》《广东省统计年鉴》以及各市统计年鉴补充，针对无法获取部分，以年份均值作补充①。考虑到数据的量纲、数量级以及属性的不同，不能对指标进行直接比较，因此首先要先对数据进行无量纲处理。关于综合指标评价方法，借鉴张卫民（2003）、钟昌宝（2010）、李春艳（2014）、段从宇和迟景明（2015）、黄永斌（2015）等人的做法，采用熵值法对无量纲处理后的指标进行赋值操作②③④⑤⑥。熵值法在社会系统应用时是指信息熵，其数学含义与物理学中的热力学熵等同，是对无序系统的一种度量。构建指标综合评价体系时，熵值法主要是利用信息论中的信息熵原

①　缺损年份值为前后年份值的算数平均值，此类数据量非常少，对测算结果不会产生影响。

②　张卫民，安景，文韩朝 . 熵值法在城市可持续发展评价问题中的应用 [J]. 数量经济技术经济研究，2003（6）：115 - 118.

③　钟昌宝，魏晓平，聂茂林，等 . 一种考虑风险的供应链利益两阶段分配法 [J]. 中国管理科学，2010（2）：68 - 74.

④　李春艳，徐喆，刘晓静 . 东北地区大中型企业创新能力及其影响因素分析 [J]. 经济管理，2014（9）：36 - 45.

⑤　段从宇，迟景明 . 内涵、指标及测度：中国区域高等教育资源水平研究 [J]. 高等教育研究，2015（8）：36 - 42.

⑥　黄永斌，董锁成，白永平 . 中国城市紧凑度与城市效率关系的时空特征 [J]. 中国人口·资源与环境，2015（3）：64 - 73.

理。指标变异程度越大，对应的信息熵值就越小，指标提供的信息量就越大，因此，该指标的权重也应该越大，反之亦然。此外，用熵值法获取的指标权重的大小仅取决于指标的变异程度，因此能有效地避免主观性因素对评价结果的影响。在地方产业、人口、空间系统发展综合评价体系中，若某类指标的差异越大，说明该指标对产业、人口、空间系统发展影响越大，应赋予该指标较大权重，反之亦然。

有关熵值法测算原理本书在第 3 章中已经进行了详尽的解释，在此就不做赘述了。

具体指标与指标权重计算结果见表 7.2。

表 7.2　珠三角城市群城市产业、人口、空间系统发展指标及权重

系统	指标	指标与系统的关系	权重
产业	地区人均 GDP（亿元）	正相关	0.129
	工业企业数（个）	正相关	0.141
	工业企业总产值（亿元）	正相关	0.132
	二产占 GDP 比重（%）	正相关	0.167
	三产占 GDP 比重（%）	正相关	0.154
	外贸依存度（%）	正相关	0.145
	外资依存度（%）	正相关	0.133
人口	常住人口数量（万人）	正相关	0.152
	人口城镇化率（%）	正相关	0.178
	劳动人口参与率（%）	正相关	0.174
	人口密度（人/平方公里）	正相关	0.142
	二三产业从业人数所占比重（%）	正相关	0.181
	城镇登记失业率（%）	负相关	0.173

系统	指标	指标与系统的关系	权重
空间	行政区划面积（平方公里）	正相关	0.166
	建设用地面积（平方公里）	正相关	0.165
	建成区面积（平方公里）	正相关	0.164
	建成区绿化覆盖率（%）	正相关	0.182
	万人拥有公共汽车（辆）	正相关	0.157
	人均道路铺装面积（平方米）	正相关	0.166

假设城市 i 在 t 时期综合发展水平为 U_{it}，表达式为：

$$U_{it} = \sum_{j}^{m} w_{ij} y_{ijt}$$

上式中，m 则分别表示产业、人口、空间领域中包含评价指标的数量，按照指标所属系统分类，可依次求出城市产业发展水平 U_{i1t}，人口发展水平 U_{i2t} 和空间发展水平 U_{i3t}。城市群综合发展水平为各个城市综合发展水平的平均值。

7.2　耦合协调度的测算方法

7.2.1　耦合度模型

耦合也是物理学概念，用以度量两个及以上系统之间的相互配合和影响程度。借用耦合度测算原理，可测算城市产业、人口、空间系统间相互作用程度，深入了解系统间的内在协同程度。耦合度的测算表达式为：

$$C_t = \left[\frac{f(U_{1t}) \times f(U_{2t}) \times f(U_{3t})}{\prod (f(U_{it}) + f(U_{jt}))}\right]^{1/3} \tag{7.1}$$

式（7.1）中，i，$j = 1$，2，3，分别表示产业、人口和空间系统，且 $i \neq j$；C_t 表示耦合度，满足 $C_t \in [0, 1]$。C_t 值越大，表明耦合系数越大，系统之间相互配合和影响程度越强。

7.2.2　耦合协调度模型

耦合度仅能描述系统之间协调发展程度，无法体现系统发展水平，即无法证明三大系统是在较高水平上相互影响，还是在较低水平上相互影响。因此，进一步引入既能反映系统间协调程度又能体现协调发展水平的耦合协调度函数：

$$R_t = (C_t \times T_t)^{1/3} \tag{7.2}$$

式（7.2）中，R_t 表示系统间的耦合协调度，T_t 为城市综合发展水平，具体表达式为：

$$T_t = \alpha f(U_{1t}) + \beta f(U_{2t}) + \gamma f(U_{3t}) \tag{7.3}$$

R_t 值越大，说明系统间耦合协调程度越强。为计算方便，假设产业、人口、空间系统发展对城市同等重要，即 $\alpha = \beta = \gamma = 1/3$。按耦合协调度大小，可将珠三角城市群各城市发展划分为三个阶段：当 $R_t \in [0, 0.7)$ 时，为初级耦合协调发展阶段；当 $R_t \in [0.7, 0.80)$ 时，为中级耦合协调发展阶段；当 $R_t \in [0.80, 1]$ 时，为高级耦合协调发展阶段。

7.3 实 证 分 析

7.3.1 珠三角城市群产业、人口、空间系统耦合协调发展的时序特征

从整体上看，珠三角城市群综合发展水平呈不断提升趋势（见图 7.1）。按趋势走向，可划分为三个阶段：第一阶段，为 2000～2007 年，综合发展水平处于平稳提升阶段；第二阶段，为 2008～2012 年，综合发展水平在波动中提升，但增幅变小；第三阶段，为 2013～2019 年，综合发展水平在平稳中不断提升，增幅有所提升。珠三角城市群作为我国开放程度最高的城市群之一，具有典型外向型经济发展特征，受国际市场影响较大。2000 年以来，受我国加入 WTO、国际金融危机和经济进入新常态等发展环境冲击，珠三角城市群综合发展水平在 2000～2001 年、2008～2009 年和 2010～2012 年分别出现三次下滑。2001 年，随着我国正式成为世贸组织一员，国际资本大量涌入珠三角城市群，不仅为经济区发展提供了大量资本，还对其产业结构产生了冲击。具体来说，主要对城市群内各城市工业制造业和外贸出口产业产生较大影响，而各城市受冲击程度因各市产业结构而异，造成城市发展失衡，导致珠三角城市群综合发展水平有所降低。但这一影响属于短期影响，不具有持续性，珠三角城市群拥有大量中小型制造业，民营制造业占

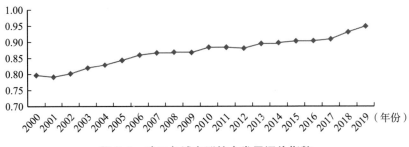

图7.1 珠三角城市群综合发展评价指数

据很大比例,它们对外界环境有很强适应性,能够在短时间内调整发展模式,快速适应市场环境变化。随着发展模式的逐步适应,加入WTO对地方经济的积极影响作用开始显现出来。因此,自2001年起,珠三角城市群综合发展水平逐渐进入平稳增长阶段。2008年,由美国次贷问题引起的金融性危机在短时间内席卷全球,国际资本供给市场和商品需求市场同时遭受到严重冲击,对珠三角城市群外资引进和对外贸易产生较大冲击,对珠三角城市群产生巨大影响。为减轻金融危机对我国经济造成的冲击,中央政府于2009年提出以扩大内需、促进经济快速平稳增长为目标的"四万亿计划"。珠三角城市群作为我国三大经济增长极之一,是政策的主要受惠者。据广东统计数据显示,这一时期受国际金融危机冲击影响外资对珠三角城市群拉动作用明显降低,国有资本成为城市投资主动力,珠三角城市群实际利用外资规模增速由2008年的11.4%下降到2009年的3.5%和2010年的4.8%,而全社会固定资产投资规模增速却从2008年的13.3%增加到2009年的22.7%和2010年的18.2%。国有资金大量涌入短期内促进了珠三角城市群的发展,使2010年珠三角城市群综合发展水平有短暂提升。但国际金融危机具有持续性的特征，对珠三角城市群的冲击很难在短时间内彻底消除，而国家"四万亿计划"则不具有持续性，对地方经济发展的促进效用将随政策的结束而快速下降，珠三角城市群仍旧会受到金融危机影响。2010～2012年，珠三角城市群实际利用规模一直处于较低增长水平，而全社会固定资产投资增速也出现大幅下滑，影响了城市群的发展，造成这一时期城市群综合发展水平有所下降。2013年之后，随着我国经济发展进入"新常态"，珠三角各市通过调整经济发展模式逐渐适应金融危机，经济发展开始进入新的轨道，城市群发展不断趋好，综合发展水平不断上升。可见，国际环境变化是导致珠三角城市群综合发展水平产生波动性变化的重要因素之一。

将珠三角城市群城市综合发展水平与产业、人口、空间系统发展水平进行对比分析（见图7.2），可发现各阶段促进珠三角城市群发展的主要动力以及三大系统间协调关系变化的主要矛盾。

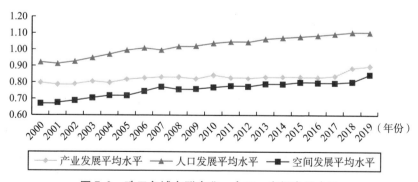

图 7.2　珠三角城市群产业、人口、空间发展水平

以城市群综合发展水平变化的三个阶段为参照，三大系统在不同阶段发展特征如下：

2000~2007 年，表现出人口发展为主动力，产业发展为次动力，空间发展快速提升的发展特征。在这一时期，产业发展水平增长缓慢，增幅低于人口和空间系统。从系统发展水平得分看，人口发展水平最高，产业次之，空间最低。

2008~2012 年，表现出人口发展为主动力，产业发展动力弱化，空间发展动力增强的发展特征。在这一时期，人口发展水平稳步提升，受全球性金融危机影响，产业发展波动中有所降低。受"四万亿计划"政策影响，各市纷纷采取扩大政府投资空间，加大投资强度等手段拉动地方经济增长，使空间系统发展水平不断提升，与产业和人口系统间差距不断缩小。

2013~2019 年，表现出人口和产业稳步发展，空间发展不断提速的发展特征。这一时期，空间发展水平增幅超过人口和产业，成为拉动珠三角城市群综合发展水平的主动力。

利用系统耦合协调度具体衡量珠三角城市群产业、人口、空间系统间协调发展程度。总体上看，珠三角城市群产业、人口、空间系统间综合耦合协调度基本实现了由中低级耦合协调发展阶段向中高级耦合协调发展阶段转变，但仍未达到高级耦合协调发展阶段。具体变动过程如下：2000~2007 年间，系统耦合协调度处于0.73~0.76 区间，处于平稳增长阶段，实现了从中低级向中高级耦合协调阶段转变；2008~2012 年间，系统耦合协调度在中高级耦合协调阶段呈阶梯形增长；2013~2019 年间，系统耦合协调度在中高级耦合协调阶段中平稳上升（见图7.3）。

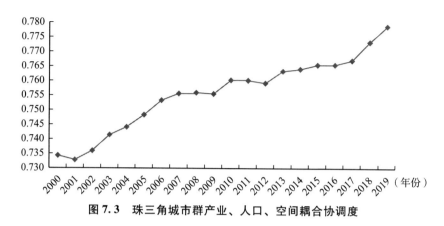

图 7.3　珠三角城市群产业、人口、空间耦合协调度

　　具体来看，产业、人口、空间系统两两间耦合协调度与三者耦合协调度变动趋势相似。从三大系统两两间耦合协调程度看，产业与空间系统发展失衡是造成珠三角城市群三大系统耦合协调程度增长缓慢的主要原因（见图 7.4）。第一阶段，在产业、人口、空间两两耦合协调度平稳增长。从具体得分看，产业与空间耦合协调程度最小，与产业、人口以及人口、空间系统耦合协调度差距有扩大趋势，空间发展滞后是限制该时期三大系统耦合协调程度的主要原因。第二阶段，人口与空间耦合协调度稳中有升，人口与产业、产业与空间耦合协调程度波动性变化明显，结合图 7.2 中各系统发展水平变化特征，可以发现，产业发展滞后是造成这一时期三大系统耦合协调程度发展差的主要原因。第三阶段中，产业、人口、空间系统两两耦合协调度不断提升。人口与空间、产业与空间耦合协调度上升幅度大于产业与空间。说明，空间系统发展是三大系统耦合协调度提升的主要原因，而产业发展缓慢依旧是造成三大系统耦合协调度提升的主要原因。

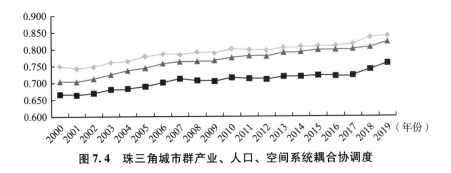

图7.4　珠三角城市群产业、人口、空间系统耦合协调度

对比产业、人口、空间系统不同阶段发展特点，可以发现：

在第一阶段，珠三角表现为以人口发展为主导力量的城市劳动密集型发展模式。随着我国正式加入WTO，珠三角不仅是国际资本涌入我国市场的重要集聚地，还是我国对外贸易的主要输出地，同时也是港澳台资本向内地（大陆）转移的主要承接地。众多因素共同造就珠三角工业制造业的快速发展，并创造出大量就业岗位，吸引着全国各省市劳动资源，使珠三角成为我国劳动力的主要汇集地。相对于产业和空间系统发展而言，劳动人口具有流动性强、变化周期短等特点。因此，这一时期人口系统发展水平要快于产业和空间系统，成为珠三角城市群发展的主要动力。

在第二阶段，珠三角表现为以空间开发为载体拉动投资，带动城市发展的空间拓展型经济发展模式。全球金融危机导致国际资本流动速度放缓，国际市场需求低迷，造成实际利用规模和出口产业不断缩水，导致外资和外贸对珠三角发展的带动作用大幅减弱，使珠三角城市群产业发展受到较大冲击。在此背景下，政府部门加大对地方经济干预，大量政府资金进入城市基础设施建设领域，但政府投资受中央政策影响较大，且不具有持续性，对地方经济发展影响周期短，且珠三角是我国市场化程度最高的地区，民营资本主要集中在工业制造业领域，从而造成政府投资对产业发展影响较小，并未对产业与空间系统失调问题产生实质性影响。这意味着产业发展依旧是限制珠三角的主要原因，而空间发展也未能解决产业的发展问题。原因可能在于，珠三角多是以出口劳动密集型为主的低端制造业，金融危机爆发后，各地为保持发展规模和速度，纷纷采取拓展城市发展空间这种"摊大饼"式发展模式，忽略了产业发展的质量要求。且在金融危机之后，全球市场需求结构和发展模式均发生了很大变化，原有产业结构不再适应新经济发展形势，而新兴产业尚未培育起来，各地产业发展面临着产业结构转型升级以及国际金融危机带来的外资缩减、外贸萎缩等多重因素冲击，从而造成这一时期珠三角城市群产业、人口、空间系统间耦合协调度增长相对缓慢。

在第三阶段，随着我国经济进入"新常态"，珠三角城市群产业、人口、空间两两间耦合协调度不断增大，但产业与空间系统间发展失衡仍旧是制约城市系统协调发展的主要矛盾。结合当前珠三角发展环境，从整体发展趋势上看，在保持人口与空间、人口与产业健康发展前提下，在拓展空间发展过程中，加速产业结构转型升级，实现产业在空间领域合理布局，促进产业与空间协调发展，解决好产业与空间系统间发展失衡问题，形成良好的产业、人口、空间协调发展机制是珠三角城市群实现可持续发展的当务之急。

7.3.2　珠三角城市群产业、人口、空间系统耦合协调发展的空间特征

2000～2019年，珠三角各城市产业、人口、空间系统发展产生较大变化，以深圳和广州为第一层级，其他城市为第二层级的双层

级空间局面逐渐被打破。形成以深圳和广州为双核心局面向以深圳为第一层级，广州、东莞和佛山为第二层级，其余城市为第三层级的多层级空间形态演进（见图7.5）。2000年，深圳和广州城市综合发展水平处于领先地位，惠州和珠海紧跟其后，而东莞和佛山等邻核心城市发展水平偏低。到2019年，深圳城市综合发展水平仍保持绝对优势，东莞的发展尤为迅速，与深圳间的差距不断缩小。东莞的产业、人口、空间系统综合发展水平已接近广州，在珠三角城市群中位于第三位。佛山也取得较大发展，而惠州、江门、珠海三市进步相对缓慢，肇庆有所降低，珠三角城市群中各城市间差距不断扩大。

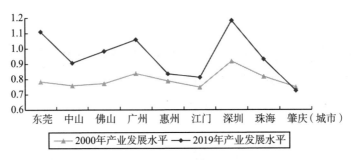

图7.5　珠三角城市群城市综合发展水平

从各城市产业、人口、空间系统具体发展情况看，珠三角城市群各城市产业、人口、空间发展仍存在一定失衡性。

（1）产业发展方面，深圳、广州、东莞和佛山四市产业发展进步较大，中山市产业发展水平未发生明显变化，惠州、江门、珠海和肇庆四市产业发展水平有所降低。深圳、广州、东莞和佛山四市产业发展水平提升的原因在于经济规模、工业企业综合和工业企业总产值增长较快。2000～2019年间，深圳、广州、东莞、佛山四大城市经济规模平均增长了 9.9 倍，远高于惠州、江门、中山和肇庆四市。在工业企业数量、工业企业总产值、二三产业占比方面的平均增长速度也快于惠州、江门、珠海和肇庆。本书认为原因在于深圳和广州两大核心城市的产业发展速度远高于珠三角其他城市，而东莞和佛山与深圳和广州相邻，城市发展阶段低于深圳和广州，更容易成为深圳和广州的产业转移承接地。佛山产业发展离不开广佛同城化过程中对广州工业制造业的有效承接，而东莞产业发展也离不开深圳。从佛山发展状况看，佛山与广州之间有天然距离优势，这有利于降低广佛之间产业转移和资源流动成本。从城市发展阶段上看，早在 2014 年广州的人均 GDP 已经超过 2 万美元，按照钱纳里城市发展理论，广州已经迈入工业化后期阶段，而佛山尚未达到此阶段。近年来，随着广州迈向更高发展阶段，其产业发展模式发生较大变化，发展重点已经从传统工业制造业向现代服务业和高端制造业领域转变。为广州发展现代服务业和高端制造业提供发展空间，加快产业结构转型升级速度，近年来广州在产业政策上大力实施"退二进三"战略，传统工业制造业不断向佛山转移，佛山工业制造业得以快速发展。从两市产业结构变化结构上看，2000～2006 年，广州的第二产业增加值占 GDP 比重下滑了约 30 个百分点，而佛山第二产业占 GDP 比重则增长了约 24 个百分点；广州第三产业服务业增长了约 26 个百分点，而佛山第三产业占比却有所降低。这充分说明佛山的发展离不开广州的带动作用。深圳和东莞之间与其情况也比较类似。

（2）人口发展方面，2000 年以来珠三角城市群九大城市人口发展均有所提升，发展速度因城而异。深圳人口发展最为迅速，广州、东莞、中山和佛山也取得了较快发展。珠三角城市群人口发展普遍较快的原因在于作为我国制造业最为密集的地区，也是我国外贸出口制造规模最大的区域，工业制造业快速发展创造了大量就业岗位，使珠三角成为我国人口流入规模最大的城市群。此外，随着国际资本的大量涌入、城市空间的不断拓展以及城镇化进程的不断推进，珠三角城市群常住人口规模和劳动参与率稳步提升，城镇失业率不断降低。

（3）空间发展方面，自 2000 年以来，珠三角城市群中各城市空间发展都有所提升，提升幅度因城而异。东莞城市空间发展最为迅速，佛山和惠州的城市空间发展也取得较大进步，深圳和广州仍保持较高发展水平，具体见图 7.6 ~ 图 7.8。

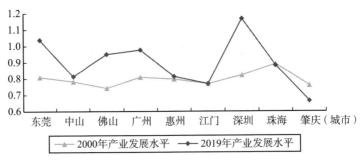

图 7.6　珠三角城市群城市产业发展水平

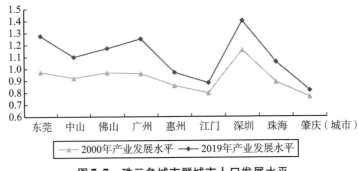

图 7.7　珠三角城市群城市人口发展水平

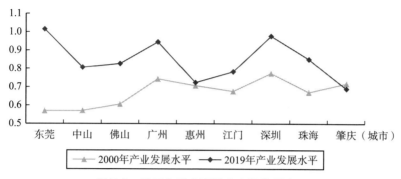

图 7.8 珠三角城市群城市空间发展水平

对比 2000 年和 2019 年珠三角城市群城市耦合协调度，可以发现 2000 年以来，各城市耦合协调度有较大提升，排名也发生了较大变化。2000 年，珠三角城市群中九大城市可以分成四个梯队：深圳和广州两市处于第一梯队，珠海和惠州处于第二梯队，东莞和佛山处于第三梯队，中山、江门和佛山属于第四梯队。从各城市产业、人口、空间系统耦合协调度得分上看，深圳和广州处于前两位，分别为 0.7684 和 0.7472，江门最低，仅为 0.7198，其余城市得分处于 0.72~0.74 区间（见表 7.3）。可见，2000 年珠三角城市群各城市产业、人口、空间系统发展整体处于中级耦合协调发展阶段。

表 7.3   2000 年和 2019 年珠三角城市群产业、人口、空间耦合协调指数

城市	2000 年		2019 年	
	得分	排名	得分	排名
深圳	0.9354	1	1.1734	1
东莞	0.7948	5	1.0919	2
广州	0.8631	2	1.0443	3

城市	2000 年		2019 年	
	得分	排名	得分	排名
佛山	0.7842	6	0.9833	4
中山	0.7836	7	0.8626	5
惠州	0.8118	4	0.8593	6
珠海	0.8337	3	0.8579	7
肇庆	0.7796	8	0.7691	8
江门	0.7492	9	0.7666	9

2019 年，除肇庆市产业、人口、空间系统耦合协调度得分略有降低外，珠三角城市群中其余城市得分均有提升，但与 2000 年相比，2019 年珠三角城市群各城市产业、人口、空间系统耦合协调程度梯队序列有较大变化，根据各城市具体得分划分，各梯队城市排名如下：深圳和东莞处于第一梯队，广州和佛山处于第二梯队，中山和珠海处于第三梯队，惠州、肇庆和江门处于第四梯队。从 2000～2019 年，深圳在产业、人口、空间耦合协调程度始终牢牢占据第一位。东莞进步最大，得分已超过广州，晋升到第一梯队中。其他城市排名也有相应变化，佛山从第三梯队上升到第二梯队，惠州和珠海分别从第二梯队下降到第四梯队和第三梯队，中山从第四梯队上升到第三梯队，肇庆和江门所处梯队未发生变动。从各城市产业、人口、空间系统耦合协调度得分上看，2019 年深圳、东莞和广州得分均大于 0.8，处于高级耦合协调发展阶段；佛山、中山、惠州和珠海得分均超过 0.75 但没有达到 0.8，提升幅度明

显，进入中高级耦合协调发展阶段（见表 7.3）。从总体空间发展来看，通过 19 年的发展，珠三角城市群各城市产业、人口、空间系统耦合协调度整体提高，并形成以广深莞为轴心，惠州和佛山为两翼的中高水平协调发展经济带。

进一步统计珠三角城市群各城市产业、人口、空间系统两两间耦合协调度变化情况，可以发现，2000 年以来，各城市不同系统两两间耦合协调度也发生了较大变化（见表 7.4）。

表 7.4　　　　　珠三角城市群城市产业、人口、空间
系统耦合协调度变化情况

模式	年份	协调度 （＜0.7）	协调度 （0.7～0.8）	协调度 （＞0.8）
产业与人口耦合协调度	2000	江门、肇庆	东莞、中山、佛山、广州、惠州、珠海	深圳
	2019	肇庆	惠州、江门	东莞、中山、佛山、广州、深圳、珠海
产业与空间耦合协调度	2000	东莞、中山、佛山、广州、惠州、江门、珠海、肇庆	深圳	—
	2019	惠州、江门、肇庆	佛山、珠海、中山	广州、深圳、东莞
人口与空间耦合协调度	2000	东莞、中山、佛山、惠州、江门、珠海、肇庆	广州	深圳
	2019	肇庆	惠州、江门	东莞、中山、佛山、广州、深圳、珠海

自 2000 年以来，珠三角城市群城市协调发展模式变化特点如下：

（1）产业与人口系统间的耦合协调度实现了由中级耦合协调发展阶段向高级耦合协调发展阶段的过渡。2000 年，除深圳处于高级耦合协调发展阶段外，其他八个城市均处于中低级耦合协调发展阶段。到 2019 年，东莞、中山、佛山、广州和珠海五市相继进入高级耦合协调发展阶段，珠三角进入该阶段的城市已过半。可见，随着十几年的发展，珠三角城市群产业与人口耦合协调发展有巨大的提升。

（2）产业与空间系统间的发展逐渐均衡。2000 年，仅深圳处于中级耦合协调发展阶段，其他城市均处于初级发展阶段，发展水平整体偏低。到 2019 年，各城市产业与空间耦合协调度差异化有很大变化，深圳从中级耦合协调发展阶段迈入高级阶段，广州和东莞直接从初级耦合协调发展阶段迈入高级阶段，佛山、珠海和中山三市迈入中级耦合协调发展阶段。此时，珠三角城市群城市产业与空间耦合协调度在各个阶段均有三个城市，表现出明显的均衡发展特征。

（3）人口与空间系统间的耦合协调度稳步提升。2000 年，珠三角城市群人口与空间在初、中、高级耦合协调发展阶段分布数量为"七一一"布局，整体处于初级耦合协调发展阶段。到 2019 年，珠三角城市群人口与空间在初、中、高级耦合协调发展阶段分布数量已变为"一二六"布局，整体处于中高级耦合协调发展阶段。值得注意的是，东莞、中山、佛山和珠海四市的人口与空间耦合协调度提升幅度较大，直接从 2000 年的初级耦合协调发展阶段跃升至 2019 年的高级耦合协调发展阶段，提升了两级，广州和深圳两市均提升了一级。

结合三大系统发展状况,不难发现,通过 19 年的发展,空间系统发展滞后是限制整个珠三角产业、人口、空间系统协调发展的主要因素。事实上,2000 年以来珠三角城市群各城市呈现出的城市系统协调发展变化特征,无论是产业与空间耦合协调度变化,还是人口与空间系统耦合协调度变化,主要根源都在于珠三角城市空间发展非平衡性,导致空间发展跟不上产业发展与人口发展,造成产业、人口、空间系统发展失衡。城市空间系统是城市发展的载体,产业系统是城市发展的主导动力,人口发展是城市发展的最高目标(朱江丽、李子联,2015),空间系统发展跟不上产业与人口发展需求,不仅限制了城市发展速度和质量,还加大了城市转型升级成本。

7.4 本章小结

第一,从时序上看,珠三角城市群产业、人口、空间系统发展总体上呈波动中演进特征,演进过程大致分为三个阶段:(1)2000 ~ 2007 年,以产业和人口为主导力量的城市发展模式,城市协调发展水平稳步提升;(2)2008 ~ 2012 年,受全球金融危机和国家“四万亿计划”政策影响,形成以空间开拓为主导力量的城市空间发展模式,全球金融危机造成国际资本和国际市场萎缩造成这一时期产业发展相对滞后;(3)2013 ~ 2019 年,随着我国经济进入“新常态”,各地逐渐调整城市发展模式,城市综合发展水平稳中提升,增幅有所增长。

第二，从空间上看，珠三角城市群产业、人口、空间系统耦合协调度呈现空间发展滞后影响较大，城市间差异程度不断扩大。从2000~2019年珠三角城市群各城市产业、人口、空间系统耦合协调发展水平整体有所提高，但也存在一定失衡，珠三角城市群内"深莞"经济圈综合协调程度优于广佛经济圈，珠江两岸城市发展失衡。整体空间格局由"广深"为双核心的空间格局逐步演进成为以"广深莞"为轴心，以惠州和佛山为两翼的高水平协调发展区域形态。从城市发展模式来看，区域内高水平协调发展城市主要呈现出人口与空间协调程度滞后的特征，而外围城市主要暴露出产业与空间系统发展滞后问题。两组矛盾的根源在于城市产业布局不合理以及空间系统发展不均衡，进而导致产业与空间发展、人口与空间系统发展失衡。

第8章

广州与粤港澳大湾区其他城市产业竞争力比较分析

8.1 "十三五"时期产业竞争力比较分析

2017 年 3 月，国务院政府工作报告中首次出现"粤港澳大湾区"，提出"要推动内地与粤港澳深化合作，研究制定粤港澳大湾区城市群发展规划"。2017 年 7 月《深化粤港澳合作推进大湾区建设框架协议》在香港签署，2019 年 2 月《粤港澳大湾区发展规划纲要》正式公布，粤港澳大湾区建设正式上升到国家战略层面。近年来，随着粤港澳大湾区各项政策的不断推进和落地，经济发展取得了较大的进步，作为中国国际化程度最高、开放度最高的城市群，具有起点更高、目标更远、使命更重的发展特征。不仅担负着带动区域经济协调发展，推动国家经济增长的重任，更是代表国家更好地参与全球城市、产业竞争和国际化治理的一个重要平台。

从经济规模看，早在 2017 年，粤港澳大湾区经济规模已经迈上

10 万亿元①门槛，2019 年粤港澳大湾区经济总量已达到 116262.1 亿元，名义 GDP 规模较 2017 年增长了 14.76%②，较 2015 年增长了 34.8%，经济发展取得较快发展（如表 8.1 所示）。

表 8.1　　　　　　2015~2019 年粤港澳大湾区经济规模　　　单位：亿元

区域	2015 年	2016 年	2017 年	2018 年	2019 年
粤港澳大湾区	86246.6	94100.6	101310.9	109599.8	116262.1
珠三角	62992.4	68663.7	75710.1	81048.5	86899.1
香港	20391.8	22410.1	22181.9	24900.4	25643.7
澳门	2862.4	3026.8	3418.9	3650.9	3719.4
广州	18313.8	19782.2	21503.2	22859.4	23628.6
深圳	18014.1	20079.7	22490.1	24222.0	26927.1
珠海	2025.4	2226.4	2675.2	2914.7	3435.9
佛山	8003.9	8630.2	9398.5	9935.9	10751.0
惠州	3140.0	3412.2	3830.6	4103.1	4177.4
东莞	6275.1	6827.7	7582.1	8278.6	9482.5
中山	3010.0	3202.8	3430.3	3632.7	3101.1
江门	2240.0	2418.8	2690.3	2900.4	3146.6
肇庆	1970.0	2084.0	2110.0	2201.8	2248.8

资料来源：国家统计局、Wind 数据库以及历年广东省统计年鉴、香港统计年鉴和澳门统计年鉴，香港和澳门 GDP 均为进行了汇率折算后的人民币值，下同。

从实际经济增长速度看，2015 年以来，粤港澳大湾区年均实际经济增速为 5.93%，但香港和澳门两地的实际 GDP 增速相对较低，年均增仅有 2.00% 和 -2.34%，在一定程度上拉低了大湾区的平均

① 按当年价格计算，香港和澳门两地生产总值已经过汇率换算成人民币形式。
② 此为没有考虑价格因素下的名义增长率。

水平。从各城市表现看，2015～2019年大湾区中有七大城市的年均实际GDP增速高于7%，其中深圳和珠海两市均超过了8%，广州、佛山、惠州、东莞和江门五市在7%以上，如表8.2所示。

表8.2　　　　　2015～2019年粤港澳大湾区经济增速　　　单位：%

区域	2015年	2016年	2017年	2018年	2019年	均值
粤港澳大湾区	5.73	6.57	7.03	5.91	4.39	5.93
珠三角	8.59	8.32	7.90	6.84	6.35	7.60
香港	2.40	2.20	3.80	2.80	−1.20	2.00
澳门	−21.59	−0.72	9.89	5.44	−4.70	−2.34
广州	8.40	8.20	7.00	6.20	6.80	7.32
深圳	8.90	9.10	8.80	7.60	6.70	8.22
珠海	10.04	8.54	10.82	8.00	6.80	8.84
佛山	8.49	8.30	8.25	6.30	6.90	7.65
惠州	9.01	8.23	7.61	6.00	4.20	7.01
东莞	8.01	8.07	8.07	7.40	7.40	7.79
中山	8.42	7.76	6.58	5.90	1.20	5.97
江门	8.38	7.40	8.13	7.80	4.30	7.20
肇庆	8.22	5.04	5.19	6.60	6.30	6.27

8.1.1　国内市场占有率分析

（1）经济总量占有率。经济总量占有率测算的是地方经济规模占全国经济总量的比重，在一定程度上反映了地方经济对全国经济发展的重要性。在测算方法选择上，本书使用地方经济总规模占全国经济总规模的比重表示①。

2015～2019 年粤港澳大湾区经济规模占全国经济总量的年均比值为 12.19%，其中珠三角九大城市的经济规模年均占有率为 9.01%，香港和澳门两地仅为 2.79% 和 0.4%，如表 8.3 所示。从时间变化看，从 2016 年开始，粤港澳大湾区经济规模占有率呈现出一定的缓慢下滑趋势。从各城市具体表现看，深圳和珠海两市呈缓慢上升趋势；佛山、东莞、江门和香港四地相对稳定；广州、惠州、中山、肇庆和香港五地呈缓慢下滑趋势。

表 8.3　　　　2015～2019 年粤港澳大湾区经济规模占有率　　单位：%

区域	2015 年	2016 年	2017 年	2018 年	2019 年	均值
粤港澳大湾区	12. 52	12. 61	12. 18	11. 92	11. 73	12. 19
珠三角	9. 14	9. 20	9. 10	8. 82	8. 77	9. 01
香港	2. 96	3. 00	2. 67	2. 71	2. 59	2. 79
澳门	0. 42	0. 41	0. 41	0. 40	0. 38	0. 40
广州	2. 66	2. 65	2. 58	2. 49	2. 38	2. 55
深圳	2. 62	2. 69	2. 70	2. 63	2. 72	2. 67
珠海	0. 29	0. 30	0. 32	0. 32	0. 35	0. 32
佛山	1. 16	1. 16	1. 13	1. 08	1. 09	1. 12
惠州	0. 46	0. 46	0. 46	0. 45	0. 42	0. 45
东莞	0. 91	0. 91	0. 91	0. 90	0. 96	0. 92
中山	0. 44	0. 43	0. 41	0. 40	0. 31	0. 40
江门	0. 33	0. 32	0. 32	0. 32	0. 32	0. 32
肇庆	0. 29	0. 28	0. 25	0. 24	0. 23	0. 26

---

① 本书选用当年价格计算的国内生产总值进行测算，没有考虑各地通货膨胀因素而产生的影响。

（2）工业国内市场占有率。工业制造业国内市场占有率测算的是地方工业制造业规模占全国工业总量的比重，在一定程度上反映了地方工业制造业发展对全国工业制造业发展的重要性。在测算方法选择上，本书使用地方工业制造业总产值与全国工业制造业总产值的比重表示①。

2015～2019年粤港澳大湾区规模以上工业企业总产值（以下简称工业总产值）占全国工业总产值②的比重（即市场占有率）的年均值为10.45%，其中制造业规模以上工业企业总产值（以下简称制造业总产值）市场占有率为11.27%。从变化趋势看，大湾区工业和制造业总产值市场占有率呈逐年递增趋势。从各行业表现看，计算机、通信和其他电子设备制造行业市场占有率最高，年均值高达33.80%，说明全国超过1/3的计算机、通信和其他电子设备来自粤港澳大湾区，且从市场占有率变化趋势看，计算机、通信和其他电子设备制造行业市场占有率呈不断增加趋势，2019年已提升到35.75%。家具行业市场占有率也比较高，年均市场占有率高达21.92%，且呈逐渐增加趋势，2019年进一步提升到26.55%。此外，电气机械和器材，文教、工美、体育和娱乐用品，橡胶和塑料制品业与金属制品、机械和设备修理业等其他十四个制造行业的市场占有率年均值都在10%以上，汽车制造行业的年均市场占有率虽然低于10%，但增长趋势明显，且在2019年市场占有率已经超过

---

① 本书选择用当年价格计算的国内工业制造业总产值进行测算，没有考虑各地通货膨胀因素而产生的影响。

② 由于中国统计局对全国规模以上工业企业总产值（按行业划分）仅测算到2016年，缺乏2017～2019年数据，本书参照相关文献，选择使用按行业划分全国规模以上工业企业行业总产值近似测算为"行业总产值＝当年主营业务收入＋当年存货价－上一年存货"。

10%，如表8.4所示。

表8.4　2015～2019年粤港澳大湾区工业制造业市场占有率变化情况

单位：%

行业	2015 年	2016 年	2017 年	2018 年	2019 年	均值
工业	9.31	9.53	10.04	11.40	11.97	10.45
制造业	10.07	10.22	10.78	12.32	12.96	11.27
计算机、通信和其他电子设备	31.93	32.13	33.65	35.56	35.75	33.80
家具	19.40	19.06	19.91	24.68	26.55	21.92
电气机械和器材	16.66	17.04	16.56	20.23	21.89	18.48
文教、工美、体育和娱乐用品	18.27	16.18	16.59	19.19	20.63	18.17
废弃资源综合利用业	19.32	18.50	18.36	15.19	16.69	17.61
水的生产和供应业	18.58	18.05	16.90	15.13	14.40	16.61
橡胶和塑料制品业	11.97	12.32	13.08	16.52	18.94	14.57
金属制品业	11.97	11.67	13.65	14.72	15.61	13.52
金属制品、机械和设备修理业	11.92	10.63	15.46	14.82	13.73	13.31
造纸和纸制品业	11.22	11.24	13.26	14.98	15.46	13.23
印刷和记录媒介复制业	11.70	11.31	11.94	14.81	16.33	13.22
燃气生产和供应业	10.28	12.06	10.30	15.62	11.89	12.03
仪器仪表	9.31	9.74	10.37	12.60	16.49	11.70
其他制造业	8.01	8.71	8.23	15.61	14.90	11.09
纺织服装、服饰	10.67	9.84	9.66	10.16	12.04	10.48
皮革、毛皮、羽毛及其制品和制鞋	11.36	10.89	10.13	9.36	9.89	10.32
汽车	8.19	8.22	8.97	9.89	10.05	9.07
通用设备	7.26	7.69	8.55	10.02	11.34	8.97
专用设备	6.07	6.91	8.56	10.69	12.43	8.93
电力、热力生产和供应业	8.65	9.12	8.80	7.99	7.82	8.48

续表

行业	2015 年	2016 年	2017 年	2018 年	2019 年	均值
铁路、船舶、航空航天和其他运输设备	6.23	6.98	6.84	7.89	6.56	6.90
食品制造业	6.00	5.77	6.09	6.52	8.36	6.55
化学原料和化学制品	6.31	6.11	5.70	7.00	7.35	6.49
非金属矿物制品业	5.06	4.93	5.32	6.72	7.13	5.83
酒、饮料和精制茶制造业	5.50	5.17	5.42	5.54	5.75	5.48
纺织业	4.27	4.22	4.47	5.94	7.16	5.21
有色金属冶炼和压延加工业	4.90	5.05	4.43	4.80	4.56	4.75
医药	3.95	3.96	3.80	4.87	5.16	4.35
木材加工和木、竹、藤、棕、草制品	3.33	3.23	3.29	3.80	4.38	3.60
石油、煤炭及其他燃料加工业	3.68	3.36	3.26	3.94	3.49	3.55
烟草制品业	2.88	2.93	2.94	2.61	2.70	2.81
黑色金属冶炼和压延加工业	2.05	2.16	2.01	1.84	1.79	1.97
化学纤维	1.40	1.28	1.89	1.41	1.81	1.56

资料来源：根据各城市统计年鉴数据整理和测算。

　　从各城市表现看，2019 年深圳、佛山和东莞三市制造业市场占有率排名前三，其中深圳市制造业年均市场占有率为 3.94%，佛山和东莞也分别达到了 2.43% 和 2.26%，广州年均市场占有率为 1.88%，位列第四。其他城市的年均值均小于 1%，其中香港和澳门仅为 0.025% 和 0.002%，如表 8.5 所示。从细分行业看，各地制造行业既表现出一定的趋同性，又存在着一定的差异性。主要表现为在计算机、通信和其他电子设备和家具制造领域具有较强的趋同性。广州工业制造领域市场占有率排名前三的行业分别是汽车

（6.75%）、燃气生产和供应业（6.28%）和金属制品、机械和设备修理业（5.32%）；深圳、珠海、惠州和东莞四市的计算机、通信和其他电子设备市场占有率在各市制造行业中均排进前三；佛山、惠州、中山和肇庆四市的家具行业市场占有率也均排进各市制造行业前三。但除了深圳和东莞两市的计算机、通信和其他电子设备全国市场占有率排名第一外，其他城市制造行业市场占有率排名第一的行业各不相同，说明每个城市在工业制造业具体细分行业发展方面存在着一定的错位发展特征。

表 8.5   2019 年粤港澳大湾区各城市主要工业制造业行业市场占有率

单位：%

广州		深圳		珠海	
行业	占有率	行业	占有率	行业	占有率
工业	1.82	工业	3.49	工业	0.43
制造业	1.88	制造业	3.94	制造业	0.44
汽车	6.75	计算机、通信和其他电子设备	19.85	金属制品、机械和设备修理业	6.65
燃气生产和供应业	6.28	文教、工美、体育和娱乐用品	9.36	电气机械和器材	1.61
金属制品、机械和设备修理业	5.32	仪器仪表	6.88	燃气生产和供应业	1.14
家具	4.03	废弃资源综合利用业	6.09	仪器仪表	1.01
仪器仪表	3.15	专用设备	4.69	计算机、通信和其他电子设备	0.74
食品制造业	3.11	水的生产和供应业	4.68	医药	0.71

续表

广州		深圳		珠海	
行业	占有率	行业	占有率	行业	占有率
水的生产和供应业	2.84	橡胶和塑料制品业	4.57	化学原料和化学制品	0.62
电力、热力生产和供应业	2.30	电气机械和器材	4.48	化学纤维	0.50
烟草制品业	2.04	其他制造业	4.45	造纸和纸制品业	0.46
橡胶和塑料制品业	1.99	印刷和记录媒介复制业	4.02	水的生产和供应业	0.44
通用设备	1.94	通用设备	2.50	通用设备	0.41
纺织服装、服饰	1.90	家具	1.88	专用设备	0.40
计算机、通信和其他电子设备	1.86	燃气生产和供应业	1.62	橡胶和塑料制品业	0.40
化学原料和化学制品	1.78	纺织服装、服饰	1.61	铁路、船舶、航空航天和其他运输设备	0.40
铁路、船舶、航空航天和其他运输设备	1.65	金属制品业	1.61	电力、热力的生产和供应业	0.38
佛山		惠州		东莞	
行业	占有率	行业	占有率	行业	占有率
工业	2.17	工业	0.70	工业	2.02
制造业	2.43	制造业	0.78	制造业	2.26
家具	9.08	家具	2.54	计算机、通信和其他电子设备	8.95
电气机械和器材	8.16	计算机、通信和其他电子设备	2.47	造纸和纸制品业	6.78
废弃资源综合利用业	7.45	石油、煤炭及其他燃料加工业	1.53	其他制造业	5.76

续表

佛山		惠州		东莞	
行业	占有率	行业	占有率	行业	占有率
金属制品业	6.30	化学原料和化学制品	1.21	家具	4.67
橡胶和塑料制品业	4.43	电气机械和器材	1.18	橡胶和塑料制品业	4.24
文教、工美、体育和娱乐用品	4.35	橡胶和塑料制品业	1.14	印刷和记录媒介复制业	3.82
纺织业	3.97	皮革、毛皮、羽毛及其制品和制鞋	0.75	纺织服装、服饰	3.29
印刷和记录媒介复制业	3.07	水的生产和供应业	0.63	文教、工美、体育和娱乐用品	3.29
水的生产和供应业	3.06	电力、热力的生产和供应业	0.59	皮革、毛皮、羽毛及其制品和制鞋	3.05
专用设备	3.00	文教、工美、体育和娱乐用品	0.57	电气机械和器材	2.44
纺织服装、服饰	2.93	印刷和记录媒介复制业	0.53	金属制品业	2.42
通用设备	2.79	非金属矿物制品业	0.50	仪器仪表	2.40
造纸和纸制品业	2.65	纺织服装、服饰	0.45	专用设备	2.18
非金属矿物制品业	2.42	金属制品业	0.43	通用设备	2.00
皮革、毛皮、羽毛及其制品和制鞋	2.18	其他制造业	0.41	水的生产和供应业	1.50
中山		江门		肇庆	
行业	占有率	行业	占有率	行业	占有率
工业	0.48	工业	0.40	工业	0.29
制造业	0.53	制造业	0.41	制造业	0.30
电气机械和器材	1.88	印刷和记录媒介复制业	1.79	废弃资源综合利用业	1.93

续表

中山		江门		肇庆	
行业	占有率	行业	占有率	行业	占有率
其他制造业	1.72	食品制造业	1.69	金属制品业	1.56
家具	1.72	铁路、船舶、航空航天和其他运输设备	1.59	家具	1.51
橡胶和塑料制品业	1.21	造纸和纸制品业	1.54	木材加工和木、竹、藤、棕、草制品业	0.85
纺织服装、服饰	1.06	金属制品业	1.25	非金属矿物制品业	0.76
仪器仪表	1.00	家具	0.88	皮革、毛皮、羽毛及其制品和制鞋业	0.58
通用设备	0.95	其他制造业	0.60	造纸和纸制品业	0.51
文教、工美、体育和娱乐用品	0.90	电气机械和器材	0.57	文教、工美、体育和娱乐用品	0.48
造纸和纸制品业	0.84	橡胶和塑料制品业	0.55	印刷和记录媒介复制业	0.42
印刷和记录媒介复制业	0.81	电力、热力的生产和供应业	0.54	橡胶和塑料制品业	0.41
金属制品业	0.80	皮革、毛皮、羽毛及其制品和制鞋	0.53	有色金属冶炼和压延加工业	0.39
计算机、通信和其他电子设备	0.68	纺织服装、服饰	0.50	燃气生产和供应业	0.36
水的生产和供应业	0.65	非金属矿物制品业	0.46	化学原料和化学制品	0.31
皮革、毛皮、羽毛及其制品和制鞋	0.50	纺织业	0.44	纺织业	0.30
电力、热力的生产和供应业	0.45	化学纤维	0.42	电力、热力的生产和供应业	0.28

（3）服务业国内市场占有率。服务业国内市场占有率测算的是地方服务业增加值规模占全国服务业增加值总量的比重，在一定程度上反映了地方服务业发展对全国服务业发展的重要性。在测算方法选择上，本书使用地方服务业增加值与全国服务业增加值比重表示①。

2015～2019 年粤港澳大湾区第三产业的市场占有率的年均值为 15.06%，但从变化趋势看，服务业市场占有率呈现出缓慢下滑趋势。从主要服务行业表现看，2015～2019 年金融业市场占有率的年均值最高，为 16.27%，其次是批发和零售行业，市场占有率为 16.74%。但从各行业发展趋势看，批发和零售业、交通运输仓储和邮政业、住宿和餐饮业等传统服务业市场占有率下滑趋势较为明显，而金融行业市场占有率则呈现出逐年增加趋势，如表 8.6 所示。

表 8.6　　2015～2019 年粤港澳大湾区主要服务业市场占有率　　单位：%

行业	2015 年	2016 年	2017 年	2018 年	2019 年	均值
第三产业	15.76	15.64	15.03	14.70	14.16	15.06
批发和零售业	17.52	17.27	16.26	15.91	14.38	16.27
交通运输仓储和邮政业	13.01	12.99	12.53	12.24	10.18	12.19
住宿和餐饮业	16.47	16.01	14.81	14.78	13.86	15.18
金融业	16.25	17.01	16.62	16.86	16.98	16.74
房地产业	17.46	16.40	15.68	14.36	15.20	15.82
其他行业	15.12	15.00	14.57	14.35	13.57	14.52

资料来源：根据各城市统计年鉴整理。

---

① 本书选择用当年价格计算的国内服务业增加值总量进行测算，没有考虑各地通货膨胀因素而产生的影响。

从各城市表现看，2019 年香港、广州和深圳三地服务业市场占有率排名前三，其中香港服务业市场占有率最高，年均值为 4.2%，广州和深圳两市分别为 3.17% 和 3.07%，其他城市均小于 1%，如表 8.7 所示。

表 8.7　　　　2019 年粤港澳大湾区各城市服务行业市场占有率　　　单位：%

城市	第三产业	批发和零售业	交通运输仓储和邮政业	住宿和餐饮业	金融业	房地产业	其他行业
香港[①]	4.20	5.04	3.28	4.14	6.38	3.65	3.46
澳门[②]	0.67	0.22	0.24	1.28	0.33	0.49	1.06
广州	3.17	3.38	3.21	2.49	2.65	3.80	3.11
深圳	3.07	2.65	1.79	2.48	4.76	3.28	2.90
珠海	0.35	0.31	0.12	0.38	0.48	0.37	0.35
佛山	0.85	0.79	0.38	0.78	0.65	1.10	0.96
惠州	0.34	0.33	0.19	0.43	0.31	0.62	0.28
东莞	0.77	0.86	0.49	0.99	0.72	1.04	0.70
中山	0.28	0.37	0.11	0.28	0.31	0.36	0.25
江门	0.29	0.20	0.22	0.33	0.28	0.31	0.33
肇庆	0.18	0.23	0.16	0.27	0.12	0.18	0.16

注：①针对香港服务行业数据的说明：批发和零售业数据近似对应于香港统计年鉴中的"进出口贸易、批发和零售额"，交通运输仓储和邮政业数据对应于"运输、仓库、邮政及速递服务"，住宿和餐饮数据对应于"住宿及膳食服务"，金融业数据对应于"金融及保险"，房地产数据对应于"地产、专业及商用服务"。

②针对澳门服务行业数据的说明：批发和零售业数据近似对应于澳门统计年鉴中的"批发及零售业"，交通运输仓储和邮政业数据对应于"运输、仓储及通讯业"，住宿和餐饮数据对应于"酒店业"和"饮食业"，金融业数据对应于"银行业"和"保险及退休基金业"，房地产数据对应于"不动产业务"。

资料来源：根据各城市统计年鉴整理。

8.1.2 地区专业化指数分析

（1）工业制造业地区专业化指数。

地区专业化指数测算公式如下：

$$某市\,i\,行业的地区专业化指数 = \frac{该市\,i\,行业的工业总产值/该市工业总产值}{全国\,i\,行业的工业总产值/全国工业总产值}$$

测算结果显示，2015～2019 年粤港澳大湾区制造业地区专业化指数的年均值为 1.08，说明大湾区制造业地区专业化水平整体上高于全国平均水平。从行业表现看，有 11 个制造行业的地区专业化指数的年均值大于 1%，16 个行业的地区专业化指数的均值小于 1%，如表 8.8 所示。计算机、通信和其他电子设备制造行业的地区专业化指数最高，均值高达 3.25，但呈逐年降低趋势，说明粤港澳大湾区该领域的地区市场专业化优势在减弱，原因在于近年来我国大力推进产业结构转型升级，各地纷纷布局以电子信息设备制造为主的先进制造行业，在一定程度上挤占了大湾区的市场。此外，皮革、毛皮、羽毛及其制品和制鞋，纺织服装、服饰，废弃资源综合利用业，水的生产和供应业等为主的传统工业制造行业的地区专业化指数也呈现出逐年下滑趋势，但仪器仪表、通用设备、专用设备等为主的高端制造业行业则呈逐年增长趋势。

表 8.8　　2015～2019 年粤港澳大湾区制造业行业专业化指数

行业	2015 年	2016 年	2017 年	2018 年	2019 年	均值
制造业	1.08	1.07	1.07	1.08	1.08	1.08
计算机、通信和其他电子设备	3.43	3.37	3.35	3.12	2.99	3.25

行业	2015 年	2016 年	2017 年	2018 年	2019 年	均值
家具	2.08	2.00	1.98	2.16	2.22	2.09
电气机械和器材	1.79	1.79	1.65	1.77	1.83	1.77
文教、工美、体育和娱乐用品	1.96	1.70	1.65	1.68	1.72	1.74
废弃资源综合利用业	2.08	1.94	1.83	1.33	1.39	1.71
水的生产和供应业	2.00	1.89	1.68	1.33	1.20	1.62
橡胶和塑料制品业	1.29	1.29	1.30	1.45	1.58	1.38
金属制品业	1.29	1.23	1.36	1.29	1.30	1.29
金属制品、机械和设备修理业	1.28	1.12	1.54	1.30	1.15	1.28
造纸和纸制品业	1.20	1.18	1.32	1.31	1.29	1.26
印刷和记录媒介复制业	1.26	1.19	1.19	1.30	1.36	1.26
燃气生产和供应业	1.10	1.27	1.03	1.37	0.99	1.15
仪器仪表	1.00	1.02	1.03	1.11	1.38	1.11
其他制造业	0.86	0.91	0.82	1.37	1.24	1.04
纺织服装、服饰	1.15	1.03	0.96	0.89	1.01	1.01
皮革、毛皮、羽毛及其制品和制鞋	1.22	1.14	1.01	0.82	0.83	1.00
汽车	0.88	0.86	0.89	0.87	0.84	0.87
通用设备	0.78	0.81	0.85	0.88	0.95	0.85
专用设备	0.65	0.72	0.85	0.94	1.04	0.84
电力、热力生产和供应业	0.93	0.96	0.88	0.70	0.65	0.82
铁路、船舶、航空航天和其他运输设备	0.67	0.73	0.68	0.69	0.55	0.66
食品制造业	0.64	0.61	0.61	0.57	0.70	0.63
化学原料和化学制品	0.68	0.64	0.57	0.61	0.61	0.62
非金属矿物制品业	0.54	0.52	0.53	0.59	0.60	0.56
酒、饮料和精制茶制造业	0.59	0.54	0.54	0.49	0.48	0.53

行业	2015 年	2016 年	2017 年	2018 年	2019 年	均值
纺织业	0.46	0.44	0.45	0.52	0.60	0.49
有色金属冶炼和压延加工业	0.53	0.53	0.44	0.42	0.38	0.46
医药	0.42	0.42	0.38	0.43	0.43	0.42

从各城市表现看，2019 年除香港和澳门两地外，大湾区其他九大城市制造业地区专业化指数均大于 1。对比各城市地区专业化指数前三的制造行业，可以发现城市制造行业地区专业化指数与其市场占有率之间存在高度相关性，主要原因在于行业规模的扩大与行业专业化发展互为因果关系所致，如表 8.5 和表 8.9 所示。

表 8.9　　2019 年粤港澳大湾区城市主要制造行业专业化指数

广州		深圳		珠海	
行业	专业化指数	行业	专业化指数	行业	专业化指数
制造业	1.03	制造业	1.12	制造业	1.01
汽车	3.71	计算机、通信和其他电子设备	5.68	金属制品、机械和设备修理业	15.29
燃气生产和供应业	3.46	文教、工美、体育和娱乐用品	2.68	电气机械和器材	3.71
金属制品、机械和设备修理业	2.93	仪器仪表	1.97	燃气生产和供应业	2.61
家具	2.22	废弃资源综合利用业	1.74	仪器仪表	2.33
仪器仪表	1.73	专用设备	1.34	计算机、通信和其他电子设备	1.71

续表

广州		深圳		珠海	
行业	专业化指数	行业	专业化指数	行业	专业化指数
食品制造业	1.71	水的生产和供应业	1.34	医药	1.63
水的生产和供应业	1.56	橡胶和塑料制品业	1.31	化学原料和化学制品	1.43
电力、热力生产和供应业	1.26	电气机械和器材	1.28	化学纤维	1.15
烟草制品业	1.12	其他制造业	1.27	造纸和纸制品业	1.07
橡胶和塑料制品业	1.09	印刷和记录媒介复制业	1.15	水的生产和供应业	1.01
通用设备	1.07	通用设备	0.72	通用设备	0.94
纺织服装、服饰	1.05	家具	0.54	专用设备	0.92
计算机、通信和其他电子设备	1.02	燃气生产和供应业	0.46	橡胶和塑料制品业	0.91
化学原料和化学制品	0.98	纺织服装、服饰	0.46	铁路、船舶、航空航天和其他运输设备	0.91
铁路、船舶、航空航天和其他运输设备	0.91	金属制品业	0.46	电力、热力生产和供应业	0.88
佛山		惠州		东莞	
行业	专业化指数	行业	专业化指数	行业	专业化指数
制造业	1.11	制造业	1.11	制造业	1.11
家具	4.18	家具	3.66	计算机、通信和其他电子设备	4.43
电气机械和器材	3.76	计算机、通信和其他电子设备	3.56	造纸和纸制品业	3.36

续表

佛山		惠州		东莞	
行业	专业化指数	行业	专业化指数	行业	专业化指数
废弃资源综合利用业	3.43	石油、煤炭及其他燃料加工业	2.19	其他制造业	2.86
金属制品业	2.90	化学原料和化学制品	1.73	家具	2.31
橡胶和塑料制品业	2.04	电气机械和器材	1.69	橡胶和塑料制品业	2.10
文教、工美、体育和娱乐用品	2.00	橡胶和塑料制品业	1.63	印刷和记录媒介复制业	1.89
纺织业	1.83	皮革、毛皮、羽毛及其制品和制鞋	1.08	纺织服装、服饰	1.63
印刷和记录媒介复制业	1.41	水的生产和供应业	0.91	文教、工美、体育和娱乐用品	1.63
水的生产和供应业	1.41	电力、热力生产和供应业	0.85	皮革、毛皮、羽毛及其制品和制鞋	1.51
专用设备	1.38	文教、工美、体育和娱乐用品	0.83	电气机械和器材	1.21
纺织服装、服饰	1.35	印刷和记录媒介复制业	0.76	金属制品业	1.20
通用设备	1.28	非金属矿物制品业	0.72	仪器仪表	1.19
造纸和纸制品业	1.22	纺织服装、服饰	0.65	专用设备	1.08
非金属矿物制品业	1.11	金属制品业	0.62	通用设备	0.99
皮革、毛皮、羽毛及其制品和制鞋	1.00	其他制造业	0.59	水的生产和供应业	0.74

续表

中山		江门		肇庆	
行业	专业化指数	行业	专业化指数	行业	专业化指数
制造业	1.10	制造业	1.02	制造业	1.02
电气机械和器材	3.89	印刷和记录媒介复制业	4.51	废弃资源综合利用业	6.60
其他制造业	3.57	食品制造业	4.24	金属制品业	5.34
家具	3.55	铁路、船舶、航空航天和其他运输设备	4.00	家具	5.17
橡胶和塑料制品业	2.51	造纸和纸制品业	3.88	木材加工和木、竹、藤、棕、草制品	2.92
纺织服装、服饰	2.19	金属制品业	3.14	非金属矿物制品业	2.61
仪器仪表	2.07	家具	2.21	皮革、毛皮、羽毛及其制品和制鞋	1.98
通用设备	1.97	其他制造业	1.51	造纸和纸制品业	1.74
文教、工美、体育和娱乐用品	1.86	电气机械和器材	1.43	文教、工美、体育和娱乐用品	1.63
造纸和纸制品业	1.73	橡胶和塑料制品业	1.39	印刷和记录媒介复制业	1.42
印刷和记录媒介复制业	1.67	电力、热力生产和供应业	1.35	橡胶和塑料制品业	1.41
金属制品业	1.67	皮革、毛皮、羽毛及其制品和制鞋	1.34	有色金属冶炼和压延加工业	1.32
计算机、通信和其他电子设备	1.40	纺织服装、服饰	1.25	燃气生产和供应业	1.24
水的生产和供应业	1.34	非金属矿物制品业	1.15	化学原料和化学制品	1.07

中山		江门		肇庆	
行业	专业化指数	行业	专业化指数	行业	专业化指数
皮革、毛皮、羽毛及其制品和制鞋	1.03	纺织业	1.10	纺织业	1.01
电力、热力生产和供应业	0.93	化学纤维	1.05	电力、热力生产和供应业	0.94

（2）服务行业地区专业化指数。

服务行业地区专业化指数测算公式如下：

$$\text{某市 } i \text{ 行业的地区专业化指数} = \frac{\text{该市 } i \text{ 行业的增加值}\Big/\text{该市服务业增加值总量}}{\text{全国 } i \text{ 行业的服务业增加值}\Big/\text{全国服务业增加值总量}}$$

2015～2019年，除交通运输仓储和邮政业外，粤港澳大湾区其他四个主要服务行业的地区专业化指数的平均值均大于1%。从具体行业看，批发零售业和金融业的地区专业化指数最高，均值均为1.08，但批发零售业地区专业化指数呈逐年降低趋势，金融业地区专业化指数则呈逐年增加趋势，住宿餐饮和房地产行业的地区专业化水平也呈逐年递减趋势，而交通运输仓储和邮政业的地区专业化指数相对稳定，如表8.10所示。

表8.10　2015～2019年粤港澳大湾区主要服务行业专业化指数

行业	2015年	2016年	2017年	2018年	2019年	均值
批发和零售业	1.11	1.10	1.08	1.08	1.02	1.08
交通运输仓储和邮政业	0.83	0.83	0.83	0.83	0.72	0.81

行业	2015 年	2016 年	2017 年	2018 年	2019 年	均值
住宿和餐饮业	1.04	1.02	0.99	1.01	0.98	1.01
金融业	1.03	1.09	1.11	1.15	1.20	1.11
房地产业	1.11	1.05	1.04	0.98	1.07	1.05
其他行业	0.96	0.96	0.97	0.98	0.96	0.96

从各城市表现看，2019 年各城市在主要服务行业的地区专业化指数上的表现因地而异。广州、香港、东莞、中山和肇庆五个城市的批发和零售行业的地区专业化指数大于 1，高于全国平均水平，产业趋同性特征明显；仅广州的交通运输仓储和邮政业的地区专业化指数大于 1，其他城市均小于 1；在住宿和餐饮行业领域，除香港、广州、深圳、佛山和中山外，其他城市地区专业化指数均大于 1；在金融业领域，仅有香港、深圳、珠海和中山四个城市的地区专业化指数大于 1；在房地产业领域，澳门、珠海、佛山和江门四个城市的地区专业化指数大于 1，如表 8.11 所示。

表 8.11　2019 年粤港澳大湾区各城市主要服务行业专业化指数

城市	批发和零售	交通运输仓储和邮政业	住宿和餐饮	金融业	房地产	其他行业
香港	1.20	0.78	0.98	1.52	0.87	0.83
澳门	0.33	0.35	1.91	0.49	0.73	1.58
广州	1.07	1.01	0.79	0.84	1.20	0.98
深圳	0.86	0.58	0.81	1.55	1.07	0.95
珠海	0.91	0.36	1.09	1.38	1.07	1.00

城市	批发和零售	交通运输仓储和邮政业	住宿和餐饮	金融业	房地产	其他行业
佛山	0.93	0.44	0.92	0.76	1.29	1.13
惠州	0.98	0.57	1.27	0.92	1.84	0.84
东莞	1.12	0.64	1.30	0.93	1.35	0.91
中山	1.29	0.40	0.99	1.10	1.28	0.87
江门	0.69	0.75	1.16	0.96	1.07	1.16
肇庆	1.33	0.89	1.55	0.66	1.03	0.94

8.1.3 全要素增长率分析

（1）测算方法。

第一，全要素生产率的测算理论模型。

根据不同的内涵界定，全要素生产率的测算方法很多。从测算方法和现有研究的使用情况看，索洛余值法逻辑清晰且操作简便，成为许多研究普遍采用的方法之一。

索洛余值法是在索洛经济增长模型的基础上推导出的。首先，可假设存在如下形式的 C - D 生产函数：

$$Y_t = A_0 e^{\gamma t} K_t^{\alpha} L_t^{\beta} \qquad (8.1)$$

其中，Y_t 为实际产出水平，$A_0 e^{\gamma t}$ 为随时间变化的科技水平（一般假设为科技水平不断提升），K 为资本要素投入水平，L 为劳动力要素投入水平，α 为资本要素对产出的弹性，β 为劳动力要素对产出的弹性。两种投入要素和产出都是时间 t 的函数。

对该生产函数两边取自然对数可得到如下关系：

$$\ln Y_t = \ln A_0 + \gamma t + \alpha \ln K_t + \beta \ln L_t \tag{8.2}$$

利用经济数据对上市进行回归分析，可进一步求出资本产出弹性和就业产出弹性的估计值，然后通过下式计算 t 年的全要素生产率，即：

$$TFP = \frac{Y_t}{K^\alpha \times L^\beta} \tag{8.3}$$

第二，各省份全要素增长率的测算。

原国家计委、统计局综合全国情况，建议全社会资本产出弹性 α 设定为 0.35，张煜在其博士论文中，用广义最小二乘法、经济合作组织（OECD）使用的公式法以及经验参数法三种不同方法对中国 1991~2013 年经济增长进行了分析，得出的资本产出弹性与其非常接近①。鉴于此，本书直接采用原国家计委和统计局建议，将中国全社会资本产出弹性设定为 0.35，不再进行重新测算。同时，考虑到各市的差异，参考朱希刚和刘延风（1997）的方法，对各省市资金产出弹性系数进行调整②，调整公式为：

$$\alpha^* = \alpha \ln \left[e - 1 + \frac{\left(\frac{1}{T} \sum_{t=1}^{T} \frac{K_{it}}{L_{it}} \right)}{\left(\frac{1}{T} \sum_{t=1}^{T} \frac{K_t}{L_t} \right)} \right] \tag{8.4}$$

其中，α^* 为修正的资金产出弹性系数，K_{it}、L_{it} 表示样本地区所含城市第 t 年的资金存量和劳动力；K_t、L_t 表示第 t 年的资金存量和劳动力；e 为常数，$e = 2.71828$。修正的劳动力弹性系数：$\beta^* = 1 - \alpha^*$。

可进一步求解全要素生产率测算公式：

---

① 张煜. 新疆科技进步对经济增长的贡献评价 ［D］. 乌鲁木齐：新疆大学，2015.
② 朱希刚，刘延风. 我国农业科技进步贡献率测算方法的意见 ［J］. 农业技术经济，1997（1）：17 - 23.

$$TFP = \frac{Y_{it}}{K_{it}^{\alpha *} \times L_{it}^{\beta *}} \qquad (8.5)$$

第三，变量说明。

总产出。产出指标为样本地区各城市各年度国内生产总值数据，并根据 GDP 指数分别折算为按 2000 年不变价计算的 GDP。

资本总投入。资本投入应当包括直接或间接构成生产能力的资本总存量，它既包括直接生产和提供各种物质产品和劳务的各种固定资产与流动资产，也包括为生产过程服务的各种服务及福利设施的资产，理论上应当使用资本流量作为投入指标（张军、施少华，2003），由于我国目前没有相关的统计资料，本书以历年的资本存量替代资本投入，但资本存量的测算需要取得固定资本存量数据，就需要确定基年的固定资本存量净额。根据国民经济核算数据情况，基年确定为 1952 年。根据前述有关全国科技进步贡献率测算的参考文献，将 1990 年全国资本存量净额确定为 40488 亿元（1990 年价），在此基础上推算出以 2015 年价格为基期的全国实际资本，再根据当年各地区所包含地级市 GDP 占全国GDP 的比重，推算出 2000 年地区固定资本形成存量净额（2015 年价），并在此基础上推算"十三五"期间各年去除价格因素后的资本存量，之所以考虑以 2000 年为基期及测算资本存量，主要原因在于资本存量确定要早，最初设定的资本存量对测算结果影响越小，当年投资对测算结果影响越明显，各地区在"十三五"之间的差异性越接近实际。

考虑到香港和澳门经济发展的特殊性，不再适用上述方法进行测算，因此本书参照曹吉云（2007[①]）的测算方式，将香港和澳门

---

① 曹吉云. 我国总量生产函数与技术进步贡献率 [J]. 数量经济技术经济研究，2007（11）：37－46.

基期资本存量测算方式设定为：

$$K_t = \frac{1}{g + \delta} \times \frac{I_t}{P_t} \tag{8.6}$$

其中，g 为相邻时期 GDP 年均资本形成增长率，设定为 2001 ~ 2006 年，δ 为资本折旧率，设定为 5%，I_t 为基期固定资产投资，P_t 为当前价格水平。

确定基年固定资本存量净额后，可依据各年的资本流量和固定资产折旧，按永续盘存法计算各年的资本存量净额，计算公式如下：

$$STK_t = I_t + STK_{t-1} - \delta_t \tag{8.7}$$

其中，STK_t 为 t 年资本存量净额，I_t 为 t 年的全社会固定资产投资，δ_t 为 t 年的资产折旧，折旧率统一按 5% 测算。考虑到房地产属于消费品的范畴，而非生产要素，因此在测算资本存量时扣除房地产开发投资部分。

劳动总投入。严格来说，劳动投入数据应当是一定时期内劳动提供的"服务流量"，它不仅取决于劳动投入量，还与劳动的利用效率、劳动的质量等因素有关。即生产过程中实际投入的劳动量，用标准劳动强度的劳动时间来衡量（张军、施少华，2003）。实际进行劳动投入核算通常以工作小时和劳动工资为变量求得，而我国目前尚没有相关的统计资料。本研究采用全国及各地区历年的劳动就业人数作为历年劳动投入的计算指标。

（2）测算结果分析。测算结果显示，粤港澳大湾区全要素增长率的年均值为 3.05%，且呈现出明显的阶段性特征，2015 ~ 2019 年呈现出明显的阶段性特征：2015 ~ 2017 年，粤港澳大湾区全要素增长率呈逐年增加趋势，从 2015 年的 3.09% 逐渐增加到 2017 年的 4.02%，随后出现大幅下滑，2018 年全要素增长率下滑至 1.58%，较 2017 年降低了 2.44 个百分点，2019 年又回升至 2.95%，并表现出明显的增长趋势。出现较大波动的原因在于 2018 年深圳市全要素增长率大幅下滑所致，2018 年深圳市就业规模大幅提升，就业因素对深圳经济增长的拉动率大幅增加，挤占了全要素增长率[1]（见图 8.1）。

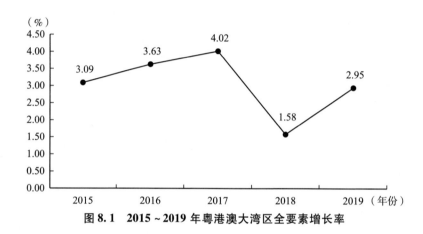

图 8.1　2015～2019 年粤港澳大湾区全要素增长率

从各城市表现看，2015～2019 年东莞的全要素增长率最高，年均值为 6.46%；佛山和中山两市也表现较好，均超过 4%，分别为 4.77% 和 4.16%；广州、深圳、珠海、惠州和江门五市也均超过了 3%；肇庆和香港相对较低，其中澳门为负值，香港低于 1%，如表 8.12 所示。值得注意的，2019 年中山的全要素增长率为负值，出现较大幅度下滑，主要原因是由中山的实际经济增速大幅下滑以及资本存量增速大幅提升共同导致的，2019 年中山市实际 GDP 仅

---

① 2018 年深圳市就业人口规模为 1050.25 万人，较 2017 年增长了 11.34%，增速较上年同比增加约 10 个百分点，结合深圳就业弹性（0.72），可进一步求出由于劳动就业规模的提升，使得就业因素对经济增长的拉动率提升至 8.16%。

增长了 1.2%，上年降低了 4.7%，而实际资本存量却增长了 6.15%，增速较上年提升了 3.25%。而澳门部分年份经济增长波动较大是造成其全要素增长率为负值的主要原因，澳门在 2015 年、2016 年和 2019 年实际 GDP 增速均为负值。

表 8.12　　　2015～2019 年粤港澳大湾区各城市全要素增长率　　单位：%

城市	2015 年	2016 年	2017 年	2018 年	2019 年	均值
香港	0.69	0.62	2.18	0.79	-1.67	0.52
澳门	-25.76	-2.64	8.69	3.73	-5.21	-4.24
广州	3.52	3.95	2.78	1.79	3.43	3.09
深圳	6.79	5.54	4.92	-4.13	4.54	3.53
珠海	5.12	4.56	4.55	1.23	2.08	3.51
佛山	4.91	4.73	4.66	3.92	5.65	4.77
惠州	4.37	3.46	3.45	4.41	3.28	3.80
东莞	7.50	6.76	5.97	5.13	6.94	6.46
中山	6.71	5.00	5.09	4.86	-0.87	4.16
江门	4.33	2.92	3.83	4.40	2.29	3.55
肇庆	2.11	-0.52	0.64	2.99	4.68	1.98

8.2　"十三五"时期营商环境建设分析

2019 年初，《粤港澳大湾区发展规划纲要》（以下简称《纲要》）明确指出要支持粤港澳大湾区营造稳定、公平、透明、可预期的一流营商环境，香港、广州和深圳三个核心城市在粤港澳大湾区营商环境建设中起着重要的带头作用。

世界银行是最早进行全球营商环境评价的机构，从 2003 年起，每年发布《营商环境》报告，衡量全球范围内 190 多个经济体的营商环境变化。中国香港是世行营商环境的样本城市，近年来其营商环境便利度排名居于世界前列（见表 8.13），中国澳门则是在 2018 年《全球经济自由度指数》中排名第 34 位，在亚太地区排名第 9 位。

表 8.13　　中国香港 2020 年世界银行营商环境便利度排名

指标	营商环境便利度得分	营商环境便利度排名	世界先进水平
整体营商环境	85.3	3	新西兰（86.8 分）
开办企业	98.2	5	新西兰（100 分）
办理建筑许可	93.5	1	中国香港（93.5 分）
获得电力	99.3	3	阿联酋（100 分）
登记财产	73.6	51	卡塔尔（96.2 分）
获得信贷	75	37	新西兰等 3 个经济体（100 分）
保护少数投资者	84	3	肯尼亚（92 分）
纳税	99.7	7	巴林（100 分）
跨境贸易	95	47	澳大利亚等 16 个经济体（100 分）
执行合同	69.1	1	新加坡（84.5 分）
办理破产	65.7	27	芬兰（92.7 分）

资料来源：世界银行 2020 年营商环境报告。

因此，港澳地区更主要是作为珠三角九市的营商环境典范，珠三角各市营商环境改革主要借鉴世界营商环境便利度较为先进的经济体的改革经验，结合北京、上海的改革措施（见表 8.14），以广州、深圳为先行，其余各市改革方向大体一致，只不过进度有快慢。

表 8.14　　　　北京、上海营商环境改革措施一览（2020 年）

指标	改革措施
开办企业	公司印章发放纳入一站式服务
办理建筑许可	简化低风险工程要求，压缩供排水链接时间
获得电力	简化流程，提高电费透明度
保护少数投资者	通过要求控股股东对不公平关联方交易承担连带责任，厘清所有权和控制结构
纳税	对中小微企业实行企业所得税优惠、降低某些行业的增值税税率以及完善电子申报和支付系统
跨境贸易	实施货物提前申报、完善港口基础设施、优化海关管理和公布收费标准
执行合同	规定最大合同可延期次数上限，并将合同延期于不可预见的例外情况
办理破产	规定破产程序启动后的债权优先规则，增加债权人对破产程序的参与度

资料来源：由作者根据世界银行《2020 年营商环境报告》整理而成。

另外，香港 2020 年通过加强以风险为基础的检查方式来简化办理建筑许可。广深两市以世行营商环境评估指标为切入点，采取简化开办企业手续，商事制度改革等多项措施，具体措施如下：

深圳将《2020 年优化营商环境改革重点任务清单》[①] 作为营商

---

①　深圳市《2020 年优化营商环境改革重点任务清单》涉及商事登记、工程建设项目审批、市政设施接入服务、不动产登记、企业融资、纳税服务、跨境贸易、法治保障、公共资源交易、劳动力市场监管、政务服务、知识产权保护和运用、市场监管、包容普惠创新等 14 个重点领域，共提出 210 项具体改革举措。

环境主要改革措施，包括压缩事项审批时限，转嫁企业承担必要费用、为企业提供便利化融资服务等。广州主要通过压时间、降成本，提高办理事项在时间上的可预见性的形式达到了为企业提供更便利化的营商环境目的。此外，广州还将建设粤港澳规则相互衔接的示范基地，来实现粤港澳规则互相衔接，构建与高水平对外开放相适应的国际贸易规则体系。

8.3 "十四五"时期的产业布局与发展思考

粤港澳大湾区以环珠江口湾区为核心，包含了香港港、广州港、珠海港、深圳港等多个港口，可分为湾区西岸、东岸以及港澳地区。目前，粤港澳大湾区产业结构较为均衡，产业链齐全，产业布局为技术密集型产业带的西岸＋知识密集型产业带的东岸，另外港澳地区承担双重角色——"向外发展，对内融合"。

其中，大湾区西岸（珠海、佛山、江门、中山、肇庆）以现代农业、装备制造业和现代服务业为主，主要包括新能源、农业产品、电子加工、新材料、制造外包等产业。大湾区东岸（深圳、广州、惠州、东莞）以高科技产业、现代服务业、战略性新兴产业为主，主要包括电子制造、互联网、人工智能、科技创新、金融服务等产业。港澳地区，澳门担任葡语国家交流平台中心的角色，以旅游休闲服务业、博彩旅游业为主；香港担任金融、贸易、航运等核心角色，以金融服务业、贸易、物流以及专业和工商业支援服务业等现代服务业为主。

2020 年新冠肺炎疫情使香港、澳门及其余湾区城市遭受了不同程度的影响。粤港澳大湾区的主导产业为先进制造业和现代服务业，新冠肺炎疫情迫使市场份额向行业龙头聚拢调整，这一现象在"资产密集型"的制造业尤为明显。另外，新冠肺炎疫情再次凸显生物医药业的重要性，生物医药业的发展与粤港澳大湾区培育战略性新兴产业的布局具有一致性。

总体说来，在发展先进制造业和培育战略性新兴产业方面，粤港澳大湾区已经形成了以广州、佛山、深圳、东莞为主，辐射带动惠州、肇庆、江门、中山发展的产业结构布局。在发展现代服务业上，形成以香港、广州、深圳为主，带动佛山、东莞、珠海等市发展的产业结构布局。在发展海洋经济上，形成以香港、澳门为主，支持深圳建设全球海洋中心城市的产业结构布局。

8.4 "十四五"时期发展展望

一是，明确城市分工，积极发挥核心城市的辐射带动作用。第一层次，港澳地区需要积极发挥对外开放、对内融合的双重作用，促进粤港澳大湾区深度参与全球经济；第二层次，深化"香港—深圳、深圳—东莞、广州—佛山、澳门—珠海"的强强联合，增强深圳、东莞、广州、佛山、珠海等地优势产业；第三层次，以香港、澳门、广州、深圳四大核心城市作为区域发展核心引擎，带动湾区其余七市发展成为节点城市，提升整体实力和全球影响力。

二是，积极提升营商环境便利度。世界银行报告表明，良好的营商环境会使投资率增长 0.3%，GDP 增长率增加 0.36%。大湾区内其余城市可借世界银行《营商环境报告》契机，以提升服务市场主体满意度为着力点，针对性地采取营商环境改革措施，与港澳地区规则相衔接，全面提升地区营商环境便利度。

三是促进传统优势产业转型，培育战略性新兴产业。根据《纲要》产业布局情况，要积极发挥发达城市辐射带动作用，利用粤港澳大湾区的优势产业如香港的金融服务业、澳门的博彩旅游业、珠三角地区的制造业等，带动区域传统产业积极转型，成为大湾区经济的新增长点。

四是，加强高层次人才培养与引进，激发区域科技创新活力。港澳地区的高等教育资源较为丰富，建议港澳地区高校利用内地空间广、资源多的优势以建立分校等方式来开展人才合作，提供科技创新活力要素。人才、技术、资本等创新要素跨境流动和区域融通是深层次激发区域科技创新活力的重要推手。粤港澳大湾区多元化的制度背景虽然具有独特优势，但会对区域发展创新所需要素的流动形成一定的阻碍，建议探索以上创新要素跨境流动和区域融通的政策举措，激发区域科技创新活力。

8.5 本 章 小 结

测算了粤港澳大湾区整体以及 11 个城市 2015～2019 年工业制造业和主要服务行业市场占有率、地区专业化指数和全要素增长率。

　　研究发现，广州工业制造业国内市场占有率在"十三五"期间呈稳中略降趋势，工业制造业地区专业化指数高于全国平均水平，虽然服务业国内市场整体占有率有略微下滑，而以金融为主的现代服务业市场占有率和地区专业水平逐年提升。受国内外经济发展环境影响，广州全要素增长率表现出明显的波动性变化特征。随着营商环境的不断优化，广州与大湾区其他城市的优势产业分工合作更加明确，城市之间经济联系程度正在不断增强。

第 9 章

结论、进一步研究
展望及政策建议

9.1 研 究 结 论

本书的研究主要通过理论与实践相结合的方式，以我国经济实力最强的省会城市——广州为研究案例，首先对近年来广州经济增长动力演变规律进行系统性分析，其次分析人口结构与产业结构之间的关系，从不同视角和纬度探索如何通过协调人口结构与产业结构之间的关系，实现经济健康快速发展，更好地适应经济新常态。

在理论方面，本书对国内外已有关于人口结构与产业结构方面的相关研究成果进行了系统性综述和评论。通过已有相关研究综述分析发现，人口结构变动与产业结构变动之间相互影响，两者之间发展和变化互为因果关系。人口结构变动能够通过年龄结构、城镇化水平和受教育水平等途径影响产业结构变动。而产业结构主要通过城镇化率、流动人口以及人口受教育结构等途径影响人口结构变动。

在实证方面，研究从五个方面对广州经济增长动力结构、人口结构与产业结构之间关系进行实证分析：

第一，对广州经济增长动力结构进行了量化分析。首先，建立了经济增长"四力"模型评估体系，从拉动力、推动力、内生动力和阻力四个方面，运用熵值法对 2000 年以来广州经济增长动力演变进行了量化和分析。研究发现，随着城市经济的发展，广州经济增长动力结构具有明显阶段性特征：2000～2007 年，经济增长阻力影响较低，内生动力和推动力为经济增长的主动力；2008～2010 年，拉动力和推动力不断增强，内生动力趋弱，阻力开始影响经济增长；2011～2013 年，推动力减弱，内生动力和拉动力成为经济增长的主动力，阻力不断增强；从 2014 年至今，拉动力、推动力和内生动力共同作用于经济增长，阻力对经济增长的阻碍作用逐步显现。其次，从国外和国内角度分析当前广州经济发展环境，通过对全球经济发展环境的分析可以发现，2018 年世界经济仍将延续疲弱复苏态势，发展的外部经济环境依然错综复杂，对国内经济运行和结构调整产生了深远的影响。主要影响有：贸易战成为阻碍全球经济复苏的主要因素；全球产业重组和产业链布局调整步伐加快；世界经济深度调整蕴含新一轮产业革命的重大突破。通过分析国内经济发展环境，可以发现，"十三五"以来，国内环境也发生了巨大变化，过去支撑中国经济持续高速增长的条件逐渐消失。当前国内经济发展环境主要表现为以下几个特点：一是，内需与外需动力全面弱化，房地产泡沫高企，汽车行业发展发展遭遇阻碍，以住、行为主的消费升级遇到瓶颈；二是，地方政府公共投资潜力疲软；三是，环境与要素成本明显提高，企业生存难度加大。最后，对未来一段时间内广州经济增长动力进行了分析和判断。本研究结论如下：从经济增速上看，广州已经从过去 40 多年年均增速 13% 的高速增长时期转向低于两位数的次高速增长阶段。在未来一段时间内，广州经济增长动力的变化有如下几个特点：（1）从拉动力上看，维持高投资增长率难度较大，对外贸易对经济增长的拉动作用有限，经济增长应依靠新型消费；（2）从推动力上看，资本投入对经济增长的贡献度不断减弱，劳动投入对经济增长的贡献度稳中有升，技术进步将成为未来广州经济增长的主动力；（3）从内生动力看，人口受教育水平不断提升，产业结构不断优化，传统优势产业健康发展，现代服务业和战略性新兴产业成为拉动经济增长的重要动力；（4）从阻力上看，人口老龄化加速、城镇结构性失业率提升以及传统工业制造业占比居高不下对广州经济发展的影响不断增强。

第二，对广州就业结构与产业结构之间的关联性进行分析，通过建立人口与产业结构关系测度模型，分析了广州人口与产业结构之间的相关性、就业弹性、偏离度等指标，并从全国、主要大城市、珠三角城市群以及广州各区等不同视角对广州的人口与产业结构偏离度之间的关系进行对比分析，研究发现，改革开放以来，广州就业结构变化遵循产业结构发展的一般规律，表现为第一产业劳动就业不断减少，第二、第三产业劳动需求逐渐增加，而且，对劳动力需求最强的是第三产业。与其他城市相比，广州就业结构与产业结构之间的失衡性相对较低，但就其自身发展而言，广州就业结构与产业结构之间具有一定的不平衡性，具体表现为第一、第二产业存在一定的劳动力剩余，第三产业就业相对不足。主要表现为，传统制造业向市场释放大量劳动力，而传统服务业就业吸纳能力在减弱，现代服务限于生产规模，对劳动力的吸纳能力有限。本书认为，长期以来，广州就业结构与产业结构都存在失衡性。就制造业而言，传统制造业行业退出过快，高端制造产业发展不足，导致第二产业就业人数出现净流出现象严峻。就服务业而言，传统服务业就业流出，现代服务业就业吸纳能力不足，造成二三产业之间就业流动不合理；现代服务业就业吸附能力不足则抑制了劳动力转移的速度；第一产业和传统制造业劳动力人口素质偏低与现代服务产业发展需求不匹配是阻碍劳动力转移的根本原因。

第三，通过利用引力模型、经济一体化测度等分析广州经济发展在珠三角城市群中的地位，为广州从更大视角实现人口与产业结构平衡发展提供数据支持。研究发现，2013年之前珠三角城市群的经济一体化程度呈现出逐年加强的趋势，2013年之后经济一体化程度有所减弱。在珠三角城市群经济一体化进程中，研究结果显示，劳动和资本一体化程度整体上远高于GDP一体化程度，各地区经济发展的不对称是影响珠三角城市群经济一体化程度的一个重要原因。作为珠三角城市群经济中心的广州和深圳对其他经济体的带动作用不足，广州经济发展具有一定的虹吸效应，但其自身发展对其他城市经济发展贡献不足。而深圳市经济发展具有较强的独立性，深圳市的经济与周边地区的经济联系程度相对较弱，没有担负起作为经济区主要经济中心应承担的义务。

第四，将研究样本拓展至整个珠三角地区，从区域角度对比分析广州就业结构与产业结构之间的联系。通过对珠三角城市群产业结构与就业结构之间的联系进行实证分析，得出珠三角地区产业结构与就业结构变动具有以下几点特征：（1）近年来，珠三角地区就业结构变化遵循产业结构发展的一般规律，表现为第一产业劳动就业不断减少，第二、第三产业劳动需求逐渐增加，而且第三产业对就业资源吸纳能力在不断增强。（2）目前，珠三角城市群一二产业就业资源相对过剩，但结构偏离度系数仍然相对较高，农业和工业制造业的就业资源仍存在转移到服务行业的压力。（3）近年来，珠三角地区就业结构与产业结构都存在失衡性。就制造行业而言，传统制造业行业退出过快，高端制造产业发展不足，导致部分城市制造行业就业人数净流出现象严峻，其中第一产业和传统制造业劳动力人口素质偏低与现代服务产业发展需求不匹配是阻碍劳动力转移的根本原因。

第五，分析珠三角城市群视角下，广州就业结构、产业结构与其他地区之间的联动性，分析珠三角城市群的产业、人口、空间系统间耦合协调关系，为提升广州在珠三角人口与产业资源配置中的能力提供可行性政策建议及科学数据参考。研究结果显示，从时序上看，珠三角城市群产业、人口、空间系统发展总体上呈波动中演进特征，演进过程大致分为三个阶段：（1）2000～2007年，以产业和人口为主导力量的城市发展模式，城市协调发展水平稳步提升；（2）2008～2012年，受全球金融危机和国家"四万亿计划"政策影响，形成以空间开拓为主导力量的城市空间发展模式，全球金融危机造成国际资本和国际市场萎缩，导致这一时期产业发展相对滞后；（3）2013～2019年，随着我国经济进入"新常态"，各地逐渐调整城市发展模式，城市综合发展水平稳中提升，增幅有所增长。从空间上看，珠三角城市群产业、人口、空间系统耦合协调度呈现空间发展滞后影响较大，城市间差异程度不断扩大。从 2000～2019 年珠三角城市群各城市产业、人口、空间系统耦合协调发展水平整体有所提高，但也存在一定失衡，珠三角城市群内"深莞"经济圈综合协调程度优于广佛经济圈，珠江两岸城市发展失衡。整体空间格局由"广深"为双核心的空间格局逐步演进成为以"广深莞"为轴心，以惠州和佛山为两翼的高水平协调发展区域形态。从城市发展模式来看，区域内高水平协调发展城市主要呈现出人口与空间协调程度滞后的特征，而外围城市主要暴露出产业与空间系统发展滞后问题。两组矛盾的根源在于城市产业布局不合理以及空间系统发展不均衡，进而导致产业与空间发展、人口与空间系统发展失衡。

通过本研究的分析结果，关于广州人口结构与产业结构之间的关系可以得出以下几点结论：（1）从长期看，广州人口结构与产业结构之间存在着一定的失衡，但人口结构与产业结构之间的失衡程度随广州经济的不断发展而逐渐弱化。（2）广州人口结构与产业结构出现失衡结果是诸多因素的共同作用，其中，产业结构主动升级和被动升级、人口老龄化等因素对结构偏离度的影响较大。产业结构主动调整是指，在经济发展过程中因产业结构优化升级而出现的人口结业结构性失业的增加。产业结构被动升级，是指因政府产业政策而引起的产业结构调整过快造城市摩擦性失业的增加。此外，人口老龄化的不断加速也是造成人口结构与产业结构失衡的一大原因。（3）解决广州人口结构与产业结构发展失衡问题，不仅要从广州整体层面解决问题，还要进一步放宽视角，依托广州在珠三角城市群中的城市地位，在更大的范围配置资源。此外，不仅要从人口与产业角度寻找解决方法，还要综合考虑城市发展空间及人口、产业和空间之间的联系性。

9.2 研究不足及进一步研究展望

9.2.1 研究不足

本书在对广州人口与产业结构相关问题的研究中，主要有以下几点不足：

（1）在对广州经济增长动力进行评价时，本书仅从时间序列角度分析了广州2000~2016年经济增长动力变化情况，并未涉及与各大城市的面板数据比较，所得结论仅能说明广州这一时期经济增长动力的变化情况，并不能明确指出哪些动力变化是各大城市共有特征，哪些是广州经济发展过程中独有的特征。因此，在下一阶段分析中，应充实其他城市数据，运用面板数据，从纵向和横向角度综合对比分析广州经济增长的动力结构变化情况，使分析内容更加准确。

（2）数据的获取不够微观，受限于数据的获取，不能从微观角度，运用企业数据分析人口结构与产业结构调整如何通过政府、行业、企业和个人等途径相互影响。

（3）本研究仅仅基于宏观经济层面分析，从宏观角度分析了人口结构与产业结构之间的互动关系，并没有建立一个包含人口结构、产业结构调整以及经济发展等方面的综合理论模型。

（4）考虑到数据的可获得性，以广州和珠三角城市为样本，没有能够将样本进行进一步细分到市属各区的产业结构与人口结构中，分析目标不够细化。

9.2.2 进一步研究展望

通过对人口结构与产业结构之间关系研究的不断深入，本书发现，还可以从以下几个方面对此问题进行深入研究：

（1）从理论角度，结合经济增长理论、地理经济学、人口学、产业经济学、政治制度学等多学科，建立一个综合理论模型，探讨人口结构与产业结构之间的关系。

（2）从实证角度，运用更加微观的数据分析，利用企业数据分析人口结构与产业结构之间是如何通过改变政府、企业和个人等途径影响当地经济发展的。

（3）从研究范围角度，将研究范围扩大，将分析样本细化至区、县、镇级行政单位，使分析更具有普遍性。

（4）从研究方法和对象角度，针对城市所处的不同发展阶段，采用更加合理的研究方法进行分析，并比较不同发展阶段下，人口结构与产业结构之间的关系，从而寻找出适合地区经济发展的人口结构与产业结构发展模式。

9.3 政 策 建 议

9.3.1 多维度培育和塑造广州经济增长新动能

（1）进一步提升资金的利用效率。加大政府 R&D 投入，制定研发税前抵扣、研发费用前后项追溯抵扣、科研设备加速折旧、提取技术准备金、中小企业扶持税收优惠、鼓励技术转让等财政扶持政策。拓宽投融资渠道，在保持财政资金对重点项目的适度投入的同时，要创新融资方式，大力推动企业发债，发展电商融资平台，发起各种股权基金、债权基金，多渠道筹措发展资金，释放民资活力，让社会资金更好地流动起来，更多地流向实体经济，提升全社会资金利用效益，促进经济健康发展。

（2）再创体制机制改革新优势。抓住国家继续深化体制改革、实施创新驱动发展战略、加快建设21世纪海上丝绸之路等重大战略机遇，积极创建自主创新示范区，争取复制自贸区创新政策，争取政府在监管模式改革、金融创新、投资贸易便利化等方面发挥广州先行先试、敢为人先的优良传统，再创体制制度改革新优势，通过改革释放体制机制红利，推动经济增长。

（3）以创新驱动发展和转型升级"双轮驱动"为经济增长提供最强大的动力源泉。实施创新驱动战略，一方面要发挥企业的主动性积极性，必须把企业作为技术创新的决策主体、投入主体、利益主体和风险承担主体。重点推进新型研发机构的发展，借助这些机构孵化科技企业、帮助企业进行技术改造，为企业提供技术升级服务。另一方面要发挥政府的帮扶引导作用，大力支持企业进行技术改造，突破一批重大科技专项，推进一批产学研合作重点项目，完善小微民营科技企业公共服务平台和孵化器，探索金融、科技、产业深度融合路径，引导社会资本参与技术创新。

（4）全面改善劳动力资源供给状况。制定科技人才政策。制定科技人才发展战略、健全科学合理用人制度，吸引高层次人才流入，鼓励企业聘用高层次人才。加快发展第三产业，推动广州劳动力从第一、第二产业向第三产业转移，同时以发展潜力、较高报酬等优势吸引外市劳动力入穗。推进制造业的现代化生产，以机器和智能机器人代替人工，实施劳动力替代，一方面可以提高劳动生产率，另一方面可以弥补用工短缺问题。

9.3.2　强化广州就业人口结构与产业结构之间的契合度

（1）建立综合劳动供求体系，吸引高端人才留穗发展。广州聚集了广东省2/3的普通高校、97%的国家重点学科以及全部国家重点实验室，人才资源储备丰富。应充分利用广州特有的地缘优势，形成以市场为导向、政府做引导，集企业、院校和各种就业平台为一体的综合性劳动市场供求体系，实现高等院校、科研院所、职业技术院校与本地企业全面对接，增强劳动力市场供求信息对称性，降低劳动匹配成本；

（2）加强一二产业劳动人员素质培训制度，缓解结构性失业问题。第一产业和传统制造业释放的剩余劳动力由于自身劳动力素质水平限制，阻碍其进入高端制造业和现代服务业领域流动。应通过教育、培训等方式增强劳动人员工作技能，引导劳动力向更高层次产业流动，缩小高端制造业和现代服务业领域的劳动供求缺口。

（3）将劳动力资源配置范围拓展至整个珠三角地区，综合利用人才政策、产业优势吸引周边地区劳动资源。积极制定并切实落实人才政策，提升对高素质劳动力吸引力度，进一步寻求户籍政策领域的突破，降低劳动力流动的制度性成本和生活成本。

9.3.3　加强广州与周边城市群经济－体化程度和经济关联性

（1）广州应继续发挥其服务和教育产业优势，在带动其他城市的经济发展的同时，积极寻求与其经济合作潜力较大的城市（佛山、东莞、深圳等城市）探索互利共赢的经济交流模式。此外，还应改进与其他经济体之间的经济合作方式，力求实现经济"双赢"局面。

（2）深圳作为我国计划单列市、经济特区、珠三角城市群经济中心之一，是我国华南地区乃至全国的人才和资本的集聚地，应当体现出其对其他城市的经济带动作用，积极探寻与其他地区供求互补产业之间的合作可能性，扩大深圳经济发展对其他地区的技术溢出效应，加强与其他地区的经济合作范围和力度。

（3）针对那些经济合作潜力较低却能实现经济发展"互惠"的经济体（如中山与肇庆、惠州与中山以及东莞与江门等城市组合），应当总结这些城市经济互动的成功经验，并尝试解决那些具有较高经济合作潜力但彼此之间不存在双向因果关系或任何经济发展联系的地区（如广州与深圳、广州与佛山、深圳与东莞等），充分利用较高的经济合作潜力，找出适合他们彼此经济发展的合作途径，推动整个珠三角城市群发展。

9.3.4　加快推动城市人口、产业与空间系统协调发展

（1）优化产业结构，调整产业布局。科学技术是第一生产力，珠江三角洲地区整体实力提升需要借助高新技术产业来增强竞争力。应利用科学技术来加快现代化步伐，降低传统劳动密集型产业比重。尤其要注重将布局分散的，且具有较大市场潜力的企业进行有效的系统性集中，以价值创新园为载体，加速同类产业向下游企业集聚，形成规模经济，增强综合实力。加大对金融业发展投入力度，加强高新技术产业和先进服务业融合发展，拓展与港澳台地区经济合作，努力提升广州和深圳两大核心城市金融业辐射带动作用。构建和完善一个公正有序、结构完整、产业优化、互利共赢的可持续发展城市群。

（2）加强城市间交通设施建设，完善城市交通网络。加强珠三角城市群城市间交通网络互联互通，通过打破城市间的物理界限，不断加强交通联系，避免城市重复建设，降低空间资源在城市间流动成本，加强城市间经济联系程度。降低交通设施建设以及社会公共服务产品领域融资门槛，积极引导民间资本和外资进入城市群空间发展系统。贯通珠江东西岸地区，实现珠江三角洲东岸、西岸城

市群均衡发展。

（3）加快产业发展的协调与规划，促进珠三角协调发展。加强区域内主导产业的整体统一规划。根据各城市发展阶段、产业特征、资源禀赋与区位优势，统筹规划制造业的发展，实现城市群内核心城市之间的互补与错位共享，避免城市产业发展过度重叠。从珠三角城市群全局上提升区域产业技术水平，由省政府牵头布局一批有自主创新能力的高新技术支柱产业群，推进各城市产业结构升级。加速传统制造业由核心城市向相对落后的周边地区转移，扩大经济腹地，完善区域产业等级序列。

（4）深入推进粤港澳合作，降低城市群空间限制。进一步深化政府层面的组织协调机制，推进民间合作交流机制，创新粤港澳在科技、金融、服务等方面的合作机制。进一步扩大珠江三角洲城市群范围。以广佛肇经济圈为基础，向西、向北扩张，将清远、云浮甚至韶关逐步吸纳进来，向大西南、中南省份互联互通；港深莞惠经济圈可以向东、向北扩展，将汕尾、河源逐步吸纳进来，并向江西、海峡西岸城市群辐射联通，澳珠中江城市群可以向西扩展，将阳江吸纳进来，并与北部湾城市群逐步联通。

参 考 文 献

[1] 卞瀚鑫, 李彬. 我国产业结构与就业结构的关联性研究 [J]. 北华大学学报（社会科学版）, 2011 (8): 46 - 49.

[2] 蔡昉, 王美艳. 中国人力资本现状管窥——人口红利消失后如何开发增长新源泉 [J]. 人民论坛, 2012 (4): 56 - 65.

[3] 蔡昉. 未来的人口红利: 中国经济增长源泉的开拓 [J]. 中国人口科学, 2009 (1): 2 - 10.

[4] 蔡昉. 劳动力短缺: 我们是否应该未雨绸缪 [J]. 中国人口科学, 2005 (6): 11 - 16.

[5] 蔡昉. 人口转变、人口红利与经济增长可持续性——兼论充分就业如何促进经济增长 [J]. 人口研究, 2004 (2): 2 - 9.

[6] 蔡翼飞, 张车伟. 地区差距的新视角: 人口与产业分布不匹配研究 [J]. 中国工业经济, 2012 (5): 31 - 43.

[7] 曹广忠, 边雪, 刘涛. 基于人口、产业和用地结构的城镇化水平评估与解释: 以长三角地区为例 [J]. 地理研究, 2011 (12): 2139 - 2149.

[8] 常清. 我国实际利率过高阻碍实体经济发展 [J]. 价格理论与实践, 2013 (3): 11.

[9] 陈凤桂，张虹鸥，吴旗韬，等. 我国人口城镇化与土地城镇化协调发展研究 [J]. 人文地理，2010 (5)：53 - 58.

[10] 陈纪平. 西部经济增长中产业结构变迁绩效——重庆直辖以来为例的分析 [J]. 经济管理，2013 (1)：162 - 170.

[11] 陈立泰，刘艺. 中国产业结构变迁对城市化发展的影响——基于省级面板数据的实证研究 [J]. 经济问题探索，2013 (8)：61 - 66.

[12] 陈晓，陈雯，张蕾，等. 基于区际联系的"泛长三角"范围判定 [J]. 地理科学进展，2010 (3)：370 - 376.

[13] 陈彦斌. 人口老龄化对中国宏观经济的影响 [M]. 北京：科学出版社，2014.

[14] 戴翔，刘梦，任志成. 劳动力演化如何影响中国工业发展：转移还是转型 [J]. 中国工业经济，2016 (9)：24 - 40.

[15] 丁鸿富. 社会生态学 [M]. 杭州：浙江教育出版社，1987.

[16] 丁金宏. 论城市爆炸与人口调控 [J]. 前进论坛，2011 (2)：33 - 36.

[17] 杜瑜，樊杰. 基于产业——人口集聚分析的都市经济区空间功能分异：以我国三大都市经济区为例 [J]. 北京大学学报：自然科学版，2008 (3)：467 - 474.

[18] 段从宇，迟景明. 内涵、指标及测度：中国区域高等教育资源水平研究 [J]. 高等教育研究，2015 (8)：36 - 42.

[19] 段永蕙，景建邦，张乃明. 山西省人口、资源环境与经济协调发展分析 [J]. 生态经济，2017 (4)：64 - 79.

［20］范柏乃，毛晓苔，王双．中国出口贸易对经济增长贡献率的实证研究：1952～2003 年［J］．国际贸易问题，2005（8）．

［21］范红忠，李国平．资本与人口流动及其外部性与地区经济差异［J］．世界经济，2003（10）：50－61．

［22］范洪敏，穆怀中．中国人口结构与产业结构耦合分析［J］．经济地理，2015（12）：11－17．

［23］范剑勇，王立军，沈林洁．产业集聚与农村劳动力的跨区域流动［J］．管理世界，2004（4）：22－29．

［24］方大春，张凡．人口结构与产业结构耦合协调关系研究［J］．当代经济管理，2016（9）：54－60．

［25］方方．京津冀县域人口、土地、产业要素耦合测度及空间分异［J］．世界地理研究，2018（2）：51－59．

［26］方福前，詹新宇．我国产业结构升级对经济波动的熨平效应分析［J］．经济理论与经济管理，2011（9）：5－16．

［27］费景汉，古斯塔夫·拉尼斯．劳力剩余经济的发展（中译本）［M］．北京：华夏出版社，1989．

［28］付凌晖．我国产业结构高度化与经济增长关系的实证研究［J］．统计研究，2010（8）：79－81．

［29］付云鹏，马树才．中国区域人口、经济与资源环境耦合的时空特征分析 ⌊J⌋．管理现代化，2015（3）：31－33．

［30］干春晖，郑若谷，余典范．中国产业结构变迁对经济增长和波动的影响［J］．经济研究，2011（2）：4－16．

［31］高远东，张卫国，阳琴．中国产业结构高度化的影响因素研究［J］．经济地理，2015（6）：96－108．

[32] 葛梅. 对大珠三角经济一体化发展策略的探讨 [J]. 改革与战略，2004（9）：4 - 6.

[33] 顾朝林，庞海峰. 基于重力模型的中国城市体系空间联系与层域划分 [J]. 地理研究，2008（1）：1 - 12.

[34] 光明日报. 当好新时代改革开放排头兵——习近平总书记在参加广东代表团审议时的重要讲话引起热烈反响 [N/OL]. http：//cpc. people. com. cn/n1/2018/0308/c64387 - 29855586. html.

[35] 郭凯明，余靖雯，龚六堂. 人口政策、劳动力结构与经济增长 [J]. 世界经济，2013（11）：72 - 92.

[36] 郭克莎，杨阔. 长期经济增长的需求因素制约——政治经济学视角的增长理论与实践分析 [J]. 经济研究，2017（10）：4 - 20.

[37] 郭岚，张祥建，李远勤. 人口红利效应，产业升级与长三角地区经济发展 [J]. 南京社会科学，2009（7）：7 - 14.

[38] 郭秀闳. 再论适度通货膨胀与经济发展 [J]. 中央财经大学学报，1998（1）：4 - 7.

[39] 韩健，程宇丹. 地方政府债务规模对经济增长的阈值效应及其区域差异 [J]. 中国软科学，2018（9）：104 - 112.

[40] 韩其恒，李俊青，刘鹏飞. 要素重新配置型的中国经济增长 [J]. 管理世界，2016（1）：10 - 28.

[41] 韩燕，胡强. 基于灰色关联的我国人口就业结构、产业结构与城市化水平研究 [J]. 西北人口，2012（3）：121 - 124.

[42] 胡鞍钢，刘生龙，马振国. 人口老龄化、人口增长与经济增长——来自中国省际面板数据的实证证据 [J]. 人口研究，

2012（3）：14 – 26.

[43] 胡晓珍，张卫东，杨龙．制度环境、技术效率与区域经济增长差异 [J]．公共管理学报，2010（2）：79 – 88.

[44] 郇红艳，牛雷．人口流动、产业承接与经济发展耦合协调的实证分析 [J]．统计与决策，2016（11）：90 – 94.

[45] 黄爱青，刘小丽，佟哲．广州经济发展过程中的制度因素研究 [J]．现代营销（下旬刊），2014（1）：96 – 100.

[46] 黄虹，许祺．人口流动、产业结构转变对上海市绿色GDP 的影响研究 [J]．中国软科学，2017（4）：94 – 108.

[47] 黄金川，方创琳．城市化与生态环境交互耦合机制与规律性分析 [J]．地理研究，2003（2）：211 – 220.

[48] 黄永斌，董锁成，白永平．中国城市紧凑度与城市效率关系的时空特征 [J]．中国人口·资源与环境，2015（3）：64 – 73.

[49] 纪明，刘志彪．中国需求结构演进对经济增长及经济波动的影响 [J]．经济科学，2014（1）：10 – 22.

[50] 蒋满元．经济结构演变与城市化互动机制的逻辑模型及其问题探讨 [J]．求实，2007（3）：32 – 35.

[51] 焦张义．人口红利与我国东部地区产业升级研究 [J]．西北人口，2012（6）：1 – 12.

[52] 靳卫东．人力资本与产业结构转化的动态匹配效应——就业增长和收入分配问题的评述 [J]．经济评论，2010（6）：137 – 142.

[53] 孔东民．通货膨胀阻碍了金融发展与经济增长吗？——基于一个门槛回归模型的新检验 [J]．数量经济技术经济研究，2007（10）：56 – 65.

[54] 蓝庆新, 陈超凡. 新型城镇化推动产业结构升级了吗？——基于中国省级面板数据的空间计量研究 [J]. 财经研究, 2013 (12): 57 - 71.

[55] 李超, 张红宇, 卢健, 等. 北京市人口调控与产业结构优化的互动关系 [J]. 城市问题, 2013 (8): 2 - 6.

[56] 李春艳, 徐喆, 刘晓静. 东北地区大中型企业创新能力及其影响因素分析 [J]. 经济管理, 2014 (9): 36 - 45.

[57] 李福柱, 田爽. 我国经济增长中供给侧与需求侧新旧动能转换效应研究 [J]. 长沙理工大学学报（社会科学版）, 2020 (11): 81 - 96.

[58] 李国平, 范红忠. 生产集中、人口分布与地区经济差异 [J]. 经济研究, 2003 (11): 79 - 93.

[59] 李红锦, 李胜会. 基于 DEA 模型的城市群效率研究——珠三角城市群的实证研究 [J]. 软科学, 2011 (5): 91 - 95.

[60] 李红锦, 李胜会. 基于扩展强度模型的城市群经济空间联系研究——珠三角城市群的实证研究 [J]. 企业经济, 2011 (11): 159 - 162.

[61] 李敬, 王朋朋. 人口城镇化与工业结构升级 [J]. 产业经济研究, 2016 (4): 29 - 38.

[62] 李平华, 陆玉麒. 长江三角洲空间运输联系与经济结构的时空演化特征分析 [J]. 中国人口·资源与环境, 2005 (1): 16 - 20.

[63] 李祺, 代法涛. 经济增长的影响因素与结构特征：理论假说与实证检验——中国经济新常态的一种解释 [J]. 经济问题探

索, 2015 (3): 58 - 63.

[64] 李涛, 廖和平, 杨伟, 等. 重庆市"土地、人口、产业"城镇化质量的时空分异及耦合协调性 [J]. 经济地理, 2015 (5): 65 - 71.

[65] 李铁立, 徐建华. "泛珠三角"产业、人口分布空间变动的趋势分析 [J]. 地理科学, 2007 (4): 402 - 408.

[66] 李晓嘉, 刘鹏. 我国产业结构调整对就业增长的影响 [J]. 山西财经大学学报, 2006 (1): 59 - 63.

[67] 李彦龙. 税收优惠政策与高技术产业创新效率 [J]. 数量经济技术经济研究, 2018, 35 (1): 60 - 76.

[68] 李永来, 刘超, 高小敏. 我国经济增长动力的区域差异分析 [J]. 西安交通大学学报 (社会科学版), 2009 (1): 46 - 51.

[69] 李豫新, 王茹旭. 新经济地理学视角下人口与产业空间匹配性研究——以新疆地区为例 [J]. 西北人口, 2014 (1): 56 - 61.

[70] 李媛媛, 金浩, 张玉苗. 金融创新与产业结构调整: 理论与实证 [J]. 经济问题探索, 2015 (3): 141 - 147.

[71] 梁双陆, 刘燕, 张利军. 社会资本积累、创新与地区经济增长 [J]. 经济与管理, 2018 (2): 32 - 39.

[72] 林耿, 许学强. 大珠三角区域经济一体化研究 [J]. 经济地理, 2005 (5): 677 - 701.

[73] 林擎国, 王伟. 人口老龄化对我国产业结构调整与优化的影响 [J]. 学术研究, 2001 (2): 48 - 52.

[74] 林秀梅, 王磊. 我国经济增长与失业的非线性关系研究

[J]. 数量经济技术经济研究, 2007 (6): 47 - 55.

[75] 林子荣, 李文献, 林颖. 2001～2015 年台湾本岛经济、产业、人口重心时空演变及其动因探析 [J]. 台湾研究, 2017 (5): 53 - 64.

[76] 刘昶. 宏观税负、市场化与经济增长: 基于供给侧结构性改革视角的分析 [J]. 宏观经济研究, 2017 (10): 41 - 53.

[77] 刘传江, 黄伊星. 从业人口年龄结构对中国工业经济增长的贡献度研究 [J]. 中国人口科学, 2015 (2): 43 - 52.

[78] 刘金全, 于惠春. 我国固定资产投资和经济增长之间影响关系的实证分析 [J]. 统计研究, 2002 (1): 26 - 29.

[79] 刘力钢, 罗元文. 资源型城市可持续发展战略 [M]. 北京: 经济管理出版社, 2006.

[80] 刘娜, 石培基, 李博. 甘肃省人口经济空间分异与关联研究 [J]. 干旱区地理, 2014 (1): 179 - 186.

[81] 刘乃全, 孙海鸣. 上海产业结构、人口、就业的互动关系研究 [J]. 财经研究, 2003 (1): 55 - 62.

[82] 刘艳婷. 人口就业结构与产业结构的关联性与结构失衡分析——基于四川省的实证研究与横向比较 [J]. 经济体制改革, 2012 (4): 103 - 107.

[83] 刘耀彬, 李仁东, 宋学锋. 中国城市化与生态环境耦合度分析 [J]. 自然资源学报, 2005 (1): 106 - 112.

[84] 刘玉飞, 彭冬冬. 人口老龄化会阻碍产业结构升级吗——基于中国省级面板数据的空间计量研究 [J]. 山西财经大学学报, 2016 (3): 12 - 21.

[85] 娄文龙. 京津冀、长三角和珠三角区域经济一体化测量和比较 [J]. 统计与决策, 2014 (2): 90 - 92.

[86] 逯进, 刘璐, 周惠民. 人口结构、产业发展与供求协同: 系统耦合与匹配视角 [J]. 现代财经 (天津财经大学学报), 2018 (4): 61 - 74.

[87] 吕健. 产业结构调整、结构性减速与经济增长分化 [J]. 中国工业经济, 2012 (9): 31 - 43.

[88] 吕明元, 尤萌萌. 韩国产业结构变迁对经济增长方式转型的影响——基于能耗碳排放的实证分析 [J]. 世界经济研究, 2013 (7): 73 - 80.

[89] 马鹏, 李文秀, 方文超. 城市化、集聚效应与第三产业发展 [J]. 财经科学, 2010 (8): 101 - 108.

[90] 马仲良, 潘银苗. 调控北京人口规模的有效途径 [J]. 决策研究, 2007 (2): 40 - 42.

[91] 毛艳华, 杨思维. 珠三角一体化的经济增长效应研究 [J]. 经济问题探索, 2017 (2).

[92] 梅志雄, 徐颂军, 欧阳军, 等. 近20年珠三角城市群城市空间相互作用时空演变 [J]. 地理科学, 2012 (6): 694 - 701.

[93] [美] 钱纳里, 等. 工业化和经济增长的比较研究 [M]. 吴奇, 等译. 上海: 上海三联书店, 1989.

[94] 孟庆运. 对我国的产业结构和人口受教育程度的初步分析——基于 "六普" 数据 [J]. 中央民族大学学报 (自然科学版), 2013 (3): 34 - 37.

[95] 米红, 徐益能. 深圳人口结构与产业结构的关联模式研

究［J］.特区经济，2006（10）：58 - 59.

［96］欧国立，谢辉.高铁枢纽层级结构下的区域经济联系及其结构绩效分析［J］.产经评论，2017（4）：64 - 73.

［97］潘彦江，方朝阳，缪理玲，等.基于交通状态分析的南昌市区区际联系通达性研究［J］.地理研究，2014（12）：2325 - 2334.

［98］彭秀健.中国人口老龄化的宏观经济后果——应用一般均衡分析［J］.人口研究，2006（4）：12 - 22.

［99］皮建才，殷军，杨霁.长三角与珠三角发展模式的比较制度分析［J］.中国经济问题，2018（1）：27 - 38.

［100］蒲晓晔，赵守国.经济增长动力变迁的国际比较及对中国的启示［J］.经济问题，2011（11）：46 - 50.

［101］钱纳里，赛尔奎因.发展的形式：1950～1970［M］.李新华，等译.北京：经济科学出版社，1988.

［102］乔榛.东北经济增长的内生动力［J］.学术交流，2016（9）：109 - 113.

［103］邱冬阳，彭青青，赵盼.创新驱动发展战略下固定资产投资结构与经济增长的关系研究［J］.改革，2020（3）：85 - 97.

［104］人民网.习近平总书记对广东工作作出重要批示，提四个坚持、三个支撑、两个前列［EB/OL］.（2017 - 04 - 12）.http：//www.cnr.cn/gd/gdkx/20170412/t20170412_523703092.shtml.

［105］任栋，李新运.劳动力年龄结构与产业转型升级——基于省际面板数据的检验［J］.人口与经济，2014（5）：95 - 103.

［106］沈正平.优化产业结构与提升城镇化质量的互动机制及实现途径［J］.城市发展研究，2013（5）：70 - 75.

［107］石柱鲜，邓创，刘俊生等．中国的自然利率与经济增长、通货膨胀的关系［J］.世界经济，2006（4）：12－21.

［108］史朝兴，顾海英，秦向东．引力模型在国际贸易中应用的理论基础研究综述［J］.南开经济研究，2005（2）：39－44.

［109］苏良军，王芸．中国经济增长空间相关性研究——基于"长三角"与"珠三角"的实证［J］.数量经济技术经济研究，2007（12）：26－38.

［110］苏志庆，陈银娥．知识贸易、技术进步与经济增长［J］.经济研究，2014（8）：133－145.

［111］孙慧钧．我国农村区域间收入差距构成的实证分析［J］.统计研究，2007（11）：42－47.

［112］孙久文，丁鸿君．京津冀区域经济一体化进程研究［J］.区域经济，2012（7）：53－58.

［113］孙久文，彭薇．我国城市化进程的特点及其与工业化的关系研究［J］.江淮论坛，2009（6）：29－35.

［114］孙平军，丁四保．人口—经济—空间视角的东北城市化空间分异研究［J］.经济地理，2011（7）：1094－1100.

［115］孙平军，丁四保，修春亮．北京市人口—经济—空间城市化耦合协调性分析［J］.城市规划，2012（5）：38－45.

［116］孙平军，丁四保，修春亮，等．东北地区"人口—经济—空间"城市化协调性研究［J］.地理科学，2012（4）：450－457.

［117］孙平军，丁四保，修春亮，等．湖北"人口—经济—空间"城市化及其层级结构［J］.长江流域资源与环境，2011（10）：1172－1179.

[118] 孙叶飞，夏青，周敏. 新型城镇化发展与产业结构变迁的经济增长效应 [J]. 数量经济技术经济研究，2016 (11)：23 - 40.

[119] 孙执中. 荣衰论——战后日本经济史（1945 - 2004）[M]. 北京：人民出版社，2006.

[120] 覃成林，刘迎霞，李超. 空间外溢与区域经济增长趋同——基于长江三角洲的案例分析 [J]. 中国社会科学，2013 (3)：76 - 94.

[121] 覃成林，张华，张技辉. 中国区域发展不平衡的新趋势及成因——基于人口加权变异系数的测度及其空间和产业二重分解 [J]. 中国工业经济，2011 (10)：37 - 45.

[122] 陶然，曹广忠. "空间城镇化"、"人口城镇化" 的不匹配与政策组合应对 [J]. 改革，2008 (10)：83 - 88.

[123] 童玉芬，王静文. 劳动力供给诸因素变动对经济增长的影响——基于要素分解的实证研究 [J]. 人口研究，2017 (3)：15 - 25.

[124] 汪伟，艾春荣. 人口老龄化与中国储蓄率的动态演化 [J]. 管理世界，2015 (6)：47 - 62.

[125] 汪伟，刘玉飞，彭冬冬. 人口老龄化的产业结构升级效应研究 [J]. 中国工业经济，2015 (11)：47 - 61.

[126] 王柏杰，郭鑫. 地方政府行为、"资源诅咒" 与产业结构失衡——来自 43 个资源型地级市调查数据的证据 [J]. 山西财经大学学报，2017 (6)：64 - 75.

[127] 王国刚. 城镇化：中国经济发展方式转变的重心所在

[J]. 经济研究, 2010 (12): 70 - 82.

[128] 王海江, 苗长虹, 茹乐峰等. 我国省域经济联系的空间格局及其变化 [J]. 经济地理, 2012 (7): 18 - 23.

[129] 王家庭, 贾晨蕊. 我国城市化与区域经济增长差异的空间计量研究 [J]. 经济科学, 2009 (6): 94 - 102.

[130] 王金营, 杨磊. 中国人口转变——人口红利与经济增长的实证 [J]. 人口学刊, 2010 (5): 15 - 24.

[131] 王林梅, 邓玲. 我国产业结构优化升级的实证研究——以长江经济带为例 [J]. 经济问题, 2015 (5): 39 - 43.

[132] 王楠, 陈才, 刘继生. 区际综合运输通道空间结构研究——以内蒙古东部地区与东北三省为例 [J]. 人文地理, 2008 (3): 54 - 58.

[133] 王思远, 刘纪远, 张增祥, 等. 中国土地利用时空特征分析 [J]. 地理学报, 2001 (6): 631 - 639.

[134] 王小章. 从产业、空间、人口三维关系看当前城镇化问题——以浙江省德清县为例 [J]. 浙江社会科学, 2013 (11): 80 - 85.

[135] 王新华, 戴维周. 人口流动与产业结构升级的相关性分析 [J]. 南京人口管理干部学院学报, 2006 (10): 57 - 61.

[136] 土有鑫, 赵雅婧. 中国人口结构变动与制造业出口结构优化 [J]. 南方人口, 2013 (5): 61 - 70.

[137] 王振坡, 朱丹, 王丽艳. 成渝城市群城市规模分布及演进特征研究 [J]. 西北人口, 2017 (12): 8 - 14.

[138] 王智新, 梁翠. 人口规模、资源享赋与经济增长实证分

析 [J]. 中国人口·资源与环境, 2012 (10): 158 - 163.

[139] 吴福象, 沈浩平. 新型城镇化、创新要素空间集聚与城市群产业发展 [J]. 中南财经政法大学学报, 2013 (4): 36 - 42, 159.

[140] 吴仲斌, 宋洪远. 中国村际社会总产值差距的经验分析——基于中国 309 个村的调查 [J]. 管理世界, 2007 (11): 54 - 62.

[141] 肖功为, 贺翀. 中国产业结构优化升级引致的城镇化效应研究——一个省级面板分位数模型的实证检验 [J]. 财经理论与实践, 2013 (5): 90 - 94.

[142] 肖周燕. 中国人口与经济分布一致性的空间效应研究 [J]. 人口研究, 2013 (9): 42 - 52.

[143] 谢呈阳, 周海波, 胡汉辉. 产业转移中要素资源的空间错配与经济效率损失: 基于江苏传统企业调查数据的研究 [J]. 中国工业经济, 2014 (12): 130 - 142.

[144] 徐传谌, 王鹏, 崔悦, 等. 城镇化水平、产业结构与经济增长——基于中国 2000 - 2015 年数据的实证研究 [J]. 经济问题, 2017 (6): 26 - 29.

[145] 徐光耀. 我国进口贸易结构与经济增长的相关性分析 [J]. 国际贸易问题, 2007 (2).

[146] 徐慧超, 韩增林, 赵林, 等. 中原经济区城市经济联系时空变化分析——基于城市流强度的视角 [J]. 经济地理, 2013 (6): 53 - 58.

[147] 徐维祥, 陈斌, 李一曼, 等. 基于陆路交通的浙江省城

市可达性及经济联系研究 [J]. 经济地理, 2013 (12)：49 – 53.

[148] 许培源, 许红妹. 福建省厦漳泉大都市区空间结构特征分析 [J]. 经济地理, 2012 (6)：59 – 66.

[149] 严成樑. 社会资本、创新与长期经济增长 [J]. 经济研究, 2012 (11)：48 – 60.

[150] 杨林, 陈喜强. 协调发展视角下区域市场一体化的经济增长效应——基于珠三角地区的考察 [J]. 经济问题探索, 2017 (11)：59 – 66.

[151] 杨忍, 刘彦随, 龙花楼. 中国环渤海地区人口、土地、产业非农化转型协同演化特征 [J]. 地理研究, 2015 (3)：475 – 486.

[152] 杨文举. 中国城镇化与产业结构关系的实证分析 [J]. 经济经纬, 2007 (1)：78 – 81.

[153] 杨旭, 田艳慧, 郝翌, 等. 测算我国技术进步率及其经济增长贡献率的新方法 [J]. 数量经济技术经济研究, 2017 (7)：57 – 72.

[154] 杨中新. 中国人口老龄化与区域产业结构调整研究 [M]. 北京：社会科学文献出版社, 2005.

[155] 叶齐茂. 城市的系统进化与周期律 [J]. 城市问题, 1993 (3)：12 – 15.

[156] 威廉·配第. 政治算术 [M]. 北京：中国社会科学出版社, 2010.

[157] 于斌斌. 产业结构调整与生产率提升的经济增长效应——基于中国城市动态空间面板模型的分析 [J]. 中国工业经济,

2015（12）：83－98.

[158] 于刃刚. 配第—克拉克定理评述 [J]. 经济学动态，1996（8）：63－65.

[159] 俞国琴. 城市现代服务业的发展 [J]. 上海经济研究，2004（12）：58－63.

[160] 袁岳驷，胡建忠. 论区域产业结构与教育结构的关系 [J]. 湖南师范大学教育科学学报，2003.

[161] 曾鹏，张凡. 十大城市群"产业—人口—空间"耦合协调度的比较 [J]. 统计与决策，2017（10）：94－98.

[162] 曾嵘，魏一鸣，范英等. 北京市人口、资源、环境与经济协调发展分析与评价指标体系 [J]. 中国管理科学，2008（11）：310－317.

[163] 张兵兵. 进出口贸易与经济增长的协动性关系研究——基于1952－2011年中国数据的经验分析 [J]. 国际贸易问题，2013（4）.

[164] 张车伟，高文书. 中国产业结构升级与人力资本提升 [J]. 中国经济学人（英文版），2016（4）：22－45.

[165] 张成，蔡万焕，于同申. 区域经济增长与碳生产率——基于收敛及脱钩指数的分析 [J]. 中国工业经济，2013（5）：18－30.

[166] 张丹，孙铁山，李国平. 中国首都圈区域空间结构特征——基于分行业就业人口分布的实证研究 [J]. 地理研究，2012（5）：899－908.

[167] 张桂莲，王永莲. 中国人口老龄化对经济发展的影响分

析 [J]. 人口学刊, 2010 (5): 48 - 53.

[168] 张建营, 毛艳华. 珠三角城市群经济空间联系实证分析 [J]. 城市问题, 2012 (10): 2 - 8.

[169] 张磊, 武友德, 李君. 泛珠江三角洲经济圈人口与经济的空间分布关系研究 [J]. 西北人口, 2015 (5): 43 - 48.

[170] 张其春, 郝永勤. 区域人力资本与产业结构调整的互动关系 [J]. 现代经济探讨, 2006 (8): 16 - 18.

[171] 张卫民, 安景, 文韩朝. 嫡值法在城市可持续发展评价问题中的应用 [J]. 数量经济技术经济研究, 2003 (6): 115 - 118.

[172] 张希, 罗能生, 彭郁. 税收安排与区域创新——基于中国省际面板数据的实证研究 [J]. 经济地理, 2014 (9): 33 - 39.

[173] 张屹巍, 易云洲, 周开禹等. 金融支持广东区域经济协调发展: 绩效评估与对策 [J]. 南方金融, 2016 (6): 89 - 97.

[174] 赵果庆, 吴雪萍. 中国城镇化的空间动力机制与效应——基于第六次人口普查 2869 个县域单元数据 [J]. 中国软科学, 2017 (2): 76 - 87.

[175] 赵金丽, 张璐璐, 宋金平. 京津冀城市群城市体系空间结构及其演变特征 [J]. 地域研究与开发, 2018 (4): 9 - 13.

[176] 赵伟. 区际开放: 左右未来中国区域经济差距的主要因素 [J]. 经济学家, 2001 (9).

[177] 赵文军, 葛纯宝. 我国经济增长方式影响因素研究——基于 248 个城市数据的实证分析 [J]. 经济问题探索, 2019 (6): 9 - 19.

[178] 赵祥. 城市经济互动与城市群产业结构分析——基于珠三角城市群的实证研究 [J]. 南方经济, 2016 (10): 109 - 120.

[179] 赵正, 王佳昊, 赵静. "一带一路" 中国段节点城市经济联系的空间分析——基于城市流强度模型的研究 [J]. 干旱区资源与环境, 2018 (4).

[180] 郑国. 城市发展阶段理论研究进展与展望 [J]. 城市发展研究, 2010 (2): 83 - 87.

[181] 郑国, 秦波. 论城市转型与城市规划转型——以深圳为例 [J]. 城市发展研究, 2009 (3): 31 - 35.

[182] 郑若谷, 干春晖, 余典范. 转型期中国经济增长的产业结构和制度效应——基于一个随机前沿模型的研究 [J]. 中国工业经济, 2010 (2): 58 - 67.

[183] 钟昌宝, 魏晓平, 聂茂林, 等. 一种考虑风险的供应链利益两阶段分配法 [J]. 中国管理科学, 2010 (2): 68 - 74.

[184] 周昌林, 魏健康. 流动人口对城市产业结构升级影响的实证研究——以宁波市为例 [J]. 社会, 2007 (4): 94 - 106.

[185] 周建军, 孙倩倩, 鞠方. 产业结构变迁、房价波动及其经济增长效应 [J]. 中国软科学, 2020 (7): 157 - 168.

[186] 周绍森, 胡德龙. 现代经济发展内生动力论 [M]. 北京: 经济科学出版社, 2010.

[187] 周一星, 杨家文. 九十年代我国区际货流联系的变动趋势 [J]. 中国软科学, 2001 (6): 85 - 89.

[188] 朱惠斌, 李贵才. 基于功能网络的珠三角区域经济空间格局 [J]. 经济地理, 2015 (2): 1 - 6.

[189] 朱江丽, 李子联. 长三角城市群产业—人口—空间耦合协调发展研究 [J]. 中国人口·资源与环境, 2015 (2): 75－82.

[190] 朱英明, 于念文. 沪宁杭城市密集区城市流研究 [J]. 城市规划汇刊, 2002 (1): 31－33.

[191] 邹卫星, 周立群. 区域经济一体化进程剖析: 长三角、珠三角与环渤海 [J]. 改革, 2010 (10): 86－93.

[192] Acemoglu, Damn. Patterns of Skill Premier [J]. Review of Economic Studies, 2003, 70 (1): 199－230.

[193] Akira Yakita. Different demographic changes and patterns of trade in a Heckscher－Ohlin setting [J]. Journal of Population Economics, 2012 (25): 853－870.

[194] Anders Sorensen. R&D, Learning, and Phases of Economic Growth [J]. Journal of Economic Growth, 1999 (4): 429－445.

[195] Annabi, N, M Fougere, S. Harvey. Inter temporal and Inter industry Effects of Population Ageing: A General Equilibrium Assessment for Canada [J]. Labour, 2009, 23 (4).

[196] Antonio Afonso, Furceri D. Government size, composition, volatility and economic growth [J]. European Journal of Political Economy, 2010, 26 (4): 517－532.

[197] Attfield, Clifford L F & Silverstone, Brian. Okun's Law, Cointegration and Gap Variables [J]. Journal of Macroeconomics, Elsevier, 1998, 20 (3): 625－637.

[198] Baldwin R E, Martin P. Agglomeration and regional growth [J]. Handbook of Regional & Urban Economics, 2006 (4): 2671－

2711.

[199] Bertimelli L, Black D. Urbanization and Growth [J]. Journal of Urban Economics, 2004, 56 (1): 80 – 96.

[200] Black D, Henderson V. A theory of urban growth [J]. Journal of political economy, 1999 (2): 252 – 284.

[201] Chang – Yang Lee. Learning-by-doing in R&D, Knowledge Threshold, and Technological Divide [J]. J Evol Econ, 2012 (22): 109 – 132.

[202] Ciccone, Antonio, Elias Papaioannou. Human Capital, the Structure of Production and Growth [R]. European Central Bank, Working Paper Series 623, 2006.

[203] Clark C. The Conditions of Economic Progress (Edition: 3rd) [M]. London: Macmillan, New York st Martion's Press, 1957.

[204] Coe, D T, E Helpman, A W Hoffnaister. North – South R&D Spillovers [J]. Economic Journal, 1997 (107): 134 – 149.

[205] Davis J C, Henderson J V. Evidence on the Political Economy of the Urbanization Process [J]. Journal of Urban Economics, 2003 (i): 98 – 125.

[206] Delon G, Summer S. Equipment investment and economic growth [J]. Quarterly Journal of Economies, 1990 (106): 445 – 502.

[207] Elise S Brezis and Paul R Krugman. Technology and the Life Cycle of Cities [J]. Journal of Economic Growth, 1997 (2): 369 – 383.

[208] Feldman, S J, Mcclain, D, and Palmer, K. Sources of

Structural Change in the United States 1963 – 1978: An Input-output Per-spective [J]. Review of Economics and Statistics, 1987, 69 (3): 503 – 510.

[209] Granger, C W J. Investigation Causal Relations by Econo-metric models and Cross – Spectral Models [J]. Econometrical, 1969 (37): 424 – 438.

[210] Granger, C W J. Some Recent Developments in a Concept of Causality [J], Journal of Econometrics, 1988 (39): 1999 – 2111.

[211] Guo qiang Shen. Reverse-fitting the gravity model to inter-city airline passenger flows by an algebraic simplification [J]. Journal of Transport Geography, 2004 (12): 219 – 234.

[212] Hall P and Hay D. Growth Centresin the European Urban System [M]. Berkeley, CA: University of California Press, 1980.

[213] Harry P Bowen, Haris Munandar, Jean – Marie Viaene. How integrate dis the world economy [R]. Discussion Paper, Queens University of Char-lotte. 2009, 8.

[214] Hermelin B. The urbanization and suburbanization of the serv-ice economy: Producer services and specialization in Stockholm [J]. Geografiska Annaler, 2007, 89 (Supplement s1): 59 – 74.

[215] Hoover E M and Raymond V. Anatomy of a Metropolis: The Changing Distribution of People and Jobs within the New York Metropolitan Region, Cambridge [M]. MA: Harvard University Press, 1959.

[216] Jane Jacobs. The Economy of Cities [M]. Vintage Press, 1970.

［217］ Johansen S. Likelihood-based inference in cointegration ［M］. Oxford: Oxford University Press, 1996.

［218］ Johansen S. Statistical analysis of cointegration vectors ［J］. Journal of Economic Dynamics and Control, 1988 (12): 231 – 254.

［219］ John T M. Planned Abandonment: The Neighborhood Life – Cycle Theory and National Urban Policy ［J］. Housing Policy Debate, 2000, 1 (11): 1479 – 1496.

［220］ Keller, W. Trade and the Transmission of Technology ［J］. Journal of Economic Growth, 2002 (7): 5 – 24.

［221］ Kevin Sylwester. R&D and Economic Growth ［J］. Knowledge Technology & Policy, 2001 (13): 71 – 84.

［222］ K G Manton. Population and Lahor Force Aging, Effect Economic Development in Brazil, Russia, India and China ［J］. International Encyclopedia of Public Health, 2008.

［223］ Krey, V, O Neill, B C, van Ruijven, B et al. Urban and rural energy use and carbon dioxide emissions in Asia ［J］. Energy Economics, 2012 (34): 272 – 283.

［224］ Krugman Paul. Increasing Returns and Economic Geography ［J］. Journal of Political Economy, 1991 (99): 483 – 499.

［225］ Krugran P, J Venables. Integration specialization and adjustment ［J］. Europran Economic Review, 1996 (40): 959 – 967.

［226］ Kullback, S, Leibler, R A. On Information and Sufficiency ［J］. Annals of Mathematical Statistics, 1951 (22): 79 – 86.

［227］ Lewis A. Economic Development with Unlimited Supplied of

Labor［J］. The Manchester Sclool, 1954.

［228］ Lucas, R E. On the Mechanics of Economic Development ［J］. Journal of Monetary Economics, 1988（22）: 3 – 42.

［229］ Maria Jesus Freire – Seren. R&D – Expenditure in an Endogenous Growth Model ［J］. Journal of Economics, 2001（1）: 39 – 62.

［230］ Messina J. Institutions and Service Employment Panel Study for OECD Countries ［R］. European Central Bank Working Paper Series, 2004（3）: 320.

［231］ Michaels G, Rauch F, Redding S J. Urbanization and structural transformation ［J］. CEPR Discussion Paper No. DP7016, 2008.

［232］ Michaels G, Rauch F, Redding S J. Urbanization and structural transformation ［J］. Quarterly journal of economics, 2012, 127（2）: 535 – 586.

［233］ Miura H , Araki Y , Haraguchi K, et al. Socioeconomic factors and dental caries in developing countries: a cross-national study ［J］. Social Science & medicine（1982）, 1997, 44（2）: 269 – 272.

［234］ Moomaw R L, Shatter A M. Urbanization and economic development: a bias toward large cities? ［J］. Journal of Urban Economics, 1996（1）: 13 – 37.

［235］ Naito T, Zhao L Aging. transitional dynamics and gains from trade ［J］. Journal of Economic Dynamics and Control, 2009（33）: 1531 – 1542.

［236］ Norton R D and Rees J. The product cycle and spatial decentralization of American manufacturing ［J］. Regional Studies, 1979

（13）: 141 – 152.

[237] Norton R D. City life – Cycles and American urban policy [M]. New York: Academic Press, 1979.

[238] Okun, A M. Potential GNP & Its Measurement and Significance [M]. American Statistical Association, 1962.

[239] Osterhaven, J, and Linden, J V. European Technology, Trade and Income Changes for 1975 – 1985: An Intercountry Input output Decomposition [J]. Economic Systems Research, 1997, 9 (4): 393 – 412.

[240] Real Estate Research Corporation. The Dynamics of Neighborhood Change [R]. Washington, DC: U. S. Department of Housing and Urban Development, Office of Policy Development and Research, 1975.

[241] Romer, P. M. Endogenous Technological Change [J]. Journal of Political Economic, 1990, 98 (5): 71 – 102.

[242] Romer, P. M. Increasing Return and Long – Run Growth [J]. Journal of Political Economic, 1986 (94): 1002 – 1037.

[243] Sabillon C. On the Causes of Economic Growth: the Lessons of History [M]. Algora Press, 2008.

[244] Sayan, S. Heckscher – Ohlin revisited: implications of differential population dynamics for trade within an over lapping generations framework [J]. Journal of Economic Dynamics and Control, 2005 (29): 1471 – 1493.

[245] Simon Kuznets. Economic Growth of Nations: Total Output and Production Structure [M]. Harvard University Press, 1971.

［246］Singelnann J. The Spectral Transformation of the Labor Force in Seventy Industriliaed Countries, 1920 – 1970 ［J］. American Journal of Sociology, 1978 (5): 1224 – 1234.

［247］Stefan Folster, Henrekson M. Growth effects of government expenditure and taxation in rich countries: A reply ［J］. European Economic Review, 2006, 50 (1): 219 – 221.

［248］Taegi Kim, Changsuh Park. R&D, Trade, and Productivity Growth in Korean Manufacturing ［J］. Review of World Economics, 2003 (139): 1 – 24.

［249］Theil, Henri. Economics and information theory ［M］. Amsterdam: Notrh – Holland, 1967.

［250］Volz, U. B. Aging, Labor Supply and Consumption sectoral Effects of Demographic Change in Germany ［R］. Conference Paper Presentedat the 11th Annual Conference on Global Economic Analysis, Helsinki, Finland, 2008.

［251］Xavier Gabaix. Zipf's Law For Cities: An Explanation ［J］. Quarterly Journal of Economics, 1999 (8): 739 – 767.

［252］Yoshikawa, H. The Role of Demand in Macroeconomics ［J］. Japanese Economic Review, 2003, 54 (1): 1 – 27.